주택청약의 모든 것

2025~2026년 최신 개정판

지은이

한국부동산원 | 주문경 (대표 저자. 이하 가나다 순)
강민지, 강설아, 김정노, 박지영,
송영숙, 이진, 정감원

대표 감수

배성호 (국토교통부 전 주택기금과장)

주택청약의 모든 것 2025~2026년 최신 개정판

초판 1쇄 발행　2022년 11월 11일
2023년판 1쇄 발행　2023년 6월 27일
2024~2025년판 1쇄 발행　2024년 7월 29일
2025~2026년판 1쇄 발행　2025년 4월 28일
2025~2026년판 2쇄 발행　2025년 5월 2일

지은이 한국부동산원

펴낸이 조기흠
총괄 이수동 / **책임편집** 유지윤 / **기획편집** 박의성, 최진, 이지은
마케팅 박태규, 임은희, 김예인, 김선영 / **제작** 박성우, 김정우
디자인 박정현 / **교정교열** 김승규

펴낸곳 한빛비즈(주) / **주소** 서울시 서대문구 연희로2길 62 4층
전화 02-325-5506 / **팩스** 02-326-1566
등록 2008년 1월 14일 제25100-2017-000062호

ISBN 979-11-5784-803-4 13320

이 책에 대한 의견이나 오탈자 및 잘못된 내용은 출판사 홈페이지나 아래 이메일로 알려주십시오.
파본은 구매처에서 교환하실 수 있습니다. 책값은 뒤표지에 표시되어 있습니다.

hanbitbiz.com ✉ hanbitbiz@hanbit.co.kr facebook.com/hanbitbiz
post.naver.com/hanbit_biz youtube.com/한빛비즈 instagram.com/hanbitbiz

Published by Hanbit Biz, Inc. Printed in Korea
Copyright © 2025 한국부동산원 & Hanbit Biz, Inc.
이 책의 저작권은 한국부동산원과 한빛비즈(주)에 있습니다.
저작권법에 의해 한국 내에서 보호를 받는 저작물이므로 무단 전재와 복제를 금합니다.

지금 하지 않으면 할 수 없는 일이 있습니다.
책으로 펴내고 싶은 아이디어나 원고를 메일(hanbitbiz@hanbit.co.kr)로 보내주세요.
한빛비즈는 여러분의 소중한 경험과 지식을 기다리고 있습니다.

한국부동산원 청약홈이 선보이는
대한민국 주택청약 바이블

주택청약의 모든 것

한국부동산원 지음

2025~2026년
최신 개정판

한빛비즈
Hanbit Biz, Inc.

최신 개정판을 펴내면서

2022년 11월 초판 발행을 시작으로 매해 알차고 새로운 내용으로 선보이는 《주택청약의 모든 것》이 2025~2026년 최신 개정판으로 어느덧 네 번째 출간을 맞이하였습니다.

2024년 7월 전면 개정판 발간 이후 1년이 채 되지 않아 서둘러 개정판을 발간하게 된 데에는 최근 우리 사회의 주요 과제 중 하나인 '저출산·고령화, 청년 주거' 해결을 위해 청약제도 역시 많은 변화를 보여주고 있기 때문입니다.

이번 개정판은 2024년도 전면 개정판에서 다루었던 주요 사항을 포함해 혼인 전 다른 주택에 당첨되어 각종 제한을 받고 있더라도 신혼부부 특별공급 청약의 기회를 한 번 더 주는 '혼인 특례', 청약통장 활용을 돕기 위한 청약예·부금, 청약저축의 주택청약종합저축 전환 시행 등 최신 개편 사항을 빠짐없이 다뤘습니다. 특히 최근 출산한 가구에서 신혼부부·다자녀가구·신생아·노부모 부양 특별공급 청약 시 1회 추가 당첨이 가능한 '출산 특례'는 20~30대 독자라면 꼼꼼히 챙겨보시기를 바랍니다.

종종 주변 지인들이 '청약에 빨리 당첨되는 비법이 있느냐'고 묻습니다. 그때마다 저는 조금 복잡하고 어렵더라도 변화하는 청약제도의 흐름을 놓치지 않고 꾸준히 관심을 가지고 지켜보는 것이 가장 빠른 길이라고 알려줍니다. 한국부동산원에서 그간의 청약 노하우를 총망라한 《주택청약의 모든 것》이야말로 빠르게 변화하는 주택청약을 제때 익히는 지름길이자 믿음직한 이정표일 것입니다.

  이번 최신 개정판이 보금자리를 꿈꾸는 많은 분에게 조금이나마 도움이 되기를 바라며 청약제도를 좀 더 쉽게 독자분들께 알려드리고자 바쁜 업무 중에도 틈틈이 시간을 내어 원고 작업에 매진해준 청약운영부 직원들에게 감사의 말을 전합니다.

2025년 4월

한국부동산원장

손태락

펴내면서

우리나라에 '주택청약제도'가 본격적으로 도입된 것은 1977년입니다. 이후 45여 년 동안 주택청약을 통해 수많은 사람이 소중한 내 집 마련의 꿈을 이루었습니다. 주택청약에 당첨된 사람들에게는 가족의 보금자리를 마련한 그 순간이 인생에 있어서 행복했던 기억 중 하나로 남아 있을 것입니다.

한국부동산원장으로 취임한 2021년 2월은 청약시스템이 한국부동산원으로 이관되어 '청약홈'을 오픈한 지 만 1년이 되던 때였습니다. 주택청약업무 수행기관의 기관장으로서 가까이에서 지켜본 청약제도와 그 시스템은 생각보다 복잡하고 어려운 부분이 많았습니다. 국민의 편의를 높이기 위해서는 수많은 고민과 결정이 필요했습니다.

그동안 한국부동산원에서는 청약자가 놓칠 수 있는 부분을 최대한 줄이기 위해 사전에 자격을 확인할 수 있는 기능을 강화하고 시스템 메뉴를 개선하는 등 다양한 노력을 기울여왔지만 그 모든 것을 시스템에 담아내는 데는 한계가 있었습니다. 이를 보완하기 위해 새롭게 책자를 발간하게 되었습니다.

《주택청약의 모든 것》은 지금까지 제대로 정리되어 있지 않던 청약제도의 탄생과 역사, 유형별 신청 자격과 당첨자 선정 방식, 그리고 청약홈 시스템 메뉴 설명까지 총망라하여 그야말로 청약에 대한 모든 것을 담아내고자 했습니다. 특히 청약자가 자주 실수하거나 오해할 수 있는 부분을 중심으로 좀 더 쉽게 청약제도를 이해하고 자신의 조건과 상황에 맞게 활용할 수 있도록 한 글자, 한 글자 고심하여 작성했습니다.

    이제 막 사회에 첫발을 내딛고 주택청약을 준비하는 사회 초년생뿐만 아니라 청약에 도전하는 대한민국 모든 국민에게 이 책이 내 집 마련의 꿈을 이루는 믿음직한 길잡이자 친구가 되기를 바랍니다.

2022년 11월

한국부동산원장

손태락

차례

최신 개정판을 펴내면서 _4
펴내면서 _6
프롤로그_ 대한민국 주택청약, 정도(正道)가 답이다 _13

한눈에 모아 보기_ 2025년 주택청약, 무엇이 달라지나요? _17

1장 내 집 마련, 청약이 답이다

01 청약제도, 주거안정을 위한 정부의 강력한 의지 _32
02 왜 주택청약일까 _37
03 청약 준비부터 당첨까지 미리 보기 _41
04 청약홈 공공 마이데이터를 통해 더 쉽고 더 정확하게 _46

2장 청약의 기초 다지기, 청약도 '공부'가 필요하다

01 청약, 어디서부터 시작해야 할까 _50
02 주택청약의 첫걸음, 청약통장의 모든 것 _56
　　청약통장 FAQ_ 제대로 알고 활용하자! _65

03 입주자 모집 공고문, 슬기로운 청약 생활의 이정표 _67

04 우리 가족의 소득과 자산 금액 산정하기 _85

05 청약홈에서 우리 가족의 청약 제한 사항을 확인해보자 _100

특별공급으로 청약 신청하기

01 특별공급과 일반공급 _114

02 대한민국의 내일을 열어주는 신생아 특별공급 _116

03 1939를 위한 주택의 새 이름, 청년 특별공급 _126

04 신혼부부 특별공급, 새로운 시작을 위한 따뜻한 보금자리 _137

05 민영주택 신혼부부 특별공급 당첨되기 _142

　신혼부부 특별공급 FAQ_이것만은 알아두자! _151

06 일반형·선택형 공공주택 신혼부부 특별공급 훑어보기 _153

07 신혼희망타운·나눔형 공공분양주택 신혼부부 특별공급 훑어보기 _160

08 생애최초 특별공급, 평생 무주택자를 위한 단 한 번의 기회 _166

09 생애최초 특별공급 당첨되기 _175

　생애최초 특별공급 FAQ_이것만은 알아두자! _179

10 미성년 자녀가 2명 이상이라면 다자녀 특별공급 _181

11 다자녀 특별공급 당첨되기 _184

　　다자녀 특별공급 FAQ_이것만은 알아두자! _189

12 노부모를 3년 이상 모시고 있다면 노부모 부양 특별공급 _191

13 노부모 특별공급 당첨되기 _197

　　노부모 특별공급 FAQ_이것만은 알아두자! _201

14 기관 추천 특별공급 _202

4장 일반공급으로 청약 신청하기

01 민영주택 일반공급은 가점제와 추첨제 _208

　　해외 체류 기간 관련 주요 FAQ_이것만은 알아두자! _225

02 공공주택 일반공급은 순위 순차제와 추첨공급 _228

03 무순위, 청약통장 없이 청약하기 _238

　　무순위 공급 FAQ_이것만은 알아두자! _245

5장 청약 신청, 이제부터 실전이다

01 청약 실전, 홈페이지 방문하기 _248

02 대한민국 주택청약의 메카, 청약홈 한눈에 훑어보기 _250

03 당첨되셨나요? 계약부터 입주까지 챙겨야 할 것들 _268

찾아보기 _287

프롤로그

대한민국 주택청약, 정도正道가 답이다

✅ 인류 역사와 함께해온 내 집 마련의 꿈

인류에게 최초의 '집'은 무엇이었을까요?

시작은 그저 나무 아래나 동굴에 몸을 피하는 것이었습니다. 가장 원초적인 집의 기능은 셸터Shelter(피난처)로서 비바람과 추위, 짐승으로부터 생명을 지키기 위한 목적이었을 겁니다. 아마 그때부터 내 집 마련을 위한 인류의 처절하고도 기나긴 역사가 시작된 것인지도 모르겠습니다.

불의 발견과 도구의 발명으로 풀과 나무를 엮어 오두막을 지었고 집단이 모여 부락이 되었습니다. 부락은 도시를, 도시는 국가를 탄생시키며 문명을 꽃피우고 역사를 만들어왔습니다. 오랜 시간에 걸쳐 좀 더 쾌적하고 편안한 삶을 위해 치열하게 고민한 흔적들이 지역과 시대에 따라 다양한 주거 형태와 양식으로 남아 있습니다. 그리고 우리 유전자 깊숙이 새겨진 보금자리를 갈망하는 원초적 DNA는 세대를 거듭하며 오늘날까지 많은 사람의 꿈이자 삶을 살아가는 원동력이 되었습니다.

☑ 보금자리, 어떻게 마련해야 할까?

많은 대화 가운데 늘 등장하는 것 중 하나가 '집'입니다. 살았던 지역, 지금 사는 곳, 살고 싶은 집…. 집에 대한 수많은 이야기로 우리는 한 사람이 자라온 환경, 생활방식, 나아가 삶의 가치관까지 가늠해볼 수 있습니다. 이처럼 오늘날의 집은 현재 나의 모습을 나타내기도 하지만 '나중에 누구와 어디에, 어떻게 살고 싶다'라는 더 나은 내일을 꿈꾸게 하는 희망의 또 다른 이름이기도 합니다.

가족 구성원의 변화와 경제력에 따라 주거 형태가 바뀌는 것은 당연합니다. 막 사회에 첫발을 내디딘 20대부터 결혼하여 가정을 이루고 아이들을 키우는 30~40대, 제2의 인생을 준비하는 50~60대 이후까지 생애주기별 인생설계는 바로 '내 집'에서부터 시작된다고 할 수 있습니다.

그렇다면 어떤 집을 마련해야 할까요? 직장과 조금 멀어도 크고 저렴한 곳이 좋을까요, 아니면 비좁더라도 교통이 편리하고 도심과 가까운 집이 좋을까요?

1845년 3월, 하버드대학을 졸업한 27세의 젊은 시인 헨리 데이비드 소로는 월든 호숫가 숲에서 도끼질을 시작해서, 약 4개월 만에 자신의 보금자리인 오두막을 완성했습니다. 그곳에서의 소박한 삶은 그의 작은 오두막을 어떤 거대한 건축물보다 위대하게 만들었습니다. 그곳에서 전 세계 수많은 사상가와 문인에게 영향을 미친 불멸의 고전 《월든》이 탄생했기 때문입니다.

좋은 집에 대한 정의는 사람마다 다릅니다. 무조건 크고 비싸다고 해서, 도심과 가깝다고 해서 좋은 집이라고 할 수는 없습니다. 처음에 사람들은 그저 머물기 위해 집을 짓기 시작했지만 결국 집은 사람을, 그리고 삶을 만듭니다. 삶의 가치관과 방향을 담아내는 주거 공간으로 그 안에서 어떻게 살 것인가에 대한 고민이 필요합니다. 이처럼 집에 대한 가치는 저마다 다르지만 대한민국에서 내 집을 마련하기 위한 방법은 어떨까요? 분명 효율적이고 현명한 방법이 존재합니다. 바로 '주택청약'입니다.

☑ 청약, 결국은 기초가 튼튼해야 실패하지 않는다

청약을 통한 내 집 마련의 관심이 뜨겁습니다. 청약 정보를 제공하는 콘텐츠도 연일 앞다투어 쏟아져 나옵니다. 그러나 애석하게도 청약에 비법이나 지름길은 없습니다. 청약은 법에서 정한 방식에 따라 당첨자를 선정합니다. 운이 작용하는 단순 추첨 방식이 아니라 소득 유형, 순위, 거주 지역 등 우선순위에 따라 당락이 결정됩니다.

게다가 '당첨부터 되고 보자'라는 식의 생각은 경계해야 합니다. 청약은 당첨으로 끝나는 것이 아닙니다. 부적격 당첨자가 되지 않고 무사히 분양 계약 후 대금 납부와 입주까지 이루어져야만 내 집 마련의 대장정이 마무리됩니다.

청약에 대해 올바로 이해하고 있다는 것은 자신이 어떤 유형의 청약 신청을 준비해야 하는지 안다는 뜻입니다. 주택청약은 일반공급을 비롯하여 신생아 특별공급, 청년 특별공급, 신혼부부 특별공급, 생애최초 주택 구입자 특별공급, 다자녀 가구 특별공급, 노부모 부양 특별공급 등 다양한 유형이 있습니다. 하지만 실제로 한 사람이 신청 가능한 유형은 제한적이기 때문에 자신이 어느 유형에 신청 자격이 있는지를 정확히 이해해야 합니다. 결국은 본인 스스로의 청약 자격에 대한 이해가 당첨 후 부적격 판정을 피하고 소중한 내 집 마련의 기회를 지키는 정도正道가 될 것입니다.

이 책은 최신의 청약제도를 소개하고 청약 초심자부터 다년간의 청약 경험이 있는 분까지 누구나 쉽게 청약제도에 대한 기초 상식과 세부사항을 폭넓게 이해할 수 있도록 공급 유형별로 짜임새 있게 구성했습니다.

처음 청약에 도전한다면 더없이 복잡하고 혼란스럽겠지만 이 책에 담긴 유용한 정보를 잘 숙지하여 현명한 내 집 마련의 꿈을 이루어가길 바랍니다.

한눈에 모아 보기

2025년 주택청약, 무엇이 달라지나요?

매해 개정판에서도 언급했듯이 2022년 말부터 지금까지 주택청약과 관련한 법령의 상당 부분이 개정되었습니다. 내 집 마련의 꿈과 부동산 정책에 대한 국민의 관심이 지속되는 한 앞으로도 이러한 변화는 계속될 것입니다. 물론 그 방향과 세기는 때에 따라 바뀌겠지만요.

  2024년 대한민국 합계출산율은 0.75명으로, 경제협력개발기구(OECD) 회원국 중 최하위권을 기록했습니다. 합계출산율이란 여성 1명이 가임기간(15~49세)에 낳을 것으로 기대되는 평균 출생아 수를 말합니다. 문제는 이러한 추세가 앞으로 계속될 거라는 전망입니다. 통계청 발표에 따르면 2024년 2월 출생아 수는 1만 9,362명으로 2만 명대가 깨졌습니다. 이는 통계 집계를 시작한 1981년 이후 역대 최저 수치입니다. '저출산 문제', '국가 소멸 위기'라는 말이 더는 웃어넘길 수 없는, 가까운 미래에 누구나 겪게 될 현실이자 당장 해결해야 할 최우선 과제가 되었습니다.

  주택청약 분야에서도 저출산 문제 해결을 위해 관련 법령을 개정 혹은 정비하는 등 많은 변화가 있었습니다. 특히 2024년 3월 25일 눈에 띄는 제도 개선이 이루어졌습니다. 출산 가구에 대한 지원과 더불어 혼인을 장려하는 데 집중하면서 현재 맞벌이 부부와 2자녀 이상 가구에 대해 현실적인 대책이 세워졌습니다. 그리고 2025년 3월, 출산 가구 및 신혼부부 지원을 위한 추가적인 청약제도 개편이 시행되었습니다. 2024년과 2025년 주택청약에 어떤 중요한 변화가 있는지 본격적으로 살펴보겠습니다.

☑ 지금, 대한민국 주택청약의 키워드는 '출산'

민영주택과 국민주택 당첨자를 선정할 때 최근 2년 사이에 임신(입양)하거나 출산한 경우, 청약 당첨이 좀 더 유리하도록 신생아 가구에 우선공급을 도입하고 공공주택에는 별도로 '신생아 특별공급' 유형을 신설했습니다.

➜ 민영주택, 국민주택 신생아 우선공급은 137쪽에서 확인하세요.

➜ 공공주택 신생아 특별공급은 116쪽에서 확인하세요.

◉ 2세 미만의 자녀가 있다면 누구나 신청 가능

신생아 가구를 위한 특별공급이든 우선공급이든 입주자 모집 공고일 현재 2세 미만(2세가 되는 날 포함)의 자녀(입양 포함)가 있거나 임신 중인 무주택 세대구성원이 있다면 누구나 신청할 수 있습니다. 단, 신생아 특별공급은 「공공주택특별법」을 적용하는 '공공주택'으로만 공급합니다.

이와 달리 신생아 우선공급은 공공주택 신생아 특별공급처럼 별도의 유형은 아니지만 민영주택이나 국민주택에서 신혼부부 특별공급과 생애최초 주택 구입자 특별공급(이하 '생애최초 특별공급')의 일정 물량을 신생아 가구가 우선 당첨되도록 하였습니다.

◉ 결혼하지 않아도 신청할 수 있다

신혼부부 특별공급과 달리 신생아 특별공급은 '혼인'이 필수 요건은 아닙니다.

- 신생아 특별공급 / 우선공급 비교

구분	신생아 특별공급	신생아 우선공급 (신혼부부 특별공급)	신생아 우선공급 (생애최초 특별공급)
주택 유형	공공주택 (일반형, 선택형, 나눔형)	민영주택, 국민주택 (「공공주택특별법」 미적용)	민영주택, 국민주택 (「공공주택특별법」 미적용)
공급 물량	• 일반형 20% 범위 • 선택형 30% 범위 • 나눔형 35% 범위	• 신혼부부 특별공급 배정 물량의 35%* * 신생아 우선공급 25%, 신생아 일반공급 10%	• 생애최초 특별공급 배정 물량의 20%* * 신생아 우선공급 15%, 신생아 일반공급 5%
당첨자 선정 방식	• (1단계)소득우선공급 (70%)* • (2단계)소득일반공급 (20%)* * 경쟁 시 지역 우선 → 배점 순 • (3단계)추첨공급** ** 경쟁 시 지역 우선 → 추첨	• (1단계)신생아 우선공급 (25%) • (2단계)신생아 일반공급 (10%) • (3단계)소득우선공급(25%) • (4단계)소득일반공급(10%) • (5단계)추첨공급	• (1단계)신생아 우선공급 (15%) • (2단계)신생아 일반공급 (5%) • (3단계)소득우선공급(35%) • (4단계)소득일반공급(15%) • (5단계)추첨공급
소득 기준	필요	필요	필요
자산 기준	필요	-	-

물론 공공주택의 신혼부부 특별공급은 입주자 모집 공고일 현재 혼인을 계획 중인 '예비 신혼부부' 또는 '6세 이하의 자녀가 있는 한부모가족'도 청약이 가능하긴 합니다. 하지만 '출산'을 기본 자격으로 하는 신생아 특별공급과는 제도의 취지부터 확실한 차이가 있습니다.

QR 바로가기

청약제도안내 ▶ APT ▶ 특별공급 ▶ 신생아

💡 TIP

신생아 특별공급의 기본 자격은 입주자 모집 공고일 기준 신청자 본인에게 '2세 미만(2세가 되는 날 포함)'의 자녀가 있느냐예요. 이때 임신한 상태이거나 입양한 자녀가 있는 경우도 포함해요. 또한 혼인한 상태가 아니어도 신청할 수 있어요.

✔ 공공주택에서 맞벌이·신생아 가구의 소득 및 자산 요건 완화

📍 맞벌이 세대의 소득 기준 금액 200%까지 완화

과거 공공주택 특별공급 맞벌이 세대의 월평균 소득 기준 금액은 외벌이 대비 10%p만 완화하여 적용하였으며 일반공급의 경우 맞벌이 또는 외벌이 구분 없이 전년도 도시근로자 가구원수별 월평균 소득의 100% 이하였습니다. 예를 들어 공공분양주택 신혼부부 특별공급의 외벌이 소득 기준 금액은 전년도 도시근로자 가구원수별 월평균 소득의 130%, 맞벌이의 경우 140% 이하로 사실상 큰 차이가 없었습니다. 그렇다 보니 공공주택의 경우 맞벌이 세대는 월평균 소득 기준 금액을 초과하여 신청하지 못하는 경우가 많았습니다. 이에 소득 기준이 적용되는 모든 공공주택에 맞벌이의 소득 기준을 200%까지 확대하여 맞벌이 세대에게도 청약의 기회를 폭넓게 제공했습니다.

➔ 유형별 월평균 소득 기준 금액은 90쪽에서 확인하세요.

📍 최근 출산 자녀가 있다면 최대 20%p 소득·자산 기준 완화

2023년 3월 28일, 정부는 저출산 고령사회 정책 추진 방향 및 과제를 발표하고 3월 28일 이후 출산(임신 및 입양 포함)한 자녀가 있는 경우, 공공주택 청약 시 출산 자녀 1명당 소득과 자산의 기준을 각 10%p까지 완화하기로 했습니다. 2자녀 이상이라면 최대 20%p까지 적용되니 맞벌이 세대 가운데 2023년 3월 28일 이후 태어난 자녀를 포함하여 2명 이상의 자녀가 있다면 220%까지 완화된 소득 기준을 적용받을 수 있습니다.

> **TIP**
> 2023년 3월 28일 이후 출생(임신, 입양 포함)한 자녀가 있다면 소득 기준뿐만 아니라 자산 기준 역시 최대 20%p까지 완화됩니다(공공주택에 한해 적용).

✅ 공공주택 특별공급에 '추첨공급' 등장

2024년 3월 25일 규칙 개정 이전에는 공공주택 특별공급에 별도의 '추첨공급' 물량이 없었습니다. 다자녀 가구 특별공급은 배점표의 배점 합계가 높은 순으로, 노부모 부양 특별공급은 납입인정금액이나 납입인정회차가 높은 순으로 당첨자를 선정하는 방식이었습니다. 생애최초 특별공급은 일괄 추첨 방식으로 선정했으므로 별도의 추첨 물량은 없었습니다.

하지만 맞벌이 세대에 상향된 소득 기준(200%)을 적용하면서 공공주택 특별공급 유형(신혼부부, 생애최초, 다자녀, 노부모, 신생아)에 '추첨공급'이 새롭게 도입되었습니다.

기존 신혼부부 특별공급은 물량의 70%를 ❶ 우선소득자(기준 소득보다 낮은 소득 세대)에게 먼저 공급한 후 남은 물량을 ❷ 기준 소득자(외벌이 130%, 맞벌이 140% 이하, ❶ 우선소득 신청자 중 낙첨자 포함)에게 공급하는 방식이었습니다. 하지만 추첨공급을 도입하면서 물량의 70%를 ❶ 우선소득자에게 먼저 공급하고 20%의 물량을 ❷ 기준 소득자(❶ 우선소득 신청자 중 낙첨자 포함)에게 공급한 후 남은 물량에 대해 ❸ 소득 200% 이하의 맞벌이 세대(❷에서 낙첨자 포함)에게 추첨공급하도록 변경되었습니다.

✅ 공공주택 일반공급도 신생아 가구가 먼저!

신생아 가구에는 별도로 혜택을 적용하지 않았던 공공주택 일반공급에서도 신생아 우선공급 방식을 적용, 출산 가구 혜택을 더욱 강화하였습니다.

2025년 3월 개정에 따라 공공주택 일반공급 물량의 50%를 일정 소득 기준*을 충족하는 경우, 입주자 모집 공고일 기준 2세 미만(2세가 되는 날 포함)의 자녀

(임신, 입양을 포함)가 있는 사람에게 청약통장 순위와 관계없이 우선공급합니다. 물량의 30%는 소득 기준을 충족한 1순위자에게, 이후 남은 물량은 상기 신청자 중 낙첨자들과 기본 소득 요건을 충족한 1, 2순위자에게 공급합니다. 다시 말하면 내가 비록 청약통장 2순위자라고 해도 신생아 가구에 해당한다면 당첨에서 유리한 고지를 점하게 된 것이죠.

> **TIP**
> *소득 기준은 공공주택 일반형(전용면적 60㎡ 이하), 선택형, 나눔형에만 적용되며 일반형(전용면적 60㎡ 초과)은 소득 기준 미적용

☑ 다자녀 특별공급은 미성년 자녀 2명부터

인구 정책 역시 주택 정책과 마찬가지로 경제 여건과 사회적 상황을 고려하여 결정합니다. 지금이야 믿기 어렵지만 1980년대 정부는 인구 증가를 어떻게든 억제하고자 '합계출산율을 2.1명으로 낮춘다'는 목표를 설정했지만 베이비붐 세대의 출산 시기와 맞물리고 강력한 남아선호사상 때문에 달성하지 못했습니다. 출생아 수가 계속 80만 명 중후반대를 넘어서자 정부의 산아 제한 정책이 각종 세제나 주택공급 정책 등을 통해 강화되었습니다. 지금도 당시 산아 제한 정책 홍보 표어인 '둘도 많다', '여보! 우리도 하나만 낳읍시다' 등을 기억하는 분들이 많을 겁니다.

그러나 지금은 그때와 상황이 완전히 달라졌습니다. 예전의 표어에 나온 '둘도 많다'를 어쩌면 다시 활용할 수 있을 것 같습니다. 다자녀 특별공급 신청 자격이 그간 미성년 자녀 3명 이상이었는데, 정말 '둘만 낳아도 많아서 미성년 자녀 3명에서 2명으로 문턱을 낮추었기 때문입니다.

다자녀 특별공급은 민영주택, 국민주택, 공공주택 할 것 없이 모든 주택 유형

에 있는 특별공급 유형입니다. 만약 현재 미성년 자녀가 2명 이상이고 혼인 기간이 7년을 초과하여 신혼부부 특별공급에 도전하기가 여의치 않다면 다자녀 특별공급으로 관심을 돌려보세요.

✅ 부부가 청약에 더 유리하다

📍 부적격 처리하던 부부 중복 청약 허용

"신혼부부 특별공급의 당첨 확률을 높이려고 저랑 남편 둘 다 청약했고 다행히 남편이 당첨됐어요. 그런데 부적격이라네요. 1명만 당첨되어도 둘 다 신청했다는 이유로 부적격 처리가 된다니…."

그동안 수많은 부부가 당첨자 발표일이 같은 주택에 각각 특별공급을 신청하는 등 중복 청약을 했을 때 당첨되더라도 배우자의 청약 사실로 인해 당첨분이 부적격 처리되는 곤란을 겪었습니다.

그러나 2024년 3월 규칙 개정으로 부부의 중복 청약이 허용되었습니다. 당첨자 발표일이 같은 주택에 중복 청약 후 둘 다 당첨되면 먼저 신청한 사람의 당첨분이 유효하고 신청 일시가 늦은 사람의 당첨분은 무효 처리됩니다. 무효가 된

• **세대원 간 중복 당첨 시 처리 방법**(특별공급/국민주택/재당첨 제한 적용 주택)

세대원 간 중복 당첨 사례		적격 여부 판단
당첨자 발표일이 다른 경우		당첨자 발표일이 빠른 건은 유효, 늦은 건은 부적격
당첨자 발표일이 같은 경우	청약자와 세대원이 부부인 경우	청약 신청 일시*가 빠른 건은 유효, 늦은 건은 무효
	부부가 아닌 경우	모두 부적격

* 청약 신청 일시(분 단위)가 같은 경우, 연장자(생년월일 빠른 순)의 신청 건이 유효

경우 당연히 청약통장도 부활합니다. 한마디로 중복 청약으로 인한 불이익이 사라진 것이죠. 다만 중복 청약은 '부부' 사이에만 허용됩니다. 청약자의 배우자가 아닌 다른 세대원과의 중복 청약은 신청한 사실만으로도 당첨되었을 때 부적격 처리된다는 점을 기억하세요.

📍배우자의 혼인 전 당첨 이력은 더 이상 묻지 않는다

신혼부부, 생애최초, 신생아 특별공급의 경우, 당첨자의 배우자가 혼인 전 주택을 소유한 이력이 있거나 청약에 당첨되어 각종 제한을 적용받고 있더라도 청약 신청이 가능합니다.

단, 주택 소유 이력은 현 청약 신청자와 혼인하기 전에 처분을 완료한 경우에 한하고 입주자 모집 공고일 기준 세대구성원 전원이 무주택이어야 한다는 특별공급 기본 요건은 꼭 충족해야 합니다.

또한 부부의 중복 청약 허용의 경우와 마찬가지로 배우자가 아닌 다른 세대원의 주택 소유 및 청약 당첨 이력은 문제가 되니 유의하세요.

✔ 결혼 전 당첨 사실이 있어도 신혼부부 특별공급은 한 번 더 가능

본래 특별공급은 '세대 내, 생애 1회에 한한다'가 기본 원칙이었습니다. 그러나 출산율 반등을 위해 정부는 보다 파격적이고 직접적인 제도 개편을 단행했습니다. 바로 청약 신청자 본인이 과거 다른 주택에 당첨되어 현재 청약 제한(특별공급 제한, 재당첨 제한 등)을 적용받고 있더라도 만일 이 주택이 현 배우자와의 혼인 전에 당첨된 주택이라면 신혼부부 특별공급에는 또 한 번의 청약 신청이 가능해진 것입니다.

통상 '혼인 특례'라고 불리는 이 제도는 지난 2024년 6월 13일 국토교통부가 발표한「민생토론회 후속 규제개선 조치」등에 따라 도입된 것으로 2025년 3월 31일자로 관련 규정이 개정, 시행되었습니다.

　최근에 청약에 당첨되어 한동안은 청약 기회가 없다고 여겼던 미혼 청약자들에게는 그야말로 희소식입니다. 신혼부부 특별공급에는 한 번 더 기회가 있으니 결혼 계획이 있는 분들은 좀 더 꼼꼼히 챙겨봐야겠습니다.

☑ 최근 출생한 자녀가 있다면 과거 특별공급 당첨되었어도 OK!

흔히 '출산 특례'라고 칭하는 이번 규칙 개정으로 인해 지난 2024년 6월 19일 이후 출생한 자녀가 있으면 청약 신청자와 그 배우자가 과거 특별공급에 당첨된 사실이 있더라도 앞으로 추가 1회에 한해 신혼부부, 신생아, 다자녀, 노부모 특별공급에 청약이 가능합니다.

　단, 기억해야 할 사항이 있습니다. 만일 배우자가 아닌 다른 세대원이 과거 특별공급에 당첨된 사실이 있다면 어떨까요? 청약 신청자가 출산 특례를 적용해서 추가 1회의 당첨 기회를 받을 수 있을까요? 아닙니다. 이번에 도입되는 출산

• 청약 신청자 및 배우자의 과거 당첨 이력 등 배제 현황

적용 유형	적용 대상	적용 사항	비고	횟수 제한
신혼부부·신생아·생애최초 특별공급	배우자	혼인 전 당첨 사실 배제 (특별공급, 재당첨 사실)	-	-
생애최초 특별공급	배우자	혼인 전 주택소유 이력 배제	-	-
신혼부부 특별공급	본인	혼인 전 당첨 사실 배제 (특별공급, 재당첨 사실)	혼인 특례	1회
신혼부부·신생아·다자녀·노부모 부양 특별공급	본인·배우자	2024. 6. 19. 이후 출생 자녀가 있는 경우 특별공급 당첨 사실 배제	출산 특례	1회

특례에 적용하는 과거 특별공급 당첨자의 범위는 청약 신청자와 그 배우자에 한한다는 점을 잊지 마시기 바랍니다. '생애 1회에 한해 공급'이라는 특별공급의 대원칙이 깨질 수 있었던 사유가 곧 저출산 극복을 위한 대책임을 안다면 헷갈리지 않을 것입니다.

☑ 가점제, 배우자 청약통장 가입 기간 합산 가능

주택청약에서 가점제는 무주택 기간(32점), 부양가족수(35점), 입주자저축 가입 기간(17점) 등 3개 항목으로 구성됩니다. 그러나 규칙 개정으로 일반공급 청약 시 입주자저축 가입 기간에 배우자의 가입 기간을 합산할 수 있습니다. 가입만 해두고 오랜 시간 잠자고 있는 배우자의 청약통장이 있다면 다시 한번 살펴보세요.

배우자의 청약통장 가입 기간은 최대 3점(2년 이상)까지 적용할 수 있지만 청약자 본인의 청약통장 가입 기간과 합산한 점수가 최대 점수인 17점을 초과할 수는 없습니다. 또한 배우자 청약통장 가입 기간 합산은 노부모 특별공급에는 적용되지 않고 일반공급에서만 적용된다는 것도 주의해야 합니다.

→ 민영주택 일반공급 가점제는 208쪽에서 확인하세요.

• **가점제 산정 기준표**(「주택공급에 관한 규칙」[별표1]의 2호 나목)

가점 항목	가점 상한	가점 구분	점수	가점 구분	점수
① 무주택 기간	32	만 30세 미만 미혼자 (유주택자)	0	8년 이상~9년 미만	18
		1년 미만	2	9년 이상~10년 미만	20
		1년 이상~2년 미만	4	10년 이상~11년 미만	22
		2년 이상~3년 미만	6	11년 이상~12년 미만	24

항목	점수	구분	점수	구분	점수
① 무주택 기간	32	3년 이상~4년 미만	8	12년 이상~13년 미만	26
		4년 이상~5년 미만	10	13년 이상~14년 미만	28
		5년 이상~6년 미만	12	14년 이상~15년 미만	30
		6년 이상~7년 미만	14	15년 이상	32
		7년 이상~8년 미만	16	-	-
② 부양 가족수	35	0명	5	4명	25
		1명	10	5명	30
		2명	15	6명 이상	35
		3명	20	-	-
③ 입주자 저축 가입 기간	17	6개월 미만	1	8년 이상~9년 미만	10
		6개월 이상~1년 미만	2	9년 이상~10년 미만	11
		1년 이상~2년 미만	3	10년 이상~11년 미만	12
		2년 이상~3년 미만	4	11년 이상~12년 미만	13
		3년 이상~4년 미만	5	12년 이상~13년 미만	14
		4년 이상~5년 미만	6	13년 이상~14년 미만	15
		5년 이상~6년 미만	7	14년 이상~15년 미만	16
		6년 이상~7년 미만	8	15년 이상	17
		7년 이상~8년 미만	9	-	-
④ 배우자 입주자저축 가입 기간		배우자 없음 또는 배우자 입주자저축 미가입	0	1년 이상~2년 미만	2
		1년 미만	1	2년 이상	3

※ ③과 ④의 합산 점수는 17점을 초과할 수 없음

☑ 가점이 같다면 청약통장 개설일이 빠른 사람 우선

가점을 적용하여 당첨자를 선정하는 민영주택 일반공급과 노부모 특별공급에서 가점이 같으면 과거에는 무작위 추첨 방식으로 당첨자를 선정했습니다. 그러나 개정을 통해 가점이 동일한 경우 청약통장 개설일(순위기산일)을 비교하여 빠른 사람이 우선 당첨되도록 방식을 변경했습니다.

'순위기산일'은 청약통장의 종류를 전환한 것과 상관없이 청약통장 최초 개설일을 의미합니다. 만약 순위기산일마저 같다면 무작위 추첨 방식으로 당첨자를 선정합니다. 내 청약통장의 순위기산일이 궁금하다면 한국부동산원 청약홈 홈페이지 www.applyhome.co.kr 에 로그인한 후 마이페이지 메뉴를 통해 확인할 수 있습니다.

✔ 미성년자 가입 인정 기간 최대 5년까지 확대

미성년자 청약통장 가입 인정 기간이 기존의 최대 2년(24개월, 24회차)에서 최대 5년(60개월, 60회차)으로 확대되었습니다. 인정 기간 확대로 인해 통상 17세 전후로 가입했던 청약통장 신규 가입 연령이 더 낮아질 것으로 예상됩니다. 빠른 당첨을 꿈꾼다면 서둘러 청약통장에 가입하는 것이 좋습니다.

단, 2023년 12월 31일 이전 미성년자 청약통장 가입 기간은 최대 2년까지 인정되며 2024년 1월 1일 이후부터 종전 2023년 12월 31일까지의 인정 기간과 합산하여 최대 5년까지이니 참고하세요.

✔ 묵은 통장, 종합저축으로 전환하고 마음껏 청약

청약예금, 청약부금, 청약저축은 2015년 9월 1일부터는 신규 가입이 불가한, 지금은 사라진 청약통장입니다. 현재 가입이 가능한 청약통장은 주택청약종합저축 하나입니다. 청약예·부금은 민영주택에만, 청약저축은 국민(공공)주택에만 청약이 가능하기 때문에 오랜 기간 가입한 기존 통장을 해지하고 주택청약종합저축에 신규 가입하지 않는 한, 단일 유형의 주택에만 청약해야 하는 제약이 있었습니다.

정부는 이런 불편함을 해소하고 청약통장 가입자에게 보다 다양한 혜택을 주기 위해 주택청약종합저축으로 전환이 가능하도록 제도를 개선했습니다. 주택청약종합저축으로 전환하면 모든 주택에 청약이 가능하고 종합저축의 높은 금리, 소득공제 혜택 등 종합저축에서만 제공되는 혜택을 받을 수 있습니다.

단, 청약통장 전환으로 기회가 확대되는 유형(예: 청약저축 가입자가 종합저축으로 전환하여 민영주택에 청약하는 경우)은 전환 이후 신규 납입분부터 가입 기간 및 순위가 산정됩니다.

더불어 연 소득공제 한도 확대(240만 원 → 300만 원)에 맞추어 청약통장 월 납입 인정금액도 기존 10만 원에서 25만 원까지 상향되었습니다. 이처럼 청약통장 전환을 통해 다양한 유형에 청약도 가능하고 신혼부부나 최근 출산 가구에 대한 제도도 파격적으로 개편되었으니 이제 나에게 맞는 주택 유형, 공급 유형에 대해 차근차근 알아보고 준비하는 일만 남았습니다.

• **청약통장 전환 유형별 순위 산정 방식**

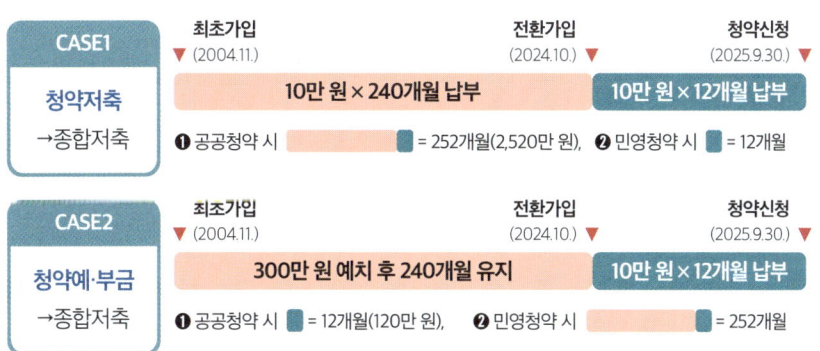

처음으로 청약에 도전하는 분이라면
당장은 더없이 복잡하고 혼란스럽겠지만
이 책을 청약 나침반으로 삼아 내 집 마련을 위한
꿈을 이루시길 바랍니다.

1장
내 집 마련, 청약이 답이다

01 청약제도, 주거안정을 위한 정부의 강력한 의지

☑ 주택청약제도, 그 위대한 탄생

우리나라는 「헌법」에 "국가는 주택개발정책 등을 통하여 모든 국민이 쾌적한 주거생활을 할 수 있도록 노력하여야 한다"라고 명시할 만큼 국민의 주거안정에 많은 역량을 집중하고 있습니다. 좁은 국토에서 모든 국민이 쾌적한 주거생활을 영위하기 위해서는 토지를 효율적으로 활용하여 주택을 건설해야 하고 반드시 필요한 사람에게 우선공급되도록 해야 하기 때문입니다.

그런데 시장에만 온전히 맡겨둘 경우, 공급이 안정적으로 이루어지기가 매우 어렵습니다. 정부는 주택의 공급 물량과 가격을 조절하는 동시에 한정된 주택을 우선적으로 공급받을 대상을 정하는 방식으로 주택시장에 적극적으로 참여하고 있습니다.

또한 이를 구체적으로 실현할 수 있도록 청약제도와 같은 다양한 법령을 도입했습니다. 청약제도에 대해 자세히 알고 싶다면 「주택공급에 관한 규칙」을 읽으면 되지만 용어를 비롯해 내용이 다소 어렵거나 복잡하게 느껴질 수 있습니다. 변명일 수도 있지만 국가가 주거안정을 목표로 적극적으로 제도를 개선하다 보니 이토록 복잡해진 것입니다.

이렇듯 청약제도는 주거안정을 향한 정부의 끊임없는 의지와 국민의 열망을

토대로 탄생했으며 주택시장의 상황, 시대 여건 등에 따라 다양하게 변화하면서 진화해오고 있습니다.

요즘은 낯설게 느껴지겠지만 1978년 제정된 「주택공급에 관한 규칙」을 살펴보면 국민주택 1순위를 해외 취업 근로자(기능공 및 일반노무자)로서 영구불임 시술자, 2순위가 영구불임 시술자, 3순위가 해외 취업 근로자로 구분해 입주자를 선정하도록 규정하고 있습니다.

당시 경제발전의 주역인 해외 파견 근로자에 대한 우대와 산아 제한 정책을 실현하기 위한 국가의 의지를 엿볼 수 있는 대목입니다. 출산을 장려하기 위해 다자녀 가구에 특별공급 기회를 주는 오늘날과 비교하면 격세지감을 느끼게 합니다. 이처럼 청약제도의 변천 과정만 봐도 격변하는 사회의 발전 과정을 떠올릴 수 있겠죠?

✔ Since 1963, 주택청약이 걸어온 발자취

이제부터 본격적으로 주택을 공급하기 위해 수없이 고민했던 대한민국 주택청약제도의 발자취를 따라가보도록 하겠습니다.

◉ 1963년, 정부가 최초로 공급한 '공영주택'

최초의 주택공급제도는 1963년 제정된 「공영주택법」입니다. 정부는 저소득자이면서 무주택자, 분양대금을 상환할 수 있거나 임대료를 지급할 수 있는 사람을 대상으로 **공공주택의 일환인 공영주택을 저렴하게 공급하기 시작했습니다.** 최초의 주택공급제도이다 보니 지금과 같이 복잡한 방식은 아니었고 단순 추첨 방식으로 입주 대상자를 선정했습니다.

📍 1970년대, 주택 부족 문제를 해결하기 위한 청약부금제도 도입

1970년대에 들어서자 산업화와 도시화로 인하여 도시의 주택 부족 문제가 심각한 사회 문제로 대두되기 시작했습니다. 정부는 이를 해소하기 위해 1972년 제정된 「주택건설촉진법」에 근거하여 1977년 8월 18일 「국민주택 우선공급에 관한 규칙」을 제정하여 공급 순위를 설정하고 국민주택청약부금 가입자에게 주택 분양 우선권을 부여하여 주택을 공급했습니다. 비로소 주택공급제도에 '순위'라는 개념이 등장하기 시작한 것이죠.

📍 1978년, 「주택공급에 관한 규칙」으로 청약제도의 기틀 마련

드디어 1978년 5월 10일, 「주택공급에 관한 규칙」이 제정되었습니다. 이로써 공공주택에만 적용하던 주택공급제도가 민영주택까지 확대되었고 입주자저축(국민주택청약부금, 주택청약예금, 재형저축) 제도를 시행하는 등 본격적인 청약제도의 기틀을 마련했습니다.

민영주택 최초의 일반공급 1순위 자격은 입주자저축에 가입하여 일정 횟수 및 금액 이상을 예치한 자였습니다. 국민주택의 경우 1순위는 해외 취업 근로자(기능공 및 일반노무자)로서 영구불임 시술자, 2순위는 영구불임 시술자, 3순위는 해외 취업 근로자 순이었습니다. 또한 철거민, 해외 취업 근로자를 대상으로 한 특별공급도 최초로 등장했습니다.

📍 1980년대, 신도시의 등장과 본격적인 규제의 시작

1980년대 주택시장 규모가 커지고 부동산시장이 급변함에 따라 주택에 대한 관심도 폭발적으로 증가했습니다. 특히 정부 정책이 수도권의 주택난 해소를 위한 부동산 투기 억제에 초점이 맞춰지면서 제도 또한 규제 중심으로 개편, 강화되었습니다. 대표적으로는 소형 공공주택에 대한 소득 제한 및 민영주택의 채권입찰제, 전매 제한 및 재당첨 제한 기간 연장이 있습니다.

📍 1990년대, 외환위기 등 경제불황 극복을 위한 청약 자격 완화

1990년대 초반에는 금융실명제, 토지거래허가제도 등으로 부동산시장이 안정됨에 따라 주택 정책이 시장 자율화 및 규제 완화로 전환되었습니다. 특히 1990년대 후반에는 외환위기로 야기된 경제불황을 극복하기 위해 분양가를 전면 자율화하고 전매 제한을 폐지하는 등 각종 규제를 완화했습니다. 그리고 민영주택 청약 자격을 세대주에서 20세 이상 성인으로 변경하여 청약 자격을 대폭 확대했습니다.

📍 2000년대, 주택청약종합저축·가점제의 등장으로 다양해진 청약제도

2000년 초반에는 외환위기로 위축되었던 주택시장이 저금리로 인한 가계대출 확대, 부동산 규제 완화와 대규모 재건축 사업 추진으로 빠르게 과열되었습니다. 정부는 투기과열지구 지정제도, 분양가상한제 및 전매행위 제한 제도를 재도입하는 등 규제를 강화했습니다. 그리고 투기과열지구 또는 공공택지 내 전용면적 85㎡ 이하 민영주택의 75%를 무주택 세대주에게 우선공급하는 등 청약 자격을 강화했습니다.

2007년에는 투기를 방지하고 실수요자에게 보다 많은 주택을 공급하기 위해 무주택 기간, 부양가족수, 입주자저축 가입 기간을 점수화하여 높은 점수 순으로 입주자를 선정하는 가점제가 도입되었습니다. 그리고 2009년 5월에는 주택청약 기회를 확대하고 입주자저축을 활성화하기 위해 국민주택과 민영주택으로 분리되어 있던 청약통장 유형을 하나로 통합한 주택청약종합저축을 신설했습니다.

📍 2010년대, 다양한 세대의 내 집 마련을 이루어주는 주택청약

최근 청약제도는 낮은 출산율과 무주택 청년의 증가 등 사회 변화에 따른 수요 계층의 요구를 적극 반영한 결과, 눈에 띌 만한 성과를 보여주고 있습니다.

2017년 8·2대책으로 규제지역 내 가점제 비율을 확대(투기과열지구 75% → 100%)했습니다. 그리고 2018년도에는 추첨제를 통해 당첨자를 선정하는 경우에도 무주택자를 우선적으로 선정하는 방식을 도입했는데, 이런 노력들로 서울시 내 전체 청약 당첨자 중 무주택자가 96.6%에 달하는 등 실수요자 중심의 청약시장으로 재편되었습니다(2024년 말 기준). 또한 가점제 당첨자 중 오랜 기간 무주택으로 지내온 4050세대의 비중이 약 83%를 차지하여 25%p 이상 증가했습니다(2017년 57% → 2024년 82.8%).

이뿐만이 아닙니다. 민영주택 신혼부부 및 생애최초 특별공급 물량을 최대 42%까지 확대(국민주택 48%)하여 2030세대에 보다 많은 청약 기회가 주어지고 있습니다. 또한 맞벌이 부부 등 소득 요건에 따른 청약 사각지대를 최소화하기 위해 소득 및 자산 요건을 완화하여 현재 신혼부부 특별공급과 생애최초 특별공급의 2030세대 당첨자 비중이 80%를 웃돌고 있습니다.

공공주택에도 변화가 있었습니다. 19세 이상, 39세 이하의 청년을 위한 특별공급이 등장했고 이와 더불어 2024년 3월 규칙 개정으로 2세 미만의 자녀가 있는 세대를 위한 신생아 특별공급도 신설되는 등 청년층의 주거안정과 저출산 문제를 해결하기 위한 다양한 방안이 지속적으로 도입되고 있습니다.

02 왜 주택청약일까

내 집을 마련하기 위한 가장 보편적이고 효율적인 방법인 주택청약. 그렇다면 청약은 어떤 장점이 있을까요?

✅ 청약통장만 있다면 누구나 쉽고 빠르게

주택청약은 입주자저축, 즉 '청약통장'에 가입하고 순위와 일정 자격을 갖추면 누구나 가능합니다. 청약통장에 가입하고 나면 한국부동산원 청약홈 홈페이지를 통해 청약 신청뿐 아니라 현재 본인이 가입한 청약통장의 순위 확인 및 가입일까지 한눈에 확인할 수 있습니다.

현재 우리은행, KB국민은행, NH농협은행, 신한은행, 하나은행, IBK기업은행, 아이엠뱅크, 부산은행, 경남은행, 총 9개 은행에서 1인 1계좌 기준으로 주택청약종합저축에 가입할 수 있습니다.

굳이 번거롭게 은행에 방문하지 않아도 은행 모바일 앱을 통해 언제 어디서든 신규 가입이 가능하니 아직 없다면 하나 마련해보면 어떨까요?

☑ 새 아파트를 저렴하게 마련하는 가장 현명한 방법

청약이 일반적인 주택 구입과 가장 차별되는 점은 무엇일까요? 바로 쾌적한 주거 여건의 신축주택을 시세보다 저렴한 가격에 마련할 수 있다는 겁니다. 물론 청약 말고도 새 아파트를 마련하는 방법은 다양합니다. 재건축이나 재개발 단지의 조합원이 되거나 분양권을 매수하는 방법이 있습니다. 그렇지만 재건축/재개발 주택은 입주까지 길게는 10년 이상이 걸리고 사업 도중 여러 변수로 인해 단기간에 입주하기는 사실상 어렵습니다.

　입주를 앞둔 단지의 분양권이나 최근 입주를 마친 아파트를 곧바로 취득하는 방법도 있습니다. 하지만 이미 거래가격에 주변 시세, 어쩌면 그 이상이 반영되어 최초 분양가보다 높을 수밖에 없기 때문에 선뜻 결정하기 어렵습니다.

　그렇지만 청약을 통해 분양을 받는다면 보다 저렴하게 내 집을 마련할 수 있습니다. 특히 공공택지 및 일부 지역 민간택지에서 공급하는 주택은 실수요자의 자금 부담을 줄이기 위해 분양가를 '택지비+건축비' 이하로 제한하는 '분양가상한제'를 적용하고 있습니다. 분양가상한제를 적용하면 주변 시세가 아무리 높아도 상한 금액 이내에서 분양가를 결정하기 때문에 시세보다 저렴합니다. 따라서 분양가상한제 적용 주택에 청약하는 것은 내 집을 마련하는 좋은 방법 중 하나입니다.

☑ 장기적으로 자금 마련 계획을 세우고 안정적으로 구입하자

기존 매매 방식으로 주택을 구입한다면 계약금을 납부한 후 2~3개월 내에 중도금과 잔금을 치러야 합니다. 수억 원에 이르는 주택 자금을 단기간에 마련하기는 자력으로나 대출로도 여의치 않습니다. 그렇지만 청약은 입주자 모집 공고 이후 입주까지 약 3년의 시간이 걸립니다. 계약금 납부 이후 주택이 건설되는 기간 동안 중도금을 4회 이상 나누어 납부하고 입주 시에 남은 잔금을 납부할 수 있어 분양대금에 대한 장기적인 계획을 세울 수 있습니다.

• **분양대금 납부방식**(예시)

		1회	2회	3회	4회	5회	6회		
청약	계약금 (20% 이내)	중도금 (60% 이내/계약금 10% 이내 수령 시, 70%까지)						잔금	3년 소요
기존 주택 매매	계약금 (20% 이내)	중도금						잔금	2~3개월 소요

단지별로 차이가 있긴 하지만 중도금은 개개인이 대출 상품을 알아볼 필요 없이 시공사가 보증하여 지정한 은행에서 집단대출 방식으로 납부합니다. 심지어 일부 단지는 무이자 대출을 진행하기도 합니다. 입주 시 중도금 대출 상환금과 잔금을 납부해야 하는데, 이 중 일부는 입주 시점의 시세를 기준으로 한 주택담보대출로 상환할 수 있으므로 기존 주택을 구입하는 것보다는 여러모로 유리한 점이 많습니다.

✔ 본격적으로 쏟아지는 공급 물량, 기회는 지금부터

다행히 주택공급은 지속적으로 늘어날 예정입니다. 2022년 8월 16일 부처 합동으로 발표한 부동산 대책(「국민 주거안정 실현방안」)에 따라 2027년까지 270만 호의 주택(연평균 54만 호, 인허가 기준)을 공급할 예정입니다.

덧붙여 2022년 10월 26일 발표한 부동산 대책에 따라 청년과 서민계층에게도 선택형, 나눔형 등 공공주택 50만 호를 공급할 예정이라고 하니 누구나 체감

할 만큼의 넉넉한 물량 공세로 내 집을 마련할 기회가 활짝 열릴 것으로 기대됩니다.

이처럼 지속적인 대규모 주택공급이 예정되어 있는 만큼 청약은 좋은 입지에 저렴하게 분양되는 신축 아파트를 내 집으로 만들 수 있는 가장 확실한 방법입니다. 또한 시간적 여유를 두고 자금 계획을 세울 수 있다는 점도 큰 장점입니다. 그렇다면 주택청약, 어떻게 시작해야 할까요?

03 청약 준비부터 당첨까지 미리 보기

1. 청약통장부터 만들자

청약통장, 아직 없으신가요? 청약통장 없이는 청약을 이야기할 수 없습니다. 일부 유형을 제외하고는 반드시 청약통장에 가입하고 순위 요건을 충족해야 하니까요. 청약통장은 시중 9개 은행(우리은행, KB국민은행, NH농협은행, 신한은행, 하나은행, IBK기업은행, 아이엠뱅크, 부산은행, 경남은행)의 가까운 영업점을 방문하거나 모바일 앱을 통해 가입이 가능하니 청약통장이 없다면 지금 바로 시두르세요.

청약통장을 이미 가지고 있다고 해도 종합저축, 청약예금, 청약부금 등 그 종류에 따라 청약할 수 있는 주택이 달라지므로 통장별 특징과 성격을 정확히 알아야 합니다. 종합저축 가입자는 민영주택과 국민주택 모두 청약이 가능하지만 청약예금이나 청약부금 가입자는 민영주택에만 신청할 수 있습니다. 그러나 2024년 10월 1일부터는 청약예·부금, 청약저축을 주택청약종합저축으로 전환할 수 있게 되어 청약통장의 쓸모가 더욱 커졌습니다. 보다 많은 사람이 다양한 주택 유형에 청약할 수 있도록 제도가 개선된 덕분입니다.

쓸모없어 보이는 오래된 청약예금이나 청약저축을 해지할지 고민하셨나요? 해지하지 마세요. 묵은 통장 전환하고 더 많은 혜택을 누려보세요.

➜ 청약통장 및 통장 전환에 대한 내용은 56쪽에서 확인하세요.

2. 청약홈 둘러보기

청약을 하려면 청약홈과 친해져야 합니다. 먼저 청약홈 모바일 앱을 스마트폰에 설치해주세요(PC에서도 이용 가능). 청약홈은 별도의 회원가입 대신 공동인증서, 금융인증서, 네이버인증서, KB국민인증서, 토스인증서, 신한인증서, 카카오인증서 로그인으로 누구나 편리하게 이용할 수 있습니다.

아파트뿐 아니라 오피스텔, 도시형 생활주택, 공공지원 민간임대, 무순위 아파트까지 다양한 주택 유형별 청약 정보를 제공하며 청약 신청, 당첨 조회, 내 청약 자격 확인, 청약통장 가입 내역 확인 등 다양한 청약 서비스를 제공하고 있습니다.

→ 보다 자세한 청약홈 똑똑하게 이용하기는 248쪽에서 확인하세요.

3. 관심 지역과 관심 단지를 청약 알리미에 등록하자

청약 알리미는 청약홈에서 제공하는 각 지역별 분양 소식과 관심 단지의 청약 알림을 문자메시지로 받아볼 수 있는 서비스입니다. 서비스별로 최대 10건까지 등록할 수 있으니 미리 청약 알리미를 신청해두면 바쁜 일정으로 청약 정보를 놓치는 일이 없겠죠?

→ 관심 지역·관심 공고 청약 알리미 신청 방법은 264쪽에서 확인하세요.

4. 청약할 단지를 선택하자

청약하려는 지역을 결정하셨나요? 그렇다면 이제 주택을 선택하는 일이 남았습니다. 일반적으로 청약 신청은 현재 나와 가족이 생활하는 지역이나 그리 멀지 않은 인접 지역의 주택을 대상으로 합니다. 물론 지역뿐 아니라 교육 및 생활편의시설, 교통 등 주거 여건, 향후 개발 호재 등 다양한 가능성을 종합적으로 고려해야 합니다.

5. 입주자 모집 공고문, 핵심부터 파악하자

청약을 신청할 단지까지 정했다면 입주자 모집 공고문을 확인할 차례입니다. 입주자 모집 공고문은 주택청약에서 당첨자 선정과 계약, 입주까지 주택의 모든 정보를 담고 있는 이정표와 같습니다. 공고문의 방대한 분량에 덜컥 겁부터 나지만 걱정할 필요는 없습니다. 이 책을 읽고 나면 보다 빠르고 정확하게 공고문의 내용을 이해할 수 있습니다.

➡ 입주자 모집 공고문 제대로 읽는 방법은 67쪽에서 확인하세요.

공고문을 어느 정도 파악하고 나면 견본 주택을 방문하여 단지 배치, 주택형별 실내 구조, 마감재를 직접 눈으로 확인하거나 사이버 모델하우스, 부동산 블로그 등을 통해 단지 정보를 다각적으로 분석해봐야 합니다.

6. 전략 세우기: 어느 유형에 신청해야 할까?

청약홈은 매일 19시 30분 이후에 경쟁률을 제공하고 있습니다. 최근 인근 지역에서 분양한 단지 중 내가 청약하려는 단지와 가장 유사한 곳을 찾아보고 공급 유형별, 주택형별 경쟁률을 분석하여 지금 나의 상황에서 가장 유리한 공급 유형과 주택형을 미리 정해두어야 합니다.

당연한 얘기지만 주택형 및 신청 유형을 결정했다면 해당 유형의 청약 자격을 정확히 숙지하여 청약 시 정보를 잘못 입력하는 등의 실수를 최소화해야 합니다.

➡ 자세한 공급 유형별 신청 자격과 당첨자 선정 방법은 114쪽에서 확인하세요.

7. 당첨을 꿈꾸며 청약 신청하기

청약 알리미를 통해 공고일과 청약일에 알림도 받았고 입주자 모집 공고문도 빠짐없이 확인했습니다. 그렇다면 청약일에 신청하는 것도 놓치지 말아야겠죠? 일반적으로 특별공급, 일반공급 1순위 및 2순위 청약은 각각 하루씩만 진행하며 청약홈을 통한 청약 가능 시간은 09:00~17:30입니다. 신청 시간 이후에는 어떠한 경우라도 신청 또는 취소가 불가하니 유의해야 합니다.

➔ 청약홈에서 청약 신청하는 방법은 252쪽에서 확인하세요.

8. 당첨 확인

모두가 기다리는 시간! 당첨 확인은 청약홈에 로그인 후 청약 당첨 조회 메뉴를 통해 확인할 수 있습니다. 당첨되었다면 당첨된 동·호수를 확인하고 예비 입주자로 선정되었다면 예비 순번을 확인합니다. 청약 당첨 조회는 당첨일로부터 10일간 가능하며 이와 별도로 청약홈에서는 당첨자 발표일 오전 8시에 당첨 사실을 SMS로 알려주는 서비스도 제공하고 있습니다.

9. 서류 제출과 계약 체결

당첨이 되면 당첨자 서류 제출 절차가 기다리고 있습니다. 사업 주체에서 당첨자가 계약이 가능한 적격 당첨자인지 여부(무주택 여부 등 신청 유형별 자격심사)를 판단하기 위한 것입니다. 유형별로 제출해야 하는 서류가 다르기 때문에 입주자 모집 공고문을 다시 한번 확인하여 빠짐없이 서류를 준비한 후 정해진 기간에 견본 주택에 방문하여 제출합니다.

사업 주체 확인 결과, 신청 자격에 문제가 없다고 판단되면 계약 체결이 가능합니다. 내 집 마련의 9부 능선을 넘은 것이죠.

➔ 당첨자의 유형별 제출 서류는 268쪽에서 확인하세요.

10. 중도금과 잔금 납부, 드디어 입주

입주까지 남은 일은 중도금과 잔금 같은 분양대금 납부입니다. 중도금은 현행 법령상 최소 4회 이상 분할하여 납부하게 되어 있습니다. 분양 단지별로 차이는 있겠지만 일반적으로 6회 차에 걸쳐 납부합니다. 입주까지 약 3년 정도의 시간이 걸리는 데다 일반적으로 중도금은 집단대출이 가능하므로 미리 납부 계획을 세워둘 수 있습니다.

사전 점검을 마치고 입주 지정 기간에 잔금을 납부하면 드디어 소중한 우리 집으로 들어갈 수 있게 됩니다. 내 집 마련을 축하합니다!

➜ 분양대금 납부에 대한 안내는 277쪽에서 확인하세요.

· **청약 절차 요약도**

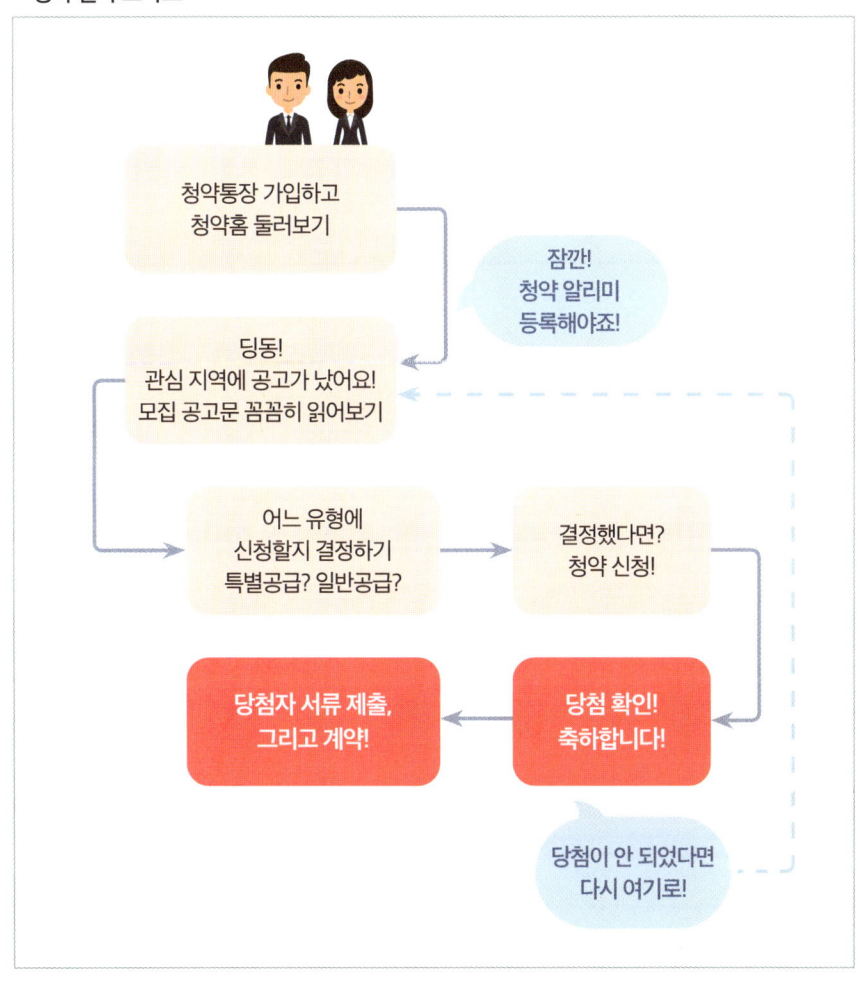

04 청약홈 공공 마이데이터를 통해 더 쉽고 더 정확하게

✅ 세대주 여부, 해당 지역 거주 기간 등을 자동으로 조회

청약 신청할 때 청약자들이 가장 많이 하는 실수와 그로 인한 부적격 사유가 뭘까요? 어려운 청약제도 때문에 복잡한 이유가 있으리라 생각하지만 실제로는 청약자의 세대주 여부라든가 'ㅇㅇ시 2년 이상 계속하여 거주'와 같은 해당 지역 거주 요건을 충족했는지와 같은 단순한 사유가 대부분입니다.

이처럼 기본적인 청약 자격도 많은 신청자가 혼동하여 놓치고 있습니다. 이에 청약홈에서는 많은 고민과 노력 끝에 청약 신청 단계에서 공공 마이데이터를 연계해 사전에 청약 기본 자격을 확인할 수 있도록 서비스를 제공 중입니다.

- 청약홈 마이데이터 연계 행정 정보

행정 정보	청약 정보
주민등록표등·초본	세대주 여부 해당 지역 거주 기간
가족관계증명서	미성년·영유아 자녀수 등 노부모 부양 여부 가점제 부양가족수
한부모가족증명서	공공주택 신혼부부 특별공급 등 한부모가족 여부
출입국사실증명서	해당 지역 거주 기간 산정 시 해외 거주 기간 반영 등

지금까지는 청약자가 직접 주민등록표등·초본을 발급받아 세대주인지, 해당 지역에 거주 자격으로 신청이 가능한지를 개별 판단해야 하는 번거로움이 있었다면, 앞으로는 공공 마이데이터를 통해 수신한 행정 정보를 청약홈이 분석하여 청약 신청 화면에서 자동 조회할 수 있습니다. 보다 정확하고 쉽게 청약 서비스를 이용할 수 있는 것이죠. 게다가 청약홈은 주민등록표등·초본에 이어 가족관계증명서, 한부모가족증명서 및 출입국사실증명서 정보를 연계하여 청약자에게 다양한 청약 정보를 제공하고 있습니다. 미성년·영유아 자녀수, 신생아 특별공급 청약자를 위한 신생아 자녀 유무 확인 등 가족관계증명서를 통해 청약자의 자녀가 입주자 모집 공고일 기준으로 청약 유형별 자격에 부합하는지 확인하여 청약 신청 화면에 안내해줍니다.

앞으로도 청약홈은 다양한 행정 정보를 연계하여 더 많은 사람이 간편하고 정확하게 청약 서비스를 이용하도록 할 계획입니다.

청약은 생각만큼 단순하지 않습니다.
청약의 기본 개념을 먼저 익히고
각자 여건에 맞는 유형을
집중 공략해야 합니다.

2장

청약의 기초 다지기, 청약도 '공부'가 필요하다

01 청약, 어디서부터 시작해야 할까

청약제도 안내
▶ 주택청약 용어 설명

무주택 세대구성원, 무주택자, 직계존속…. '청약, 나도 한번 해볼까' 하는 호기심에 청약홈에 들어갔다가 처음 보는 용어에 당황하는 사람이 많습니다. 가뜩이나 당첨되기 어렵다는 청약 때문에 심란한데 입주자 모집 공고문은 눈에 잘 들어오지 않고 '내가 지금 제대로 이해하고 있는 걸까?' 하는 걱정이 앞선다는 사람도 있습니다.

청약은 생각만큼 단순하지 않습니다. 무주택자라면 누구나 무조건 신청할 수 있으면 좋겠지만 공급 유형에 따라, 주택이 위치한 지역에 따라 신청 가능 여부가 달라집니다. 따라서 청약의 기본 개념을 먼저 익히고 각자 여건에 맞는 유형을 집중 공략해야 합니다.

☑ 민영주택, 공공주택: 어떤 주택에 청약해야 할까?

청약을 준비하고 있나요? 어떤 주택에 청약하고 싶은가요? 이 질문에 '아파트'라고 대답한다면 청약에 갓 입문한 분입니다. 점수로 따지면 100점 만점에 50점짜리 답이 되겠습니다. 청약에서 가장 먼저 알아야 하는 것은 바로 주택의 종류입니다. 어떤 주택이냐에 따라 신청 자격과 당첨자 선정 방법이 다르기 때문입니다. 이 책은 민영주택 및 국민주택, 그중에서도 공공분양주택을 중심으로 다룰 예정입니다. 하지만 그에 앞서 분양부터 임대까지 전반적인 주택의 종류에 대해 간단히 짚고 넘어가겠습니다.

주택은 크게 분양주택과 임대주택으로 나뉩니다. 하지만 이는 큰 틀에서 나눈 것으로 분양주택과 임대주택 안에서도 그 종류와 성격은 매우 다양합니다. 분양주택이 다 똑같은 분양주택일까요? 아닙니다. 누가 공급하느냐에 따라, 건설 자금을 어디에서 조달하는지에 따라 민영주택과 국민주택(공공분양주택 포함)으로 나누어집니다.

◉ 분양시장의 핵심, 민간분양주택

래○안, 자○, 힐○○○트, 푸○○오 등은 누구나 한 번쯤 들어본 익숙한 네이밍입니다. '민영주택' 혹은 '브랜드 아파트'라고 불리는 민간분양주택은 정부의 재정 지원 없이 건설비용을 민간사업 주체가 직접 조달하여 공급하는 주택입니다. 현재 대한민국 주택 분양시장의 주축을 이루며 각 건설사마다 개별 브랜드를 가지고 분양하고 있습니다.

청약저축을 제외한 청약예·부금, 종합저축 가입자라면 신청이 가능합니다. 일반공급은 가점제와 추첨제 방식을 적용하여 당첨자를 선정하는 것이 국민주택과의 차이점입니다. 생애최초 특별공급과 신혼부부 특별공급에는 소득 기준(일부 자산 기준도 적용)을 적용하고 있는데, 이에 대해서는 3장에서 자세히 설명하겠습니다.

→ 특별공급 신청 자격은 116쪽에서 확인하세요.
→ 일반공급 신청 자격은 208쪽에서 확인하세요.

◉ 공공분양주택: 생활편의와 저렴한 분양가, 두 마리 토끼를 한 번에!

국민주택은 정부 재정 또는 주택도시기금으로부터 자금을 지원받아 국가나 지방자치단체, 한국토지주택공사^{LH} 등에서 건설·공급하는 주택입니다. 일반적으로 주거 전용면적 85㎡ 이하(수도권을 제외한 도시지역이 아닌 읍 또는 면 지역은 1호 또는 1세대당 주거 전용면적이 100㎡ 이하)인 주택을 말합니다.

공공분양주택은 LH 등에서 개발하는 공공택지 내 부지에 건설되기 때문에 대규모 단위로 계획하여 조성하는 도시의 광역 교통망 및 각종 편의시설을 그대로 누릴 수 있습니다. 게다가 분양가상한제를 적용하여 인근 시세보다 저렴한 가격으로 분양하기 때문에 늘 인기가 많습니다.

일반적인 공공분양주택 외에도 다양한 특성을 가진 공공분양주택 유형이 있습니다. 수분양자가 20~30년의 범위에서 공공주택사업자와 주택의 소유권을 공유하면서 소유 지분을 적립하여 취득하는 지분적립형 분양주택, 수분양자가 해당 주택을 처분하려는 경우 공공주택사업자가 환매하되 공공주택사업자와 처분 손익을 공유하는 것을 조건으로 분양하는 이익공유형 분양주택이 있습니다.

• 재고 주택 vs. 신규 주택

재고 주택			신규 주택				
매매	월세	전세	30호 미만	30호 또는 30세대 이상			
				분양			임대
				민영주택	국민주택		민간임대
					공공분양	공공임대	
				• 종합저축 • 청약예·부금	• 종합저축 • 청약저축		–
				• 청약홈	• 청약홈 • LH청약플러스 외 (지방공사 자체 홈페이지)		• 청약홈 • 자체 홈페이지
시장			시장	「주택공급에 관한 규칙」	「공공주택특별법」		「민간임대주택 특별법」

특히 정부에서 총 25만 호를 공급할 계획이라고 밝힌 나눔형 공공분양주택은 청년계층 및 신혼부부 등 2030세대를 위한 맞춤형 분양주택으로 비교적 최근에 도입되었습니다.

신혼희망타운은 2030세대의 낮은 출산율을 해결하고자 기획한 새로운 유형의 주택입니다. 육아에 집중해야 하는 신혼부부의 거주 선호를 적극적으로 반영한 주택으로, 단지 전체가 신혼부부(예비 신혼부부 및 6세 이하 자녀를 둔 한부모가족 포함)에게 공급되는 특화형 공공주택입니다. 신혼부부별로 자격을 세분화하여 분양주택뿐 아니라 임대주택(국민임대, 행복주택)으로 다양하게 공급하고 있습니다.

서민과 중산층의 튼튼한 주거 사다리, 공공임대주택

분양주택은 아니지만 서민과 중산층의 주거안정을 위해 공급하는 공공임대주택도 한번 살펴보겠습니다.

크게 임차 대상과 임대 기간에 따라 구분할 수 있습니다. 영구임대주택은 생계급여 및 의료급여 수급자, 월평균 소득이 전년도 도시근로자 가구원수별 월평균 소득의 70% 이하인 세대 등 최저소득계층에게 전용면적 40㎡ 이하의 주택을 50년 이상 또는 영구적으로 임대하는 주택입니다.

국민임대주택은 저소득(소득 1~4분위) 서민에게 전용면적 60㎡ 이하의 주택을 30년 이상 임대하는 주택입니다.

행복주택은 대학생, 사회 초년생, 신혼부부 등 젊은 층의 주거안정을 목적으로 전용면적 60㎡ 이하의 주택을 임대하고 있으며 임대 기간은 대학생·청년은 6년, 고령자는 20년 등으로 다릅니다.

통합공공임대주택은 기존의 복잡한 공공임대 유형(영구·국민·행복)을 하나로 통합하여 입주 자격 및 선정 방법을 단일화하고 소득 수준에 따른 임대료를 차등 부과하여 전용면적 60~85㎡의 중형 주택도 공급하는 등 수요자 관점에서 개선하여 도입했습니다. 2022년 1월 과천 지식정보타운과 남양주 별내에서 최초로 공급하여 현재 신규 승인하는 건설형 공공임대주택은 전면 통합공공임대주택으로 공급합니다.

이 외에도 보증금을 받고 전세계약을 하는 방법으로 공급하는 장기전세주택, 일정 기간 임대 후 분양전환할 목적으로 공급하는 분양전환공공임대주택이 있습니다. 또한 기존 건축물을 매입하여 공급하는 기존 주택 매입임대주택, 기존 주택을 임차하여 전대하는 기존 주택 전세임대주택도 있습니다.

공공임대주택은 마이홈포털 www.myhome.go.kr 에서 자세히 확인할 수 있습니다.

저렴한 임대료로 오래오래, 공공지원 민간임대주택

민간임대주택은 공공임대주택과 별개로 「민간임대주택에 관한 특별법」에 따라 임대사업자가 공급하는 공공지원 민간임대와 장기일반 민간임대로 나뉩니다.

공공지원 민간임대주택은 임대사업자가 주택도시기금의 출자, 공공택지 공급 등 공적 지원을 받기 때문에 초기 임대료는 시세의 85~95% 이하, 임대료 증액은 연간 5% 이내로 10년 이상 임대해야 하며 법에서 정하는 기준에 따라 임차인을 선정해야 합니다.

• 공공지원 민간임대주택 공급 유형별 특징

구분	특별공급	일반공급
공급 물량	20% 이상	80% 이내
대상	청년(19~39세), 신혼부부(혼인 7년 이내 또는 예비 신혼부부), 고령자(65세 이상), 신생아 특별공급	19세 이상, 무주택 세대구성원
소득 요건	도시근로자 월평균 소득 120% 이하	-
자산 요건	지자체장과 협의하여 별도로 정할 수 있음	-
임대료	시세의 85% 이하	시세의 95% 이하

선정 방법	순위에 따라 선정하며 같은 순위인 경우 추첨 (1순위 월평균 소득 100% 이하, 2순위 110% 이하, 3순위 120% 이하)	추첨

    장기 일반 민간임대주택은 공공지원 임대주택과 달리 제도적 지원이 적은 대신 임대사업자가 자율적으로 입주자 선정과 초기 임대료를 정할 수 있습니다. 단, 10년 이상 임대해야 하며 임대료 증액은 연간 5% 이내로 제한합니다.

    일부 공공지원 민간임대주택은 청약홈을 통해 청약 접수 및 당첨자 선정을 하고 있으므로 청약홈 ◐ 청약 일정 및 통계 ◐ 공공지원 민간임대 메뉴에서 확인해보세요.

QR 바로가기

청약 일정 및 통계 ▶ 공공지원 민간임대

02 주택청약의 첫걸음, 청약통장의 모든 것

✔ 청약통장은 언제, 왜 생겨났을까?

청약 당첨을 꿈꾸고 있다면 누구든 하나씩 가지고 있어야 하는 게 무엇일까요? 바로 청약통장입니다. 청약통장은 '주택분양을 미리 약정하고 장래 주택 구입을 위한 저축 상품'으로 부족한 주택 금융 재원을 마련하기 위해 생겨났습니다.

약 2,643만여 명이 가입(2025년 2월 기준)한 청약통장은 미성년자도 가입이 가능[가입 기간 총 60개월까지 인정(2023년 12월 31일 이전 미성년자 가입분은 최대 24개월까지 인정)]하며 민영주택 일반공급 가점제에 청약할 경우 입주자저축 가입 기간이 길수록 높은 점수(15년 이상, 최대 17점)를 받을 수 있습니다. 따라서 당장 내 집 마련 계획이 없어도 일찌감치 가입해두는 것이 유리합니다.

청약통장은 앞서 언급한 청약제도의 역사만큼이나 오랜 세월 국민과 함께해 왔습니다. 최초의 청약통장은 1977년 「국민주택 우선공급에 관한 규칙」을 제정하고 국민주택청약부금 가입자에게 분양 우선권을 부여하기 위해 등장했습니다. 당시에는 국민주택과 전용면적 85㎡ 이하 민영주택 분양을 위해 마련되었으나 이후 1984년 통장 명칭을 청약저축으로 변경하고 국민주택 청약 신청만 가능해졌습니다.

1978년은 현재까지 그 모습과 기능을 거의 유지하고 있는 청약통장의 기틀을

• **청약통장의 종류**

구분	청약저축	청약부금	청약예금	주택청약종합저축
가입 대상	무주택 세대주	20세 이상 개인 (유주택자도 가능)	20세 이상 개인 (유주택자도 가능)	누구나 가입 가능 (유주택자도 가능)
	신규 가입 불가(단, 주택청약종합저축으로 전환 가능)			신규 가입 가능
저축 방식	매월 일정액 불입	매월 일정액 불입	일시불 예치	매월 일정액 불입 (일시불 예치 가능)
저축 금액	월 2~10만 원	월 5~50만 원	200~1,500만 원 (규모·지역별 차등)	월 2~50만 원 (1,500만 원 일시 납입)
대상 주택	85㎡ 이하 공공주택 등	85㎡ 이하 민영주택	모든 민영주택 (85㎡ 초과 공공주택도 가능)	모든 주택

※ 청약저축, 청약예금, 청약부금 : 2015년 9월 1일 이후 신규 가입 불가

마련한 시기입니다. 「주택공급에 관한 규칙」을 통해 국민주택청약부금, 주택청약예금, 재형저축 등 3가지 입주자저축제도를 만들었으며 예금의 종류와 예치 금액에 따라 분양받을 수 있는 주택의 종류와 규모를 나누었습니다.

주택청약예금은 전용면적 85㎡ 초과 민영주택을 위한 정기예금 상품으로 일정 금액을 납입한 후 기간이 지나면 우선순위를 부여받을 수 있었습니다. 재형 저축은 전용면적 85㎡ 이하의 민영주택을 분양받을 수 있었으며 1980년 자격에서 배제되었다가 1989년 매월 일정 금액 이상을 납입하여 일정 금액 이상이 되면 주택을 분양받을 수 있는 적금식 제도인 청약부금제도로 부활했습니다.

1997~1998년 주택 경기불황에 따른 수요자 감소와 IMF에 따른 가계경제의 어려움으로 가입자 수가 급감하면서 2000년 청약예금과 청약부금의 가입 자격을 세대주에서 20세 이상 성인으로 완화하고 민영주택 공급 기준을 1세대 1주택에서 현행 1인 1주택 기준으로 변경했습니다.

입주자저축 취급 기관도 기존 1개 은행에서 대폭 확대(주택은행 → 15개 시중은

행)하는 등 다양한 노력을 기울였습니다.

그리고 2009년, 국민주택과 민영주택 모두 청약할 수 있고 무주택 여부와 연령에 관계없이 누구나 가입할 수 있는 주택청약종합저축이 등장했으며 2015년 9월 1일 4가지 입주자저축(청약저축, 청약예금, 청약부금, 주택청약종합저축)이 주택청약종합저축 하나로 간소화하여 지금의 모습을 갖추게 되었습니다.

☑ 청약통장 전환으로 알차게 활용하기

종합저축은 기존 청약예금 및 청약부금을 유치하던 은행의 급격한 유동성 악화 및 종합저축으로의 전환 급증으로 인한 혼란을 방지하기 위해 입주자저축 간 전환을 허용하지 않았습니다. 또한 기존 청약예·부금, 청약저축 가입자가 주택청약종합저축 신규 가입 시 기존 통장의 가입 기간과 금액은 승계되지 않았습니다. 그러나 기존 예·부금 및 저축 가입자의 청약 신청 기회를 확대하여 통장 활

• 종합저축 전환 시 순위 산정 기준

전환 이전		전환 이후		가입 기간	신규 주택 유형에 청약 시
종류	주택	종류	주택		1순위 산정 기준
청약예금	민영 (모든 면적)	주택청약 종합저축	모든 주택	전환일부터 재산정	(국민주택 청약 시) 전환일 이후부터 1순위 요건 재산정 (가입 기간, 납입금액)
청약부금	민영 (전용 85㎡ 이하)				
청약저축	국민				(민영주택 청약 시) 전환일 이후부터 1순위 요건 재산정 (가입 기간)

* 전환 이전에도 청약이 가능했던 유형에 청약하려는 경우(예: 청약예·부금 가입자가 종합저축 전환 이후 민영주택에 청약) 기존과 동일하게 최초 가입일 기준으로 순위 산정

용 및 편의 강화를 위해 지난 2024년 10월 1일부터 주택청약종합저축으로의 전환이 가능해졌습니다.

통장 전환은 주택청약종합저축을 취급하는 시중 9개 은행에서 가능하며 기존 통장의 해지 후 전환하여야 하므로 청약통장 가입 은행 영업점을 먼저 방문하면 됩니다.

또한 청약통장은 가입자의 사망, 혼인 등 요건 충족 시 상속인 또는 세대주에게 승계가 가능합니다. 하지만 통장 종류별로 변경 요건이 조금씩 다릅니다.

• 청약통장별 명의 변경 요건

종류	명의 변경(승계) 사유	비고
청약저축	• 가입자가 사망한 경우 상속인 명의로 변경 가능	기존 가입자의 납입인정금액 및 납입 회차 승계
청약예·부금 (2000년 3월 26일 이전 가입)	• 가입자가 혼인한 경우 배우자 명의로 변경 가능 • 가입자의 배우자 또는 가입자의 직계존비속으로 세대주를 변경*한 경우 세대주 명의로 변경 가능 * 합가에 따른 세대주 변경, 가입자 전출로 인한 세대주 변경, 전입/전출 없이 단순 세대주 변경	
청약예·부금 (2000년 3월 27일 이후 가입)	• 가입자가 사망한 경우 상속인 명의로 변경	
주택청약종합저축 (청년주택드림 포함)		

✅ 주택청약 프리패스, 종합저축 만들기

주택청약종합저축은 국내에 거주하는 개인(국내 거주 재외동포 및 외국인 거주자 포함)이라면 누구나 1인 1계좌 기준으로 가입할 수 있습니다. 종합저축을 취급하는 9개 은행(다음 표 참조) 영업점 또는 모바일 앱을 통해 간편하게 가입할 수 있습니다. 무엇보다 국민주택과 민영주택 모두 청약이 가능하고 미성년자도 가입이 가능하다는 점, 주택 소유 여부나 세대주 여부와 관계없이 적게는 2만 원부터 최대 50만 원까지 매월 자유롭게 납입할 수 있다는 점이 과거 청약통장과 다른 점입니다.

• **주택청약종합저축의 특징**

가입 대상	• 국민인 개인(국내에 거주하는 재외동포 포함) 또는 외국인 거주자
계약 기간	• 가입일로부터 입주자로 선정 시까지(당첨 시까지)
적립 금액	• 매월 2만 원 이상 50만 원 이하의 금액을 자유롭게 납입(「국고금관리법」에 따라 10원 단위까지 납입 가능) ⇨ 입금하려는 금액과 납입누계액의 합이 1,500만 원 미만인 경우 월 50만 원 초과하여 잔액 1,500만 원까지 일시예치 가능
가입 은행	우리은행, KB국민은행, NH농협은행, 신한은행, 하나은행, IBK기업은행, 아이엠뱅크, 부산은행, 경남은행

☑ 34세 이하 무주택 청년이라면 청년주택드림 청약통장

19세 이상, 34세 이하의 청년이라면 주목하시기 바랍니다. 기존 청년우대형 주택청약종합저축의 가입 대상과 지원 내용을 대폭 확대한 '청년주택드림 청약통장'이 새롭게 출시되었습니다. 기존 가입 조건이 연소득 3,600만 원 이하였지만 이제는 5,000만 원 이하의 무주택자라면 누구나 가입할 수 있습니다. 기존 청년우대형 주택청약종합저축 가입자는 모두 청년주택드림 청약통장으로 자동 전환되며 주택청약종합저축 가입자도 가입 요건 충족 시 청년주택드림 통장으로 전환이 가능합니다(기존 계좌가 청약 당첨 계좌인 경우 전환 불가). 청년주택드림 청약통장은 2025년도 말까지 가입할 수 있으니 이 시기를 놓치지 않기 바랍니다.

• **청년주택드림 청약통장의 특징**

가입 대상 및 방법	나이	• 19세 이상 ~ 34세 이하 ⇨ 병역증명서에 의한 병역 이행 기간이 증명되는 경우 현재 연령에서 병역 이행 기간(최대 6년)을 빼고 계산한 연령이 34세 이하인 자 포함
	소득	• 직전 연도 신고 소득이 있는 자로 연소득 5,000만 원 이하 • 직전 연도 비과세 소득만 있으면서 현역병 등*으로 복무를 마친 자 ⇨ 단, 직전 연도 복무 기간 1일 이상이어야 함 *현역병, 상근예비역, 의무경찰, 해양의무경찰, 의무소방원, 사회복무요원, 대체복무요원 등
	주택 소유 여부	• 무주택자(본인 기준)
	가입 방법 및 제출 서류	• 다음 증빙 서류를 지참하여 은행 방문 – (연령, 무주택) 각서 등 (병역 인정) 병적증명서 – (연소득) 소득확인증명서 등
상품 정보	우대이율	• (요건) 가입 기간 2년 이상(단, 청약 당첨으로 인한 2년 미만 해지는 예외) • (한도) 총 원금 5,000만 원까지, 최대 10년간(무주택인 기간에 한함) • (이율) 기존 주택청약종합저축 이율 +1.7%p 우대, 2년 이상 유지 시 최대 연 4.5% ⇨ 일반 이율 변동 시 청년주택드림 이율 연동, 1개월 이내 해지 시 이자 없음
	비과세	• (요건) 가입 기간 2년 이상, 무주택 세대의 세대주, 연 근로소득 3,600만 원 또는 사업소득 2,600만 원 이하 • (한도) 총 이자소득의 500만 원 및 원금 연 600만 원까지 비과세 적용 ⇨ 비과세 대상 및 요건은 「조세특례제한법」에 따름 • (신청) 가입 2년 내 신청 필요
	소득공제	• (요건) 근로소득 7,000만 원 이하, 무주택 세대의 세대주 • (한도) 연 납입금 300만 원 한도로 40% 공제(최대 120만 원)
	전환신규	• 기존 주택청약종합저축에서 '청년주택드림 청약통장'으로 전환 가능 ⇨ 기존 가입 기간 및 납입인정회차(선납 및 연체 일수는 제외)를 연속하여 인정 • (방식) 기존 통장 해지 후 전환 원금을 신규 통장으로 이전 ⇨ 전환 원금은 우대이율에서 제외(기존 '주택청약종합저축' 이율 적용)
	납입 방식	• 매월 약정 납입일에 월 2~100만 원 납입(10원 단위 납입 가능) ⇨ 최대 월 납입금액이 기존 주택청약종합저축보다 상향됨 (50만 원 → 100만 원)

상품 정보	중도 인출	• 가입자가 당첨 이후 1회에 한하여 계약금 납부 목적으로 중도 인출 가능 ⇨ 단, 청년주택드림 청약통장으로 전환되기 전 주택청약에 당첨된 '청년우대형 주택청약종합저축' 가입자는 불가
	추가 납입	• 청약 당첨 후 추가 납입 가능
	가입 기간	• 2025년 12월 31일까지(전환 신규 포함)

☑ 내 통장은 언제 1순위가 될까?

청약 신청을 위해 종합저축에 가입했습니다. 그럼 내 통장은 언제부터 1순위가 될까요? 1순위 요건은 청약하려는 주택이 민영주택인지, 국민주택인지에 따라 또는 지역(특성)에 따라 다르므로 청약하려는 주택의 입주자 모집 공고문을 확인해야 합니다. 또한 단지별 입주자 모집 공고일 기준으로 1순위 충족 여부를 판단하기 때문에 청약홈 '청약통장 순위 확인서 발급' 또는 '모집 공고단지 청약 연습하기' 메뉴를 통해 본인의 1순위 여부를 확인하는 것이 정확합니다.

☑ 민영주택은 예치금 충족, 국민(공공)주택은 매달 일정 금액의 꾸준한 납입이 중요

민영주택은 가입 기간과 지역별·규모별 예치금 충족 여부에 따라 순위가 나뉩니다. 공고일 기준, 청약통장 가입 기간과 납입인정금액이 주민등록표등본상 청약 신청자의 거주지에 따른 예치금 기준을 충족(신청하려는 주택 지역이 아님에 유의)하면 1순위 신청이 가능합니다. 청약통장별 유형 변경이나 규모, 지역 변경 기한은 오른쪽 표를 참고하세요.

- 민영주택 청약 순위별 요건

청약 순위	청약통장	순위별 요건	
		청약통장 가입 기간	납입금
1순위	주택청약 종합저축 청약예금 청약부금 (전용면적 85㎡ 이하만 청약 가능)	• 투기과열지구 및 청약과열지역: 가입 후 2년 경과 • 수도권: 가입 후 1년 경과 (다만 필요한 경우 시·도지사가 24개월까지 연장 가능) • 수도권 외: 가입 후 6개월 경과 (다만 필요한 경우 시·도지사가 12개월까지 연장 가능) • 위축지역: 가입 후 1개월 경과	납입인정금액이 지역별 예치금액 이상인 자 매월 약정 납입일에 납입한 납입인정금액이 지역별 예치금액 이상인 자
2순위 (1순위 제한자 포함)		1순위에 해당하지 않는 분 (청약통장 가입자만 청약 가능)	

- 민영주택의 지역별*·규모별 예치금 기준

구분	특별시 및 부산광역시	그 밖의 광역시	특별시 및 광역시를 제외한 지역
전용면적 85㎡ 이하	300만 원	250만 원	200만 원
전용면적 102㎡ 이하	600만 원	400만 원	300만 원
전용면적 135㎡ 이하	1,000만 원	700만 원	400만 원
모든 면적	1,500만 원	1,000만 원	500만 원

* 입주자 모집 공고일 현재 청약자의 주민등록표등본상의 거주지를 기준으로 함

국민(공공)주택의 가입 기간 충족 조건은 민영주택과 동일하나 예치금 조건은 없습니다. 단, 납입 회차가 충족되어야 하며 1순위 내에서 경쟁이 발생하는 경우 3년 이상의 무주택 세대구성원으로서 '납입인정금액(전용면적 40㎡ 초과)' 또는 '납입인정회차(전용면적 40㎡ 이하)'가 높은 순으로 당첨자를 선정합니다. 이 때문에 납입인정금액 순으로 당첨자를 결정하는 국민(공공)주택의 일반공급이나 노부모 부양 특별공급 청약을 준비한다면 월 최대 납입인정금액인 25만 원을 꾸준히 오랜 기간 납입하는 것이 무엇보다 중요합니다. 그렇다면 매월 25만 원을

꼭 납입해야 할까요? 그렇지 않습니다. 앞서 설명드렸듯 납입인정금액이 당첨에 영향을 미치는 유형은 국민(공공)주택 중 일반공급(전용면적 40㎡ 초과)과 노부모 부양 특별공급뿐입니다. 만일 신혼부부 특별공급이나 다자녀 가구, 신생아, 청년 특별공급 청약을 준비하고 있다면 매월 2만 원 이상만 납부하고 있더라도 가입 기간 6개월 이상, 납입 회차 6회 이상이라면 자격에 아무런 문제가 없습니다. 생애최초 특별공급의 경우 '청약통장 1순위자면서 선납금 포함 600만 원 이상을 납부한 자'라고 되어 있기 때문에 매월 25만 원씩 납부하지 않아도 됩니다.

- **국민(공공)주택 청약 순위별 요건**

청약 순위	청약통장	순위별 요건	
		청약통장 가입 기간	납입 회차
1순위	주택청약종합저축 · 청약저축	투기과열지구 및 청약과열지역: 가입 후 2년 경과	24회
		수도권: 가입 후 1년 경과 (다만 필요한 경우 시·도지사가 24개월까지 연장 가능)	12회 (또는 24회까지)
		수도권 외: 가입 후 6개월 경과 (다만 필요한 경우 시·도지사가 12개월까지 연장 가능)	6회 (또는 12회까지)
		위축지역: 가입 후 1개월 경과	1회
2순위 (1순위 제한자 포함)		1순위에 해당하지 않는 자 (청약통장 가입자만 청약 가능)	

청약통장 FAQ 제대로 알고 활용하자!

Q1 이미 납입한 회차의 예치금을 추후에 수정할 수 있나요?

A1 한번 입금된 금액과 회차는 정정이 불가합니다. 예를 들어 한 회차에 2만 원 납입 후, 추후에 추가 납입하여 해당 회차 납입금을 10만 원으로 정정할 수는 없습니다.

Q2 압류 등으로 청약통장 사용에 제한이 있거나 청약통장 담보대출을 받고 있는 경우에도 해당 통장으로 당첨이 가능한가요?

A2 압류 등의 상태라고 하더라도 청약통장이 해지되지 않고 유지 중이거나 청약통장 담보대출을 받은 경우에도 청약 신청이 가능합니다. 다만 담보대출 연체 등으로 해당 은행에서 청약통장을 해지하고 담보대출을 상환 처리할 때는 새로 청약통장에 가입하여 청약 신청을 해야 합니다.

Q3 공공주택 청약을 위해 과거 청약저축에 가입하였으나 민영주택에 청약하고 싶어 청약예금으로 통장 종류를 변경했습니다. 다시 청약저축으로 재변경할 수 있나요?

A3 한번 전환한 통장은 기존 통장으로 복귀하거나 다른 유형으로 재변경이 불가능합니다. 단, 청약예·부금, 청약저축을 주택청약종합저축으로 전환이 가능합니다.

Q4 청약에 당첨되었습니다. 바로 청약통장을 해지해도 되나요?

A4 한번 당첨되어 사용한 통장은 청약 신청 시 재사용이 불가능하므로 신규 가입이 원칙입니다. 그러나 향후 부적격 당첨자로 판명되어 계약할 수 없게 된다면 청약통장이 부활하여 재사용할 수 있으므로 계약 체결 이후에 해지하는 것을 추천합니다(단, 부적격 사유가 없는 적격 당첨자 및 단순 계약 포기자의 경우 청약통장 부활이 불가능하며 신규 가입해야 함).

Q5 이미 납입한 예치금은 해지하기 전에는 인출이 불가능한가요?

A5 다른 청약통장은 해지하기 전에 인출이 불가능하지만 청년주택드림 청약통장은 가입자가 주택청약에 당첨된 경우 청약 당첨 주택의 계약금 납부 목적으로 1회에 한하여 일부 금액을 인출할 수 있습니다(단, 청년주택드림 청약통장으로 전환되기 전 주택청약에 당첨된 '청년우대

형 주택청약종합저축' 가입자는 인출이 불가합니다).

Q6 2024년 3월 25일 「주택공급에 관한 규칙」 개정으로 민영주택 일반공급 가점제로 청약 시 청약통장 가입 기간에 배우자의 청약통장 가입 기간도 합산할 수 있다고 들었습니다. 배우자의 청약통장 가입 기간을 합산하여 청약을 신청한 경우, 배우자의 청약통장을 바로 해지해도 될까요?

A6 배우자의 청약통장 가입 기간을 포함하여 가점제로 청약 신청을 한 후 당첨자 또는 예비 입주자로 선정된다면 자격 검증을 위해 청약홈에서 '청약통장 가입확인용 순위확인서'를 발급받아 사업 주체에 제출해야 합니다.
배우자의 '청약통장 가입확인용 순위확인서'를 포함하여 자격 검증을 위해 여러 서류를 제출하고 확인 절차를 거쳐 계약 체결이 끝날 때까지는 배우자의 청약통장을 유지하는 것을 권합니다.

Q7 민영주택에 청약하기 위해 청약저축을 주택청약종합저축으로 전환했습니다. 언제부터 민영주택 1순위 청약이 가능한가요?

A7 통장 전환 이후 새롭게 청약이 가능해진 주택 유형에 청약하려는 경우, 전환일부터 순위기산이 시작됩니다. 예를 들어, 수도권 일반지역에 1순위로 청약하고자 하는 경우 전환일로부터 12개월 이후부터 가능합니다.

Q8 구 청약통장(청약예·부금, 청약저축)을 주택청약종합저축으로 전환하여 청약하고 싶습니다. 언제까지 전환하면 될까요?

A8 종합저축으로의 전환은 청약하고자 하는 주택의 입주자 모집 공고 '전일'까지 완료해야 합니다(공고일 이후 전환 시 해당 공고에 청약 신청 불가).

03 입주자 모집 공고문, 슬기로운 청약 생활의 이정표

✅ 핵심부터 파악하는 능력을 기르자

공고문은 청약하려는 주택의 위치와 유형, 신청 자격, 분양가 및 단지 내·외부 여건까지 모든 정보를 총망라한 '내 집 마련 지도'입니다. 사업 주체에서 작성하며 모집 공고의 최종 승인은 관할 지자체에서 하기 때문에 그 모양새는 조금씩 다릅니다. 하지만 조금만 자세히 들여다보면 거의 동일하다고 할 만큼 비슷한 내용이 반복되는 것을 알 수 있습니다.

다시 말해 한두 개의 공고문만 제대로 이해한다면 앞으로 봐야 할 수많은 입주자 모집 공고문은 큰 어려움 없이 파악할 수 있다는 뜻입니다. 경쟁이 치열한 주택청약은 가점이 높은 극소수의 청약자를 제외하고는 수십 번의 낙첨을 경험하기 때문에 무엇보다 공고문을 정확하게 이해해야 합니다.

단, 당첨되더라도 필수 사항을 확인하지 못하는 경우 부적격 당첨자로 분류되어 계약을 못 하기도 하고 부적격자는 아니지만 대출 등 개인적인 상황에 가로막혀 계약을 못 하기도 하기 때문에 유의사항은 미리 파악해야 합니다.

이번 장에서는 입주자 모집 공고문을 바탕으로 반드시 알아야 할 청약 기초 상식을 하나씩 배워보도록 하겠습니다.

• 입주자 모집 공고 예시(요약본)

• 공고문의 주요 구성 및 확인 사항

위치	중요도	내용	주요 확인 사항
초반부	★★★	입주자 모집 공고일*, 규칙 적용 일자**	*나이, 거주 지역, 주택 소유 여부, 세대 구성, 거주 지역 등 판단 기준일 **공고문에 명시되지 않은 사항을 확인해야 하는 경우, 공고별 명시된 「주택공급에 관한 규칙」을 찾아볼 것
	★★	규제지역 여부	투기과열지구(또는 청약과열지역) 등 규제지역 여부
	★★	택지 유형	(수도권) 공공택지(대규모 여부)/민간택지 등 (비수도권) 공공택지/민간택지 등
	★	분양가상한제 적용 여부	
	★★★	전매제한 및 거주 의무 요건 적용 여부	
	★★	거주 요건 충족 유무(전입 제한)	해당 주택건설지역 거주자로 신청 시 전입 제한일이 있는지 확인
	★★★	유주택자의 1순위 신청 가능 여부	규제지역의 경우, 1주택자는 가점제 청약이 불가능하며, 2주택자는 1순위 자격으로 청약 신청 불가
	★★★	재당첨 제한 등 적용 여부	재당첨 제한, 특별공급 1회 제한 등
	★	예비 입주자 선정 비율	대상 주택 수의 500% 이상
	★★	청약 일정	유형별 신청일, 당첨자 발표일, 서류 제출일, 계약일
	★	공급 대상 주택형 및 주택 공급가격	주택형 및 세부 면적(공급면적, 계약면적 등), 주택 공급가격(옵션 제외)
중반부	★★★	특별공급 유형별 신청 자격 및 당첨자 선정 방법	
	★★★	일반공급 신청 자격 및 당첨자 선정 방법(1순위 통장 요건, 가점제 비율 등)	공급 지역의 특성에 따라 통장 요건 등이 달라짐 (최대 24개월)
후반부	★	당첨자 발표 이후 서류 제출 안내	당첨자 발표 이후 당첨자 및 예비 입주자의 유형별 제출 서류 종류
	★	중도금 및 대출 관련 안내	분양대금 납부 시 대출 관련 사항
	★	추가 선택 품목(옵션) 안내	발코니 확장 및 시스템 에어컨 등 각종 선택사항에 대한 가격 및 유의사항
	★★	단지 여건 및 주변 시설 관련 유의사항	단지 인근 주요 시설물 및 혐오시설 등에 대한 안내이므로 반드시 사전에 확인한 후 청약할 것

★표시는 중요도 순 (★★★가 가장 중요)

☑ 청약 자격 기준일: 입주자 모집 공고일

> **공고문 예시**
> 이 주택의 **입주자 모집 공고일은 2025. 5. 1.**이며, 이는 청약 자격(청약 신청, 자격 조건의 기간, 나이, 세대구성원, 지역 우선, 주택 소유 등)의 판단 기준일이 됩니다.

청약 전 신청자 본인의 나이, 무주택 여부, 청약통장 순위, 해당 주택건설지역 거주 기간 등을 확인해봐야 합니다. 이때 자격을 판단하기 위한 기준일이 필요합니다.

입주자 모집 공고문에 명시되어 있는 '입주자 모집 공고일'이 이러한 기준일 역할을 하게 됩니다. 청약 당첨 후 당첨자의 적격 여부를 판단할 때에도 역시 '입주자 모집 공고일'을 기준으로 합니다.

청약제도 안내 ▶
주택청약 용어설명 ▶ 청약 자격

해당 주택건설지역 거주 기간을 예로 들어보겠습니다. 주택건설지역이란 '주택을 건설하는 특별시·광역시·특별자치시(도) 또는 시·군의 행정구역'을 말하며 이 지역을 '해당' 주택건설지역이라고 합니다. 다시 말해 청약하려는 주택이 울산광역시에 위치한 경우 해당 주택건설지역은 '울산광역시'가 되고 경기도 과천시에 위치한 경우 시·군의 행정구역인 '과천시'가 되는 것이지요.

만약 과천시에 위치한 주택의 입주자 모집 공고일이 2025년 5월 1일이라고 가정해보겠습니다. '해당 주택건설지역에 2년 이상 계속하여 거주한 자에게 우선공급'한다면 적어도 2023년 5월 1일 이전부터 공고일까지 주민등록표등본상 과천시에 계속 거주하고 있어야 해당 주택건설지역 거주 자격으로 청약이 가능합니다. 이뿐만 아니라 신청자의 나이, 주택 소유 여부, 무주택 기간, 청약자의 세대구성원 범위도 청약 신청일이나 당첨자 발표일이 아닌 '입주자 모집 공고일'을 기준으로 판단합니다.

✅ 공공택지 vs. 민간택지, 어느 곳이 더 유리할까?

> **공고문 예시**
>
> 본 아파트는 수도권 투기과열지구 및 청약과열지역 **민간택지**에서 공급하는 분양가상한제 미적용 민영주택으로, 당첨자로 선정 시 「주택공급에 관한 규칙」 제54조에 따른 재당첨 제한을 적용받게 되며 기존 주택 당첨으로 인해 재당첨 제한 기간 내에 있는 자 및 그 세대에 속한 자는 본 아파트 청약이 불가합니다.

택지 유형은 국가에서 주도적으로 택지를 개발·조성하여 공급하는 공공택지인지, 아니면 민간에서 주택분양을 위해 취득한 민간택지(일반택지)인지 여부를 말하며 공고문 초반부(1~2쪽)에 언급됩니다.

공공택지 내 주택은 일반적으로 인구밀도가 낮은 지역이나 개발제한구역을 일부 해제하는 방식으로 진행됩니다. 이로 인해 조성 초기에는 주변에 버스, 지하철 같은 대중교통 인프라나 교육시설 등 생활편의시설이 부족하다는 단점이 있습니다. 대신 사업 초반부터 도시 단위의 계획을 수립하기 때문에 주거 여건이 성숙하면 생활 및 교통 편의와 더불어 높은 녹지율로 쾌적한 생활을 누릴 수 있습니다. 특히 공공택지인지 민간택지인지는 수도권에서 공급되는 주택이라면 당첨 확률과도 직결되는 중요 사항입니다.

그 이유는 민간택지의 경우, 해당 지역 거주자에게 공급 물량 전체를 우선적으로 배정(해당 주택건설지역 거주자 100%)하여 당첨자를 선정하지만 과천 지식정보타운, 하남 교산지구 같은 경기도 내 대규모 공공택지의 경우 해당 지역 거주자에게는 30%의 물량을 우선적으로 배정하고 20%는 경기도 거주자, 나머지 50%는 수도권 거주자를 대상으로 공급합니다. 그렇기 때문에 서울시나 인천광역시 거주자가 경기도 내 청약을 하고자 한다면 해당 지역에 100% 물량을 배정하는 민간택지가 아닌 대규모 공공택지에서 청약의 기회를 가질 수 있습니다.

✔ 투기과열지구 또는 청약과열지역: 규제지역

> **공고문 예시**
>
> 본 아파트는 **수도권 투기과열지구 및 청약과열지역**의 민간택지에서 공급하는 **분양가상한제 미적용 민영주택**으로, 당첨자로 선정 시 「주택공급에 관한 규칙」 제54조에 따른 재당첨 제한을 적용받게 되며 기존 주택 당첨으로 인해 재당첨 제한 기간 내에 있는 자 및 그 세대에 속한 자는 본 아파트 청약이 불가합니다.

주택이 투기과열지구나 청약과열지역 같은 규제지역에 위치해 있는지, 아니면 소위 '비규제지역'이라고 하는 그 외의 지역에 위치하는지는 공고문을 통해 확인할 수 있습니다.

투기과열지구는 주택가격의 안정을 위해 국토교통부 장관 또는 시·도지사가 지정하는 지역을 말합니다. 청약과열지역은 주택가격, 청약 경쟁률, 분양권 전매량 및 주택 보급률 등을 고려했을 때 주택분양 등이 과열되어 있거나 과열될 우려가 있는 지역을 말하며 이런 지역을 통틀어 '규제지역'이라고 합니다.

청약에서 규제지역은 청약통장 순위 요건뿐만 아니라 가점제 비율, 재당첨 제한, 대출에 이르기까지 전방위로 영향을 미칩니다.

청약제도 안내 ▶ 규제지역 정보

투기과열지구에서 당첨이 되면 재당첨 제한 10년, 청약과열지역은 7년을 적용받는 등 강도 높은 제한을 받습니다. 투기과열지구 및 청약과열지역 현황은 청약홈 ● 청약제도 안내 ● 규제지역 정보 또는 국토교통부 홈페이지에서 확인할 수 있습니다.

- **투기과열지구 및 청약과열지역 현황**(2025년 4월 1일 기준)

구분	투기과열지구	청약과열지역
서울		용산구·서초구·강남구·송파구

☑ 분양가상한제 적용 주택에 당첨되면 10년간 청약 당첨 금지!

> **공고문 예시**
>
> 본 아파트는 수도권 투기과열지구 및 청약과열지역의 공공택지에서 공급하는 **분양가상한제 적용 민영주택**으로, 당첨자로 선정 시 「주택공급에 관한 규칙」 제54조에 따른 재당첨 제한을 적용받게 되며 기존 주택 당첨으로 인해 재당첨 제한 기간 내에 있는 자 및 그 세대에 속한 자는 본 아파트 청약이 불가합니다.

분양가상한제란 주택의 분양가격을 '택지비+건축비' 이하로 제한하는 제도를 말합니다. 고분양가 논란과 주택가격 급등에 따른 실수요자 보호를 위해 2005년 3월에 도입된 제도입니다. 다시 말해 상한 금액을 설정하여 그 이상의 가격으로는 분양할 수 없게 하여 실수요자들의 내 집 마련 부담을 줄이고 안정적인 주택시장을 유지하기 위한 제도입니다. 상한제 적용 주택은 주변 시세보다 분양가가 저렴하여 인기가 매우 높습니다.

원래 공공택지 내 공동주택에만 적용하였으나 시장 과열이 우려되는 지역의 민간택지에서 공급하는 주택에도 분양가상한제를 적용하고 있습니다(서울시 용산구, 서초구, 강남구, 송파구).

분양가상한제 적용 주택에 당첨되면 상대적으로 주변 시세보다 저렴한 가격에 주택을 구입할 수 있기 때문에 당첨일로부터 10년이라는 강력한 재당첨 제한을 적용합니다. 이는 앞서 투기과열지구에서 공급하는 주택에 당첨될 때 적용하는 재당첨 제한 기간과 동일합니다.

✅ 전매제한 및 거주 의무: 분양받은 집에서 꼭 살아야 한다고?

> **공고문 예시**
>
> 금회 공급되는 주택은 「공공주택특별법」에 의한 공공주택이며, 해당 주택건설지역은 「수도권정비계획법」 제6조제1항에 의한 과밀억제권역 및 투기과열지구에서 공급되는 분양가상한제 적용 주택으로 「주택공급에 관한 규칙」 제54조에 따라 재당첨 제한은 10년 적용되고, 「주택법시행령」 제73조에 의해 전매제한은 3년 적용되며, 「주택법시행령」 제60조의2에 의거 거주 의무는 5년 적용됩니다.

예시 공고문에 따르면 해당 주택은 3년간의 전매제한과 거주 의무 5년의 요건이 적용됩니다. '전매제한'은 주택(입주자로 선정된 지위, 분양권 포함)을 일정 기간 타인에게 전매(매매·증여 등)하거나 전매를 알선할 수 없게 제한하는 행위를 말합니다.

그렇다면 주택의 전매제한은 왜 필요할까요? 아파트는 입주 2~3년 전 청약을 통해 입주자를 선정합니다. 시간이 흘러 입주 시기가 되면 청약 당시의 분양가와 주변 시세 사이에 차이가 발생하고 이런 단기 차익을 노리고 입주 전에 분양권을 사고파는 사람들이 많아집니다. 정부는 투기 수요를 근절하고 실수요자 중심의 주택시장을 조성하기 위해 전매행위를 일정 기간 제한하고 있습니다. 전매제한이 적용되는 주택의 유형은 다음과 같습니다.

- 투기과열지구·청약과열지역에서 공급되는 주택
- 분양가상한제 적용 주택(수도권 외의 지역 중 투기과열지구가 아니거나 투기과열지구 해제 지역 중 민간택지에서 건설되는 분양가상한제 적용 주택은 제외)
- 공공택지 외의 택지에서 건설·공급되는 주택(비수도권에서 광역시가 아닌 지역 또는 광역시 중 「국토의 계획 및 이용에 관한 법률」 제36조제1항제1호에 따른 도시지역이 아닌 지역에서 민간택지에 건설되는 주택은 제외)

모집 공고문상의 주택은 투기과열지구 내에 공급되는 분양가상한제 적용 주택에 해당하기 때문에 전매제한이 적용됩니다. 현행법상 공공택지 또는 규제지역이나 분양가상한제 적용 지역에서 건설·공급되는 주택의 경우 전매제한 기간은 3년입니다. 만일 분양가상한제 적용 지역이면서 과밀억제권역이어서 전매제한 기간이 중복 적용된다면 어떻게 될까요? 그중 가장 긴 기간을 적용하면 됩니다. 전매제한 기간은 입주자로 선정된 날(당첨자 발표일)부터 적용합니다.

　또한 예시 공고문에 따른 주택은 전매제한과 더불어 거주 의무 기간이 있습니다. 거주 의무 시작일은 아파트 입주 시점일부터 적용하며 반드시 주택에 입주 및 실제 거주해야 합니다. 입주 시점에 전세를 놓아 잔금을 치르는 방식은 불가능하므로 당첨만큼이나 자금 계획을 잘 세워야 합니다. 청약 전에 전매제한 및 거주 의무 기간이 있는지 꼭 확인하기 바랍니다.

· 전매제한 기간

	공공택지, 규제지역, 분양가상한제 적용 지역	과밀억제권역	그 외
수도권	3년	1년	6개월
	공공택지 또는 규제지역	광역시(도시지역*)	그 외
비수도권	1년	6개월	없음

* 광역시 중 「국토의 계획 및 이용에 관한 법률」 제36조제1항제1호에 따른 '도시지역'

☑ 해당 주택건설지역 거주자 우선공급

> **공고문 예시**
>
> 본 아파트는 최초 입주자 모집 공고일(2025. 5. 1.) 현재 과천시에 거주하거나 수도권에 거주(주민등록표등본 기준)하는 19세 이상인 자 또는 세대주인 미성년자(자녀양육, 형제자매 부양)[국내에서 거주하는 재외동포(재외국민, 외국국적 동포) 및 외국인 포함]의 경우 청약이 가능합니다. 다만 청약 신청자 중 같은 순위 내에 경쟁이 있을 경우 해당 주택건설지역인 과천시에 2년 이상 계속 거주자(2023. 5. 1. 이전부터 계속 거주)가 우선합니다.

해당 주택건설지역 및 거주 기간에 대한 사항은 공고문 초반부(1~2쪽)에 등장합니다. 투기과열지구 및 일부 지역의 경우, 공고일 기준 해당 주택건설지역 내에 일정 기간 이상 계속 거주해야 한다는 이른바 '해당 지역 계속 거주 요건'이 존재합니다.

해당 지역 거주 기간 충족 여부는 당첨자를 선정할 때 통장 순위 다음으로 우선 적용되어 당락을 좌우하는 주요한 사항 중 하나입니다. 기타 지역 거주자임에도 해당 지역 거주자로 신청하는 등 실제 사실과 다르게 신청하여 당첨되는 경우 부적격 처리됩니다.

해당 지역 거주자로서 신청할 수 있는지 판단하려면 공고문을 통해 공고일 현재 해당 지역에 주민등록표등본상 거주하고 있으면 되는지, 아니면 6개월이나 1년 또는 2년 이상 계속 거주 기간(연속해서 거주해야 함을 의미)이 충족되어야 하는지 확인해야 합니다.

예시 공고문을 확인해보면 해당 주택건설지역은 경기도 과천시이므로 청약 신청 가능 지역인 수도권 거주자라면 신청이 가능합니다. 단, 같은 순위 안에서 경쟁이 발생한다면 '과천시 2년 이상 계속 거주자'가 우선합니다.

✔ 무주택 세대구성원: 나만 무주택자면 신청이 가능할까?

> **공고문 예시**
>
> 금회 공급되는 주택은 「주택공급에 관한 규칙」 제4조제1항 및 제3항의 규정에 의거, 입주자 모집 공고일 현재 경기도, 서울특별시, 인천광역시 지역에 거주(주민등록표등본 기준)하는 성년자인 **무주택 세대구성원에게 1세대 1주택 기준으로 공급**합니다.

주택청약은 일부 비규제지역을 제외하고는 자격 항목별로 세대원 모두가 무주택 요건을 충족해야 합니다. 그런 이유로 입주자 모집 공고문에 자주 등장하는 청약 용어 중 하나가 '세대'와 '무주택 세대구성원'입니다.

기본적으로 청약은 신청자 본인뿐만 아니라 신청자와 동일한 '세대'를 구성하고 있는 세대원 전원이 무주택자인 '무주택 세대구성원'을 기본 자격으로 합니다.

무주택 세대구성원에서 세대구성원의 범위는 청약 신청자 본인과 동일한 '주민등록표등본'이 기준입니다. 단, 공고일 현재 배우자와 다른 주민등록표등본에 등재되어 있는 경우, 주택청약에서 부부는 등본상 분리되어 있더라도 동일 세대로 보기 때문에 분리된 배우자의 등본상 세대원도 포함하여 세대구성원의 범위를 파악해야 합니다. 나와 배우자의 주민등록표등본을 기준으로 한 세대구성원은 다음과 같습니다.

QR 바로가기

청약제도 안내 ▶ 주택청약 용어설명 ▶ 무주택 세대구성원

- **청약 신청자 본인**(나)
- **배우자**(남편, 아내)
- **나와 배우자의 직계존속**[부모, 장인, 장모, 시부, 시모, (외)조부모]
- **나와 배우자의 직계비속**[직계비속의 배우자 포함, 자녀, 사위, 며느리, (외)손자, (외)손녀 등]
- **배우자의 직계비속**(나와 친자관계는 아니지만 나의 현재 배우자가 이전 혼인관계에서 낳은 자녀 등. 단, 청약 신청자와 동일한 주민등록표등본상 존재해야 함)

공고일 현재 청약 신청자인 본인과 같은 주민등록표등본에 있다고 해도 외숙모, 삼촌, 형제자매 등은 세대구성원에 포함되지 않습니다. 예를 들어 나와 동일 주민등록표등본상에 삼촌이 주택을 10채 갖고 있다고 해도 나는 청약 신청이 가능합니다. 삼촌은 나의 세대구성원이 아니기 때문입니다.

• **세대와 세대원의 범위**

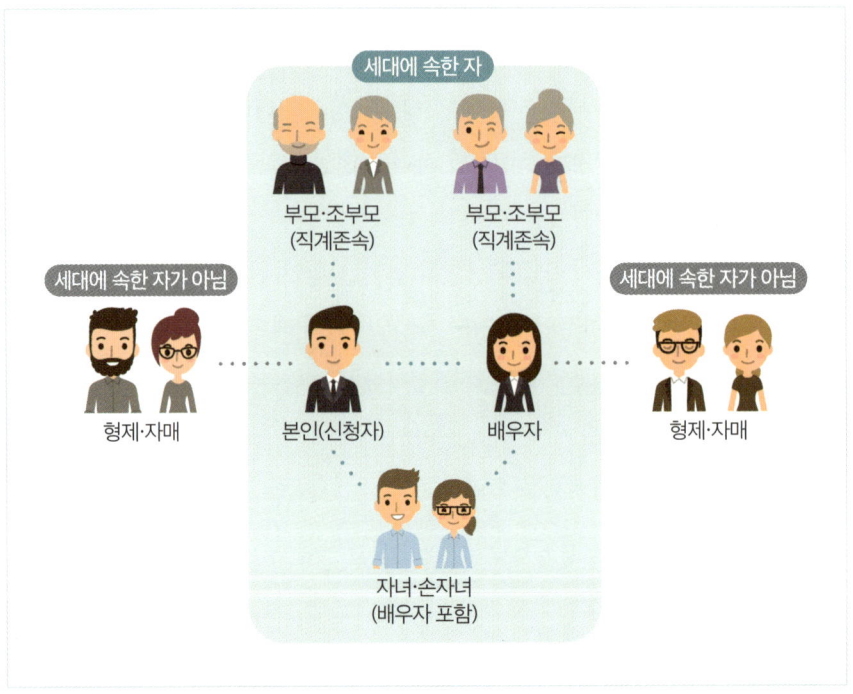

✔ 특별공급과 일반공급: 두 번의 청약 기회를 노리자

> **공고문 예시**
>
> 본 아파트는 당첨자 발표일이 동일한 모든 주택(민간 사전청약, 분양주택, 분양전환공공임대주택)에 한하여 1인 1건만 신청이 가능하며, 2건 이상 중복 신청 시 모두 무효 처리 또는 당첨자 선정 이후에도 당첨 무효(예비 입주자 지위 무효)되오니 유의하시기 바랍니다(단, **동일 단지 내 1인이 특별공급 및 일반공급에 각 1건씩 청약 가능하며 특별공급 당첨자로 선정 시 일반공급 선정 대상에서 제외 처리함**).

특별공급은 말 그대로 청약통장 가입 요건 외에 신혼부부, 노부모 부양, 다자녀 가구 등과 같이 별도의 자격 요건을 갖춘 사람이 우선적으로 주택을 공급받을 수 있도록 만든 유형입니다. 출산율 감소, 고령화, 다자녀 가구 배려 등 사회 변화에 따라 새롭게 등장하기도 하고 공급 비율과 신청 자격, 당첨자 선정 방식이 달라지기도 합니다.

일반공급은 기본적으로 청약통장 요건만 충족하면 누구나 신청이 가능한 유형으로 일부 규제지역을 제외하고는 신청 자격이 까다롭지 않습니다. 본래 청약은 당첨자 발표일이 동일한 전체 단지 중 1인 1건만 가능합니다. 하지만 예외적으로 같은 단지에 특별공급 1건, 일반공급 1건을 신청할 수는 있으므로 특별공급과 일반공급 자격을 모두 갖추었다면 유형별로 각 1건씩 청약하여 당첨 확률을 높일 수 있습니다.

이와 더불어 지난 2024년 3월 25일 「주택공급에 관한 규칙」을 개정하여 부부간 중복 청약에 대한 기준을 완화했습니다. 이전에는 당첨자 발표일이 같은 민영주택 특별공급에 동일 세대원이 각 1건씩 청약하여 둘 중 1건만 당첨되어도 다른 세대원의 청약 신청 사실만으로 부적격 처리되었습니다. 국민(공공)주택 역시 '1세대 1주택 공급'이라는 규정 때문에 특별공급, 일반공급 할 것 없이 동일 세대원 간 중복 청약이 제한되었습니다. 그러나 이제 배우자에 한해 당첨자 발표일이 같은 주택에 중복 청약을 할 수 있고 만약 중복 청약한 주택에 둘 다 당첨되더라도 신청 접수일(분 단위 기준. 분 단위까지 같다면 신청자 생년월일 빠른 순)이 빠른 당첨분이 유효한 당첨이 됩니다. 물론 배우자가 아닌 다른 세대원의 중복 청약은 여전히 제한되므로 유의해야 합니다.

✔ 민영주택 일반공급은 가점제와 추첨제

> **공고문 예시**
>
> 주택 규모별 가점제 및 추첨제 적용 비율은 다음과 같으며, 1순위 청약자는 해당 순위에서 가점제(가점점수가 높은 순)로 입주자를 선정하고, 가점제 낙첨자에 한해 별도의 신청 절차 없이 추첨제 대상으로 전환하여 입주자를 재선정합니다.
> - 전용면적 60㎡ 이하: 일반공급 세대수의 40%를 가점제로, 나머지 60%는 경쟁이 있을 경우 추첨제 우선공급* 적용
> - 전용면적 60㎡ 초과 85㎡ 이하: 일반공급 세대수의 70%를 가점제로, 나머지 30%는 경쟁이 있을 경우 추첨제 우선공급* 적용
> - 전용면적 85㎡ 초과: 일반공급 세대수의 50%를 가점제로, 나머지 50%는 경쟁이 있을 경우 추첨제 우선공급* 적용
>
> * 추첨제 우선공급
> 1. 추첨의 방법으로 공급되는 주택 수의 75%: 무주택 세대구성원
> 2. 나머지 주택(1호에 따라 무주택 세대구성원에게 공급하고 남은 주택 포함): 무주택 세대구성원과 1주택을 소유한 세대에 속한 자
> 3. 제1호와 제2호에 따라 공급하고 남은 주택은 제1순위에 해당하는 사람에게 공급

이 예시는 청약과열지역에서 민영주택 일반공급 1순위 당첨자 선정에 대한 내용입니다. 민영주택 일반공급 1순위는 가점제와 추첨제를 적용합니다. 일반공급 물량의 일정 비율을 가점제를 적용하여 가점이 높은 순으로 당첨자를 선정

합니다. 나머지 물량은 가점제에 낙첨한 사람과 처음부터 추첨제로 청약한 사람을 한데 모아 추첨 방식으로 선정하게 됩니다.

• 가점제 vs. 추첨제 적용 비율

구분	60㎡ 이하		60㎡ 초과~85㎡ 이하		85㎡ 초과	
	가점제	추첨제	가점제	추첨제	가점제	추첨제
투기과열지구	40%	60%	70%	30%	80%	20%
청약과열지역	40%	60%	70%	30%	50%	50%
수도권 공공주택지구 (그린벨트 해제 50% 이상)	40%	60%	70%	30%	80% 이하에서 시·군·구청장이 결정	20%~
공공건설임대주택	-	-	-	-	100%	-
그 외	40% 이하에서 시·군·구청장이 결정	60%~	40% 이하에서 시·군·구청장이 결정	60%~	-	100%

※ 주택형별 공급 세대수에 비율을 곱하여 소수점 이하 올림

　추첨제는 해당 지역 거주자를 우선하여 무작위로 선정합니다. 그러나 투기과열지구, 청약과열지역, 수도권 및 광역시에서 공급하는 주택의 경우 무주택 세대구성원에게 추첨제 물량의 75%를 우선공급하고 나머지는 무주택 세대구성원과 1주택자에게 공급합니다. 규제지역이나 수도권 등 밀도가 높은 지역에서는 추첨제라고 할지라도 무주택자에게 우선적으로 공급하겠다는 취지를 엿볼 수 있는 대목입니다.

☑ 유주택자도 1순위 신청이 가능하다!

> **공고문 예시**
> 해당 주택건설지역(경기도 OO시)은 「주택법」 제63조 및 제63조의2에 의한 비투기과열지구 및 비청약과열지역으로서, 본 아파트는 「주택공급에 관한 규칙」에 따라 **1주택 이상 소유한 분도 청약 1순위 자격이 부여됩니다.**

공공분양주택이나 분양전환이 가능한 공공임대주택, 민영주택 특별공급은 '무주택 세대구성원'을 대상으로 공급합니다. 그러나 민영주택 일반공급은 비규제지역의 경우, 1주택 이상을 소유해도 1순위 청약이 가능합니다.

현재 나와 세대구성원 중 유주택자가 있다면 다음 표를 참고해서 1순위 자격으로 청약 신청이 가능한지 확인해보세요.

• 주택 소유에 따른 가점제 청약 여부

구분		무주택	1주택	2주택 이상
규제지역	투기과열지구	가점제	추첨제	1순위 신청 불가 (2순위로 청약 가능)
	청약과열지역			
비규제지역		가점제	가점제*	가점제*

* 단, 무주택 기간 점수는 0점

☑ 1순위 청약통장 조건을 확인하자

> **공고문 예시**
> • 최초 입주자 모집 공고일 현재 입주자저축 요건이 아래의 1순위를 충족하는 자
> ① 청약예금에 가입하여 12개월이 경과하고 납입인정금액이 지역별 신청 가능한 청약예금 예치금액 이상인 자

② 청약부금에 가입하여 12개월이 경과하고 매월 약정 납입일에 월 납입금을 납입하여 납입 인정금액이 지역별 전용면적 85㎡ 이하 주택형에 신청 가능한 예치금액 이상인 자
③ 청약저축에 가입하여 12개월이 경과하고 현재 납입인정 범위 내에서 최초 입주자 모집 공고일 전일까지 각 주택형에 신청 가능한 청약예금으로 전환한 자
④ 주택청약종합저축에 가입하여 12개월이 경과하고 납입 금액이 각 주택형에 신청 가능한 예치금액 이상인 자

수도권에서 공급하는 민영주택은 공고일 기준 입주자저축 가입 후 12개월(공공주택은 12개월 경과, 월 납입금 12회 이상 납입) 경과, 비수도권은 6개월 경과(공공주택은 6개 경과, 월 납입금 6회 이상 납입)하면 1순위 자격이 됩니다. 하지만 청약하려는 주택이 투기과열지구 또는 청약과열지역이라면 통장 가입 기간, 납입 회차 기준이 강화될 뿐만 아니라 다음의 조건이 별도로 필요합니다.

❶ **가입 후 24개월**(공공주택은 24개월 경과, 월 납입금 24회 이상 납입) **경과**
❷ **세대주**
❸ **전체 세대구성원 중에서 과거 5년 내 당첨된 자가 없을 것**

위 3가지와 더불어 민영주택은 아래 ❹의 조건까지 충족해야 1순위 자격을 갖추게 됩니다.

❹ **2주택 이상을 소유한 세대가 아닐 것**

공고문 중반부, 각 특별공급 유형별, 일반공급 신청 자격별 사항에서 자세히 안내하므로 신청하고자 하는 유형별 설명을 찾아보면 됩니다. 정확한 나의 청약통장 순위는 청약홈 홈페이지 '청약 자격 확인 ◐ 청약통장 순위 확인서 발급' 메뉴나 '공고단지 **청약연습**'에서 확인 가능합니다.

청약 자격 확인
▶ 청약통장 순위 확인서 발급(발급은 PC만 가능)

☑ 분양가 및 추가 선택 품목

분양가는 공고문 초반(5~8쪽)에 주로 안내되며 소위 '옵션'이라고 부르는 추가 선택 품목은 공고문 후반에 별도 안내하고 있습니다. 추가 선택 품목은 발코니 확장, 시스템 에어컨, 그 외 빌트인 가전, 마감재 및 가구 등을 포괄합니다. 단, 제공 품목과 가격이 상이하기 때문에 기본 분양가에는 포함되지 않습니다.

말 그대로 '선택 품목'일 뿐 강제 사항은 아닙니다. 또한 일괄 선택이 아닌 품목별로 선택할 수 있도록 제도화되어 있기 때문에 개인 선호도를 반영해 고르면 됩니다.

☑ 단지 인근 여건 및 유의사항

청약을 통한 내 집 마련은 주변의 교육환경, 교통 여건, 단지 내·외부의 주거환경 등 전반적인 생활방식의 변화를 의미하기도 합니다. 주택의 내부 평면도 중요하겠지만 단지 내 부대 복리시설(커뮤니티 센터 등), 주차 가능 대수, 더 나아가 인근의 초·중·고교 개교 시기, 산책로 조성 여건, 기피(혐오)시설 유무까지 종합적으로 고려해야 합니다.

단지 인근 시설물로 인한 채광, 조망, 소음 등을 사전에 충분히 따져볼 수 있도록 공고문 후반에 자세히 설명되어 있으므로 반드시 확인해야 합니다.

04 우리 가족의 소득과 자산 금액 산정하기

혼인 기간 7년 이내 신혼부부, 2명 이상의 미성년 자녀, 세대원 전원이 한 번도 집을 소유한 적이 없을 것 등…. 이처럼 모든 특별공급 유형은 기본 신청 자격을 따로 정하고 있습니다. 그렇지만 이 외에도 상대적으로 소득이 낮은 가구가 청약으로 주택을 우선 분양받을 수 있도록 일부 공급 유형에 소득과 자산 기준을 적용하고 있습니다.

☑ 소득과 자산 기준이 적용되는 공급 유형

민영주택은 신혼부부 특별공급과 생애최초 특별공급에 소득 기준을 적용하고 있습니다. 그러나 추첨으로 공급하는 물량(30%)은 소득 기준을 초과하더라도 부동산 자산이 기준 금액 이하라면 신청이 가능하기 때문에 '소득 기준 또는 자산 기준을 적용한다'는 표현이 보다 정확합니다.

반면 공공분양주택은 일반공급(전용 면적 60㎡ 이하)과 함께 기관 추천을 제외한 모든 특별공급에 소득 및 자산 기준을 적용하고 있습니다.

♀ TIP
전용면적 60㎡ 초과의 공공분양주택 일반공급은 소득과 자산 기준을 적용하지 않습니다.

• 유형별 소득 및 자산 기준 적용 여부

구분		신혼부부	청년	다자녀가구	노부모부양	생애최초	신생아	일반공급 전용면적 60㎡ 이하	일반공급 전용면적 60㎡ 초과 85㎡ 이하
공공주택	소득	O	O	O	O	O	O	O	-
공공주택	자산*	O	O	O	O	O	O	O	(분양전환공공임대주택만)
민영주택	소득	O	-	-	-	O	-	-	-
민영주택	자산**	O	-	-	-	O	-	-	-

* 공공주택 자산 기준은 부동산가액 및 자동차가액을 합한 금액으로 세부 기준은 LH청약플러스(apply.lh.or.kr) 참조
** 민영주택 자산 기준은 추첨공급으로 선정하는 물량(30%)에 한해 적용

청약하려는 주택이 민영주택인지 아니면 공공주택인지, 공공주택 중에서도 분양주택인지 임대주택인지를 먼저 확인하고 소득·자산 기준의 적용 여부를 꼼꼼하게 따져보는 것이야말로 슬기로운 청약 생활의 첫걸음입니다.

2024년 3월 「공공주택특별법 시행규칙」 개정으로 공공주택 특별공급 및 전용면적 60㎡ 이하의 일반공급에 청약할 때 2023년 3월 28일 이후 출생한 자녀가 있는 경우 소득 및 자산 요건을 최대 20%p 비율까지 가산한 금액으로 완화하여 적용합니다. 최근에 출생한 자녀가 있고 공공주택 청약을 준비하는 가구 중에서 본인의 소득이 기준 대비 초과하더라도 자녀수에 따라 완화된 소득 및 자산 기준을 적용하면 청약이 가능할 수도 있으니 먼저 확인하기 바랍니다.

TIP

민영주택 신혼부부 및 생애최초 특별공급에 적용하는 자산은 '부동산가액'만을, 공공주택의 자산은 '부동산가액' 및 '자동차가액' 기준을 충족해야 해요!

✔ 우리 집은 몇 명?: 소득 산정 기준이 되는 가구원 수

"너희 가족은 몇 명이야?"라는 질문에 뭐라고 대답하나요? 아마도 대부분은 배우자와 자녀, 부모, 형제자매를 떠올릴 겁니다. 아니면 혈연관계는 아니지만 함께 살고 있는 누군가를 가구원 수에 포함할 수도 있습니다. 그러나 청약 가구원 수의 산정 방법은 조금 다릅니다. 청약 시 가구원수별 월평균 소득 기준 금액이 되는 '가구원 수'는 입주자 모집 공고일 기준 '신청자 본인을 포함한 세대구성원 전원의 수'를 의미하기 때문입니다.

만일 신청자의 배우자가 등본상 세대 분리된 경우, 배우자와 같은 등본에 있는 신청자 및 배우자의 직계존비속(배우자의 혼인 전 자녀는 신청자와 동일 주민등록표등본상에 등재된 경우에만 포함)까지 가구원 수에 포함합니다.

💡 TIP
실종, 별거 등으로 소득 파악이 불가능한 세대원이 있다면?
공고일 이전에 주민등록표등본 말소를 확인하고 가구원 수에서 제외하면 됩니다!

📍 특별공급별로 다른 가구원 수 산정

청년 특별공급의 가구원 수는 어떻게 될까요? 매우 간단합니다. 청년 특별공급은 '본인의 월평균 소득이 전년도 도시근로자 가구원수별 월평균 소득의 140% 이하일 것'이라고 되어 있기 때문에 등본상 세대구성원이 있더라도 소득금액은 본인에 한해서만 산정하면 됩니다.

소득 기준이 적용되는 특별공급은 임신 중인 경우 태아의 수만큼 가구원 수로 인정해주며 생애최초와 신혼부부 특별공급은 본인 또는 배우자의 직계존속을 가구원 수에 포함하고자 할 때 공고일 현재 신청자 또는 신청자의 배우자와 1년 이상 동일 등본에 계속하여 등재되어야 합니다.

만약 생애최초 특별공급에 신청하려는데 직계존속이 신청자의 등본에 6개월

• 주택 유형별 가구원 수 포함 기준

구분		신혼부부*		생애최초*		노부모 부양		다자녀 가구		신생아		일반공급	
		가구원 수	태아	가구원 수	태아	가구원 수	태아	가구원 수	태아	가구원 수	태아	가구원 수	태아
민영주택		무주택 세대 구성원	○	무주택 세대 구성원	○	-	-	-	-	-	-	-	-
국민주택		무주택 세대 구성원	○	무주택 세대 구성원	○	-	-	-	-	-	-	-	-
공공주택		무주택 세대 구성원 (예비 신혼부부는 혼인으로 구성될 세대 포함)	○	무주택 세대 구성원	○	무주택 세대 구성원	○	무주택 세대 구성원	○	무주택 세대 구성원	○	60㎡ 이하	무주택 세대 구성원	○

* 생애최초 및 신혼부부 특별공급은 직계존속이 신청자 또는 그 배우자와 1년 이상 동일 등본에 계속 등재되어야 가구원 수에 포함(공공주택 신혼부부 특별공급 제외)

청약제도 안내 ▶
APT ▶ 특별공급

등재된 후 신청자의 배우자 등본에 6개월간 있다고 한다면 어떨까요? 1년의 기준은 신청자 또는 신청자의 배우자 등본에 계속하여 거주한 기간으로 산정하기 때문에 가구원 수에 포함할 수 있습니다.

그럼 이제부터 몇 가지 사례를 통해 가구원 수를 산정해볼까요?

📍 다둥이를 임신한 경우, 태아의 수만큼 자녀수로 인정

사례1 국제결혼 6년 차인 A씨에게는 외국인 배우자와의 사이에서 5세 자녀를 두고 있고 현재 쌍둥이를 임신 중입니다. 3년 전 한국에 들어와 신혼부부 특별공급에 청약하려 한다면 A씨의 가구원 수는 총 몇 명일까요?

➔ 먼저, A씨의 배우자와 5세 아이는 외국인입니다. 배우자나 세대원이 외국인일 때는 가족관계증명서에 등재된 경우에만 가구원 수에 포함할 수 있습니다. 다행히 가족관계증명서를 확인해보니 외국인 배우자, 아이 모두 등재된 상태이므로 가구원 수에 포함할 수 있습니다.

A씨는 현재 임신 중입니다. 태아도 가구원 수에 포함할 수 있을까요?

◐ 태아는 민영주택, 국민주택 및 공공주택의 소득 산정의 기준이 되는 가구원 수에 모두 포함됩니다. 따라서 A씨의 가구원 수는 A씨, 배우자, 5세 자녀, 임신 중인 쌍둥이 태아 2명을 포함하여 총 5명입니다.

TIP
외국인 직계존비속은 가구원 수 및 소득 산정 시 포함되나요?
가족관계증명서상 등재된 경우에만 가구원 수 및 소득 산정 대상에 포함됩니다.

배우자의 전혼자녀는 신청자와 같은 등본에 있어야 가구원 수에 포함

사례 2 청약자 B씨는 배우자 C씨가 이전 배우자와의 사이에서 낳은 두 아이를 키우고 있습니다. B씨의 주민등록표등본에는 배우자 C씨의 전혼자녀 1명(16세)이 등재되어 있고 B씨와 세대 분리한 배우자 C씨의 주민등록표등본에는 C씨의 전혼자녀 1명(18세)이 등재되어 있습니다. B씨의 가구원 수는 몇 명일까요?

◐ 재혼한 배우자의 전혼자녀(청약 신청자 B씨와 친자관계는 아님)가 있다면 청약 신청자 B씨와 같은 주민등록표등본에 등재된 경우에만 가구원 수에 포함할 수 있습니다. 반대로 청약 신청자 본인이 이전 배우자와의 혼인관계에서 출산하거나 입양한 미성년 자녀(전혼자녀)는 청약 신청자 또는 재혼한 현 배우자의 세대 분리된 주민등록표등본에 등재되어 있으면 가구원 수에 포함할 수 있습니다.

따라서 청약자 B씨의 가구원 수는 동일 등본에 등재되어 있는 현 배우자 C씨의 친자녀 1명(16세)과 배우자 C씨, 이렇게 3명입니다. 현 배우자의 또 다른 친자녀(18세)는 B씨의 주민등록표등본에 등재되어 있지 않으므로 가구원 수에 포함할 수 없습니다.

✔ 가구원수별 월평균 소득 기준 금액은 얼마인가?

지금까지 청약하려는 주택 유형별 가구원 수 산정 방법에 대해 알아보았습니다. 이제 가구원수별 월평균 소득 기준 금액을 확인해보겠습니다.

◉ 민영주택 신혼부부 특별공급, 소득 구분 확인 시 유의사항

신혼부부와 생애최초 특별공급은 다른 유형들과 달리 공급 물량의 50%(공공주택은 70%)를 상대적으로 가구 소득이 낮은 세대에 소득우선공급하고 나머지 20%를 소득일반 기준인 자를 대상으로 공급하는 것이 특징입니다.

• 2024년도 도시근로자 가구원수별 월평균 소득 기준   (단위: 원)

공급 유형			구분		2024년도 도시근로자 가구원수별 월평균 소득 기준		
					3인 이하	4인	5인
민영주택	신혼부부	신생아 우선공급 (25%)	외벌이	100% 이하	7,205,312	8,578,088	9,031,048
			맞벌이	120% 이하	8,646,374	10,293,706	10,837,258
		신생아 일반공급 (10%)	외벌이	140% 이하	10,087,437	12,009,323	12,643,467
			맞벌이	160% 이하	11,528,499	13,724,941	14,449,677
		우선공급 (25%)	외벌이	100% 이하	7,205,312	8,578,088	9,031,048
			맞벌이	120% 이하	8,646,374	10,293,706	10,837,258
		일반공급 (10%)	외벌이	140% 이하	10,087,437	12,009,323	12,643,467
			맞벌이	160% 이하	11,528,499	13,724,941	14,449,677
		추첨 (30%)	외벌이	140% 초과, 부동산가액 충족	10,087,438~	12,009,324~	12,643,468~
			맞벌이	160% 초과, 부동산가액 충족	11,528,500~	13,724,942~	14,449,678~

민영주택	생애최초	신생아 우선공급(15%)		130% 이하	9,366,906	11,151,514	11,740,362
		신생아 일반공급(5%)		160% 이하	11,528,499	13,724,941	14,449,677
		우선공급(35%)		130% 이하	9,366,906	11,151,514	11,740,362
		일반공급(15%)		160% 이하	11,528,499	13,724,941	14,449,677
		추첨(30%)	소득 초과/자산 충족	160% 초과, 부동산가액 충족	11,528,500~	13,724,942~	14,449,678~
			1인가구	160% 이하	11,528,499	13,724,941	14,449,677
				160% 초과, 부동산가액 충족	11,528,500~	13,724,942~	14,449,678~
공공주택	일반공급*	신생아 일반공급(50%)	외벌이 또는 미혼	100% 이하	7,205,312	8,578,088	9,031,048
			맞벌이	140% 이하	10,087,437	12,009,323	12,643,467
		우선공급(30%)	외벌이 또는 미혼	100% 이하	7,205,312	8,578,088	9,031,048
			맞벌이	140% 이하	10,087,437	12,009,323	12,643,467
		추첨(20%)	맞벌이	200% 이하	14,410,624	17,156,176	18,062,096
		청년(신청자 본인 소득)		140% 이하		5,037,430	
	다자녀가구, 노부모부양	우선공급(90%)	외벌이 또는 미혼	120% 이하	8,646,374	10,293,706	10,837,258
			맞벌이	130% 이하	9,366,906	11,151,514	11,740,362
		추첨(10%)	맞벌이	200% 이하	14,410,624	17,159,176	18,062,096
	신혼부부(일반형)	우선공급(70%)	외벌이	100% 이하	7,205,312	8,578,088	9,031,048
			맞벌이	120% 이하	8,646,374	10,293,706	10,837,258
		일반공급(20%)	외벌이	130% 이하	9,366,906	11,151,514	11,740,362
			맞벌이	140% 이하	10,087,437	12,009,323	12,643,467
		추첨(10%)	맞벌이	200% 이하	14,410,624	17,156,176	18,062,096
	신혼부부(나눔형)	우선공급(30%)	외벌이	130% 이하	9,366,906	11,151,514	11,740,362
			맞벌이	140% 이하	10,087,437	12,009,323	12,643,467
		일반공급(60%)	외벌이	130% 이하	9,366,906	11,151,514	11,740,362
			맞벌이	140% 이하	10,087,437	12,009,323	12,643,467
		추첨(10%)	맞벌이	200% 이하	14,410,624	17,156,176	18,062,096

공공주택	생애최초	우선공급 (70%)	외벌이	100% 이하	7,205,312	8,578,088	9,031,048
			맞벌이	120% 이하	8,646,374	10,293,706	10,837,258
		일반공급 (20%)	외벌이	130% 이하	9,366,906	11,151,514	11,740,362
			맞벌이	140% 이하	10,087,437	12,009,323	12,643,467
		추첨(10%)	맞벌이	200% 이하	14,410,624	17,156,176	18,062,096
	신생아	우선공급 (70%)	외벌이 또는 미혼	100% 이하	7,205,312	8,578,088	9,031,048
			맞벌이	120% 이하	8,646,374	10,293,706	10,837,258
		일반공급 (20%)	외벌이 또는 미혼	140% 이하	10,087,437	12,009,323	12,643,467
			맞벌이	150% 이하	10,807,968	12,867,132	13,546,572
		추첨(10%)	맞벌이	200% 이하	14,410,624	17,156,176	18,062,096

* 「공공주택특별법 시행규칙」 별표6에 따라 공급하는 일반형 공공주택 중 전용면적 60㎡ 초과 주택형은 제외(일반공급 소득 기준 미적용)
※ 가구원수별 월평균 소득 기준 금액은 입주자 모집 공고문을 반드시 확인하시기 바랍니다.
※ 분양전환공공임대주택은 가구원 수가 3인 이하인 경우 별도의 소득 기준이 적용되니 입주자 모집 공고문을 통해 확인하시기 바랍니다.

신혼부부 특별공급은 여기에 한 가지 기준이 더해집니다. 소득 구분 내에서도 외벌이와 맞벌이 기준 금액이 각기 다르다는 점입니다. 특히 소득우선공급 맞벌이 가구의 소득 기준에 충족하더라도 부부 중 1인의 소득이 외벌이 소득 기준 금액을 초과하지 않아야 합니다.

예를 들어 민영주택 소득우선공급 자격에 해당하는 맞벌이 가구(120% 이내)인 경우, 부부 중 1인의 소득이 100%를 초과하면 부부 합산 소득이 맞벌이 기준 이하이더라도 부적격 처리됩니다. 이렇게 한 사람의 소득이 과다하여 외벌이 기준 소득금액을 초과한다면 합산 소득이 우선공급 소득금액 이내라고 해도 소득일반공급으로 신청해야 합니다.

💡 TIP

신혼부부 특별공급은 (신생아)소득우선공급, (신생아)소득일반공급, 추첨공급으로 구분되고 우선공급과 일반공급은 외벌이, 맞벌이 소득 기준으로 한 번 더 나뉩니다. 맞벌이의 경우 1인 소득이 과도하면 부적격 처리될 수 있으니 유의하세요!

사례 3 D씨는 현재 결혼 3년 차인 맞벌이 신혼부부로 아직 아이가 없는 3인 이하 가구입니다. D씨와 배우자의 월평균 소득이 각각 100만 원과 750만 원인 경우, 민영주택 신혼부부 특별공급에 소득우선공급으로 청약할 수 있을까요?

○ 소득금액을 합산해보니 총 850만 원으로 3인 이하 가구 소득 기준 금액인 864만 6,374원 이하여서 소득우선공급에 신청이 가능한 것처럼 보입니다. 그러나 배우자 소득금액이 750만 원으로 외벌이 소득 기준인 100%(720만 5,312원)를 초과합니다. 따라서 D씨는 소득우선공급으로는 청약 신청이 불가합니다. 1인의 소득이 과다하기 때문입니다.

그렇다면 소득일반공급으로 청약할 수 있을까요?

○ 네, 가능합니다. D씨 가구의 총소득은 850만 원으로 소득일반공급 3인 이하, 맞벌이 가구의 기준 금액(1,152만 8,499원) 이하입니다. 배우자 소득 또한 외벌이 기준 140%(1,008만 7,437원)를 초과하지 않으므로 D씨는 민영주택 신혼부부 특별공급에서 소득일반공급으로 청약할 수 있습니다.

QR 바로가기

청약제도 안내 ▶
APT ▶ 특별공급
소득 기준

☑ 우리 가족의 월 소득금액 계산하기

이번에는 민영주택의 소득 유형별 우리 가족 소득금액을 구해보겠습니다.

· 소득 산정 대상 및 방식

구분	산정 대상 및 방식
가구원 수	무주택 세대구성원 전원
소득 합산 대상	무주택 세대구성원 중 세대주 및 성년(19세 이상)인 자
월평균 소득	연간소득 ÷ 근무월수

이직이나 휴직 없이 전년도 12개월을 만근한 근로소득자의 월 소득을 구하는

것은 쉽습니다. 비과세 소득을 제외한 전년도 근로소득원천징수 영수증상의 총 급여액과 근로소득자용 소득금액증명서상의 과세 대상 급여액을 기준으로 합니다. 그리고 근무월수는 재직증명서상의 근무월수를 기준으로 하기 때문에 전년도 만근 근로자는 연간소득을 12개월로 나누면 됩니다.

전년도 또는 금년에 이직했다면 현재 직장의 소득으로 산정해야 하기 때문에 이직한 이후의 과세 대상 급여액을 근무개월 수로 나누어 산정합니다.

사업소득자의 연간소득은 전년도 종합소득세 소득금액증명 원본상 과세 대상 급여액을 기준으로 사업자등록증상의 개월 수로 나누면 됩니다.

◉ 생애최초 특별공급, 납부의무액이 없는 연도도 5개년 이상 소득세 납부에 포함

생애최초 특별공급 신청 자격에는 세대구성원 전원이 평생 주택을 소유한 적이 없는 것(단, 청약 신청자의 배우자가 혼인 전 주택을 소유한 이력은 배제)과 더불어 '과거 5개년 이상 소득세를 납부한 자'가 있습니다. 만약 사업소득자인 E씨에게 소득세가 발생했으나 소득공제를 받아 납부해야 할 세금이 없는 경우, 그해에 소득세를 납부한 것으로 인정받을 수 있을까요?

◎ 소득세 납부 사실을 판단할 때, 소득세 납부의무자가 소득공제·세액공제·세액감면 등으로 납부의무액이 없는(0원) 경우에도 그해에 소득세를 납부한 것으로 봅니다.

◉ 휴직자의 소득 산정은 어떻게 할까?

일반적으로 만근 근로자 또는 일반 사업자가 대다수이지만 휴직자라면 휴직 기간 등에 따라 소득 산정 방법이 조금씩 다릅니다.

• 전년도 전체를 휴직하고 금년에 복직한 경우 복직 이후의 소득 적용

전년도 전체를 휴직하고 금년도에 복직하여 정상적으로 근로에 종사한 경우에는 해당 연도 월별 '갑종근로소득에 대한 원천징수영수증' 또는 월별 '소득자별

근로자 원천징수부'와 휴직 기간이 명기된 '재직증명서'를 제출하여 복직 이후 정상적으로 재직한 기간의 월평균 소득으로 산정합니다.

• **전년도 전 기간 휴직하여 현재까지 휴직 중인 경우, 휴직 전 정상 재직 기간의 소득으로 산정**

전년도 전 기간 휴직하고 공고일 현재까지 휴직 중으로 월평균 소득을 산정하기 어렵다면 휴직 전 정상 재직한 기간의 소득으로 월평균 소득을 산정합니다. 휴직기간이 명기된 재직증명서와 휴직 전 정상 재직한 연도의 근로소득원천징수영수증을 제출하여 월평균 소득을 산정합니다.

TIP
건강보험자격득실확인서 발급 방법
국민건강보험 홈페이지(www.nhis.or.kr) '자격득실확인서 발급' 메뉴에 인증서 로그인하여 간편하게 발급받을 수 있습니다.

해당 서류 제출이 어려울 때에는 휴직 전 정상 재직 기간의 소득을, 즉 본인의 근로계약서나 월별 급여명세표 또는 전전년도 근로소득원천징수영수증을 제출합니다. 이 밖에도 소득 유형, 근로 시점 등에 따라 다양한 산정 방식과 예외 사례가 있습니다. 구체적으로 확인하고 싶다면 국토교통부에서 제공하는 주택청약 FAQ를 참고하세요.

국토교통부 ▶ 주택청약 FAQ

✔ 자산 기준: 민영주택은 부동산가액, 공공주택은 자동차가액까지

자산 기준은 앞서 언급한 바와 같이 민영주택은 신혼부부·생애최초 특별공급의 추첨공급 신청 물량에만 적용하며 '부동산가액'만을 기준으로 합니다. 공공주택은 부동산가액과 함께 자동차가액까지 합산한 금액을 기준으로 하며 일반공급

(전용면적 60㎡ 이하)과 특별공급(기관 추천 제외)을 대상으로 광범위하게 적용하고 있습니다.

- 유형별 자산 기준 적용

구분	특별공급						일반공급	
	신혼부부	청년	다자녀가구	노부모부양	생애최초	신생아	전용면적 60㎡ 이하	전용면적 60㎡ 초과~85㎡ 이하
공공주택*	○	○	○	○	○	○	○	(분양전환 공공임대주택만)
민영주택**	○	-	-	-	○	-	-	-

* 공공주택 자산 기준은 부동산가액 및 자동차가액을 합한 금액으로 세부 기준은 LH청약플러스(apply.lh.or.kr) 참조
** 추첨공급으로 선정하는 물량에 적용하며 부동산가액만을 적용

📍 건물과 토지를 소유하고 있다면 부동산 자산액을 산정해보자

건축물가액은 공시가격을 적용하여 산출합니다. 다만 건축물가액이 공시되지 않은 경우에는 지방세의 과세표준을 정하기 위해 평가한 가액인 시가표준액을 기준으로 합니다.

토지가액은 지목에 상관없이 모든 토지 면적에 개별공시지가를 곱한 금액으로 산출합니다. 상가, 오피스텔 등에 해당하는 비주거용 건축물을 소유하고 있는데 건축물가액에 토지가액이 포함되지 않은 경우에는 부속토지 또한 토지가액에 포함해 산정합니다.

💡 TIP

홍길동이 토지 1(면적 50㎡, 개별공시지가 12만 원, 지분 전체)과 토지 2(면적 100㎡, 개별공시지가 10만 원인 토지의 지분 1/2)를 소유하고 있다면 홍길동이 보유한 자산 기준 **총액은 1,100만 원**입니다.
1) 토지 1: 50㎡(면적)×12만 원(단가)=**600만 원**
2) 토지 2: 100㎡(면적)×10만 원(단가)×1/2(지분)=**500만 원**

• 건축물가액 및 토지가액 산정 방법

건물가액			토지가액
해당 세대가 소유하고 있는 모든 건축물의 공시가격 (단, 건축물가액이 공시되지 않은 경우 시가표준액)			해당 세대가 소유하고 있는 모든 토지의 공시가격 (표준지·개별공시지가)에 면적을 곱한 금액 ⇨ 토지의 공시가격 × 면적
구분		가액 산정 기준	
주택	단독주택	공시가격	
	공동주택	공시가격	
	오피스텔	시가표준액 (부속토지가액 포함)	
주택 외	공장·상가 (오피스텔)	건물	시가표준액
		부속토지	개별공시지가

단독주택, 공동주택 그리고 토지에 대한 공시가격은 부동산공시가격 알리미 www.realtyprice.kr 를 통해서 확인할 수 있습니다. 건물가액이 공시되지 않는 주거용 오피스텔과 비주거용 건물의 시가표준액은 위택스 www.wetax.go.kr 에서 조회할 수 있습니다.

공시가격 확인

📍 **TIP**

무주택으로 간주되는 주택은 자산 산정 시에도 제외될까요?
제외되지 않습니다. 소유하고 있는 주택이나 건물이 비록 주택을 소유하지 않는 것으로 보더라도 자산가액에는 해당 주택 또는 건물을 포함하여 산정해야 합니다.

시가표준액 확인

물론 모든 토지가 자산에 포함되는 것은 아니며 공부상 도로, 구거(작은 도랑), 하천 등 공공용지로 사용되는 경우 등 몇 가지 예외 상황이라면 부동산 자산 금액 산정 시 제외가 가능합니다.

부동산가액 산정 시 제외되는 경우
① 「농지법」 제2조제1호에 따른 농지로서 같은 법 제49조에 따라 관할 시·구·읍·면의 장이 관리하는 농지대장에 같은 농업인과 소유자로 등재된 경우

② 「초지법」 제2조제1호에 따른 초지로서 소유자가 「축산법」 제22조에 따른 축산업 허가를 받은 사람으로 축산업 허가증의 사업장 소재지와 동일한 주소인 경우
③ 공부상 도로, 구거, 하천 등 공공용지로 사용되고 있는 경우
④ 종중 소유 토지(건축물 포함) 또는 문화재가 건립된 토지 등 해당 부동산의 사용, 처분 등이 금지되거나 현저히 제한을 받는 상황에서 입주(예정)자가 구체적인 사실관계를 입증하는 경우

자동차가 여러 대라면 가장 높은 차량가액만 적용

자동차가액은 공공주택에만 적용하고 있습니다. 자동차는 「자동차관리법」 시행규칙 제2조에서 정한 비영업용 승용자동차에 한하며 해당 세대가 2대 이상의 자동차를 소유한 경우 높은 차량가액을 산정합니다.

자동차가액 기준은 보건복지부 장관이 정하는 차량 연식, 세부 모델을 고려하여 다르게 산출됩니다. 기본적으로는 해당 차량의 보험료 산출을 위한 '보험가액'을 기준으로 삼지만 항상 일치하지는 않으니 유의해야 합니다.

TIP
차량 금액이 얼마인지 판단할 때, 차량의 판매가격이나 본인의 구입가격을 생각하면 안 돼요!

드물기는 하나 보건복지부 장관이 결정한 차량 기준가액이 없을 때에는 자동차 등록 당시 취득가액을 기준으로 최초 등록일로부터 경과 연수에 따라 매년 10%씩 감가상각하여 산출한 금액으로 합니다.

토지와 마찬가지로 자동차가액 역시 예외적으로 자산 대상에서 제외되는 경우가 있습니다.

자동차가액 산정 시 제외되는 경우
① 「장애인복지법」 제39조에 따른 장애인이 사용하는 자동차
② 「국가유공자 등 예우 및 지원에 관한 법률」에 따른 국가유공자로서 상이등급 1급 내지 7급에 해당하는 자의 보철용 차량
③ 「대기환경보전법」 제58조제3항에 따른 국가나 지방자치단체의 보조를 받고 구입한 저공해 자동차는 보조금을 제외한 금액으로 자동차가액을 산출

> **TIP**
>
> 장애인 차량의 경우 장애인인 가족의 지분이 1%이고 다른 가족의 지분이 99%이더라도 해당 차량은 장애인 차량으로 등록되었으므로 지분에 상관없이 자산 산정 대상에서 제외합니다.

자산 보유 기준 및 산정 방법을 표로 정리하면 다음과 같습니다.

- **자산 보유 기준 및 산정 방법**

구분	기준 금액 (2024년 적용)		산정 기준		
부동산 (건물+토지)	민영 주택	3억 3,100만 원 이하	건물	해당 세대가 소유하고 있는 모든 건축물의 공시가격 (단, 건축물가액이 공시되지 않은 경우 시가표준액)	
				구분	가액 산정 기준
				주택 - 단독주택	공시가격
				주택 - 공동주택	공시가격
				주택 - 오피스텔	시가표준액 (부속토지가액 포함)
	공공 주택	2억 1,550만 원 이하	건물	주택 외 - 공장·상가 (오피스텔) 건물	시가표준액
				주택 외 - 부속토지	개별공시지가
			토지	토지가액은 지목에 상관없이 해당 세대가 소유하고 있는 모든 토지의 공시가격(표준지·개별공시지가)에 면적을 곱한 금액	
자동차	공공 주택	3,803만 원 이하	보건복지부 장관이 정하는 차량 기준가액으로 산정 (여러 대 보유한 경우 차량가액이 가장 높은 1대만 산정)		

소득과 자산 기준은 통계청 발표 시점 등에 따라 달라질 수 있으므로 정확한 기준 금액은 청약하려는 입주자 모집 공고문을 통해 확인해야 합니다.

> **TIP**
>
> 공공주택에 청약할 때 2023년 3월 28일 이후 출생한 자녀가 있는 가구라면 자녀수에 따라 소득 및 자산 요건이 기준 금액 대비 최대 20%p까지 가산한 금액으로 완화됩니다(단, 기관 추천을 제외한 특별공급 및 전용 60㎡ 이하 일반공급 대상).

05 청약홈에서 우리 가족의 청약 제한 사항을 확인해보자

최대한 많은 사람에게 공정한 경쟁을 통한 청약 당첨의 기회를 부여하기 위해 청약 당첨 이후에는 일정 기간(당첨일로부터 최대 10년) 다른 주택의 재당첨이 불가합니다. 또한 특별공급은 세대 내 평생 1회에 한한다거나 가점제로 당첨된 사람은 2년간 가점제로 청약할 수 없는 등의 제한이 있습니다. 제한을 두는 이유는 일정 기간 기당첨자의 청약시장 재진입을 막기 위해서입니다.

이 때문에 보다 슬기로운 청약 생활을 위해서는 나와 세대구성원 중 이러한 제한을 적용받는 사람이 없는지 미리 확인해야 합니다. 이러한 제한 사항들은 청약홈 홈페이지에서 누구나 확인할 수 있습니다. 그럼 하나씩 살펴보겠습니다.

단, 다음의 제한 사항 중 '부적격 당첨자 제한' 및 '공급 질서 교란자'는 오직 '청약 신청자 본인'에게만 적용되므로 세대원이 해당 제한을 적용받고 있더라도 청약이 가능합니다.

청약홈 ▶ 마이페이지 ▶ 청약 제한 사항 조회(로그인 필요)

- 청약하고자 하는 주택의 입주자 모집 공고일 기준, 청약 신청자 기준 세대구성원의 범위를 확인합니다.
- 청약홈에 본인과 세대원 각각 인증서 로그인 후 '마이페이지 ◎ 청약 제한 사항'을 조회합니다(청약 제한 사항별 조회 기준일이 다르므로 다음 표를 참고하여 청약하려는 주택의 입주자 모집 공고일 혹은 당첨자 발표일을 입력하여 정확히 조회).

- 청약 제한 사항별 조회 기준일

청약 제한 사항	적용 대상	조회 기준일
재당첨 제한	본인 및 세대구성원	(청약하려는 주택의) 당첨자 발표일
특별공급 1회 제한		당첨자 발표일
투기과열지구·청약과열지역 내 1순위 청약 제한		입주자 모집 공고일
가점제 당첨 제한		입주자 모집 공고일
부적격 당첨자 제한	본인	입주자 모집 공고일
공급 질서 교란자		당첨자 발표일

※ 부부는 당첨자 발표일이 같은 주택에 각각 중복 청약이 가능하며 모두 당첨 시 청약 신청일(분 단위 기준)이 빠른 당첨을 유효로 함
※ 신혼부부, 생애최초, 신생아 특별공급 신청 시 배우자의 혼인 전 청약 제한 사항(재당첨 제한, 특별공급 1회 제한)은 배제

✅ 재당첨 제한: 나 그리고 누구에게까지 영향을 미칠까?

재당첨 제한이란 '일정 기간 동안 다른 아파트에 다시 당첨되는 것을 제한한다'는 뜻입니다. 다음 표에 해당하는 주택에 당첨되면 당첨일로부터 짧게는 1년, 길게는 10년까지 다른 주택에 입주자로 선정될 수 없습니다.

- 재당첨 제한 기간

당첨된 주택	적용 기간 (당첨일로부터)
투기과열지구에서 공급되는 주택, 분양가상한제 적용 주택	10년간
청약과열지역에서 공급되는 주택	7년간
토지임대부 분양주택, 투기과열지구 내 정비조합	5년간

		85㎡ 이하	5년
이전기관 종사자 특별공급 주택, 분양전환공공임대주택, 기타 당첨자(제3조제2항제1·2·4·6·8호)	과밀억제권역	85㎡ 초과	3년
	그 외	85㎡ 이하	3년
		85㎡ 초과	1년

* 2가지 이상의 유형이 중복되는 경우 가장 긴 기간을 적용

    투기과열지구에서 공급하는 아파트에 당첨되었다고 가정해봅시다. 투기과열지구에서 공급하는 주택에 당첨되면 재당첨 제한 10년, 즉 당첨일로부터 10년 동안 다른 주택에 당첨될 수 없습니다.

    그럼 재당첨 제한은 '청약자 본인'에게만 해당할까요? 아닙니다. 여기에 청약 제도의 묘미가 있습니다. 재당첨 제한은 나에게만 국한되는 것이 아니라 세대구성원 전원에게 적용됩니다. 특히 배우자가 세대 분리된 등본상에 있어도 부부는 '일심동체', 즉 동일 세대로 간주하여 배우자와 배우자의 등본에 함께 있는 청약 신청자 그리고 배우자의 직계존속, 직계비속 모두 재당첨 제한의 대상이 됩니다.

    그럼 이번에는 반대로 내가 청약 신청을 하려고 하는데 공고일 현재 나와 동일 등본에 등재된 장모(또는 시모)가 작년에 투기과열지구에 있는 주택에 청약이 당첨되어 10년간 재당첨 제한 중이라고 가정해볼까요?

    '나'는 이제껏 청약 신청을 한 적이 없지만 나와 같은 세대구성원인 직계존비속(또는 배우자의 직계존비속)의 과거 당첨으로 인해 제한 기간 동안 '나'의 청약 기회가 사라지는 것입니다. 이를 모른 채 청약하여 당첨된다 해도 부적격 당첨자로서 계약 기회가 물거품이 되고 맙니다.

    여기서 주목해야 할 점은 '재당첨 제한은 세대구성원 모두에게 동일하게 적용된다'는 것입니다. 세대원 중 누군가 재당첨 제한을 받고 있다면 그 세대에 속한 나도 제한을 받으니 유의해야 합니다. 또한 세대 분리된 배우자가 재당첨 제한을 적용받는 경우에도 제한을 피할 길은 없습니다. 그러므로 제한 기간 만료 전

까지는 청약 신청이 불가하다는 점을 꼭 기억하세요.

◉ 재당첨 제한도 예외가 있다?

그런데 이번 청약제도 개편으로 청약 신청자의 배우자에 대한 재당첨 제한 적용에서 예외 조항이 마련되었습니다. 신혼부부, 생애최초, 신생아 특별공급의 경우 청약 신청자의 배우자가 혼인 전 청약에 당첨되어 현재 재당첨 제한을 적용받더라도 청약 신청을 할 수 있게 된 것입니다.

여기서 중요한 점은 배우자의 과거 청약 당첨으로 인한 재당첨 제한 적용 시점이 청약 신청자와의 혼인 신고일 전이어야 한다는 것입니다. 즉, 배우자의 재당첨 제한 시작일이 혼인 전이라면 배우자의 재당첨 제한 기간이 만료되지 않았더라도 청약 신청을 할 수 있습니다. 단, 배우자가 아닌 다른 세대원에게는 예외 조항이 적용되지 않습니다.

이 외에도 2025년 3월 31일자 「주택공급에 관한 규칙」 개정으로 재당첨 제한에 대한 예외 적용이 추가되었습니다. 바로, 신혼부부 특별공급 신청 시 본인에 한해 '혼인 전 과거 당첨 이력(특별공급 당첨 이력 포함 모든 재당첨 제한 이력)'을 1회에 한해 없는 것으로 간주하고 청약이 가능해진 것입니다('혼인 특례').

예외 적용은 본인에 한해 적용하기 때문에 만일 현재 배우자가 청약자 본인과 결혼 전에 이 혼인 특례를 사용한 적이 있다고 해도 '신청자 본인 기준 1회에 한해 적용'하므로 청약이 가능합니다.

다만 본인에 한해 과거 당첨 이력을 배제하는 것이며 본인 외 다른 세대원의 재당첨 제한 등으로 인한 결격 사유가 있는 경우 부적격 처리될 수 있으니 유의해야 합니다.

• 청약 신청자 및 배우자의 과거 당첨 이력 등 배제 현황

적용 유형	적용 대상	적용 사항	비고	횟수 제한
신혼부부·신생아·생애최초 특별공급	배우자	혼인 전 당첨 사실 배제 (특별공급, 재당첨 사실)	-	-
생애최초 특별공급	배우자	혼인 전 주택소유 이력 배제	-	-
신혼부부 특별공급	본인	혼인 전 당첨 사실 배제 (특별공급, 재당첨 사실)	혼인 특례	1회
신혼부부·신생아·다자녀·노부모 부양 특별공급	본인·배우자	2024. 6. 19. 이후 출생 자녀가 있는 경우 특별공급 당첨 사실 배제	출산 특례	1회

📍 재당첨 제한 중이지만 청약이 가능한 주택이 있다

한 가지 더 유의해야 할 점은 재당첨 제한을 적용 중이라도 청약이 가능한 주택이 있다는 점입니다. 과거 당첨으로 인해 재당첨 제한을 받고 있더라도 투기과열지구나 청약과열지역이 아닌 비규제지역 내 민영주택은 다른 청약 제한(특별공급 1회 제한 등)이 없다면 청약 신청이 가능합니다.

그럼 재당첨 제한을 적용받고 있는 경우 비규제지역 내 분양전환공공임대주택에 청약이 가능할까요? 공공임대주택은 민영주택이 아니므로 재당첨 제한 적용 중이라면 청약 신청을 할 수 없습니다.

다만 이 경우에도 앞서 설명한 배우자의 혼인 전 당첨으로 인한 재당첨 제한 적용은 예외로 하고 신혼부부 특별공급 신청 시 혼인 특례를 사용하는 경우 '본인의 혼인 전 당첨으로 인한 재당첨 제한'도 배제할 수 있다는 점을 잊지 마세요.

☑ 평생 단 한 번, 특별공급

가점제나 납입인정금액으로 경쟁하는 일반공급과 함께 청약의 주축을 이루고

있는 공급 유형이 있습니다. 바로 '특별공급'입니다. 특별공급은 우선적으로 공급이 필요한 대상에게 별도의 물량을 배정하여 공급하는 방식입니다.

정부는 2000년대 후반, 변화하는 사회 여건을 반영하기 위해 신혼부부, 다자녀 가구, 노부모 부양, 생애최초, 기관 추천 등 다양한 특별공급을 도입했습니다. 이처럼 특정 자격을 갖춘 사람이 우선공급받을 수 있도록 한 대신, 특별공급 당첨자와 세대원은 향후 특별공급에 다시 당첨될 수 없도록 세대당 평생 한 번으로 당첨 기회를 제한하고 있습니다.

📍 배우자가 결혼 전에 당첨 사실이 있어도 괜찮은 경우

단, 신혼부부 특별공급, 생애최초 특별공급, 신생아 특별공급은 배우자에 한해 완화된 기준을 적용하고 있습니다. 앞서 설명한 배우자의 혼인 전 재당첨 제한 적용을 예외로 하는 규정과 비슷합니다. 다시 말해 신청자의 배우자가 다른 특별공급에 당첨된 이력이 있더라도 당첨 시점이 청약 신청자와의 혼인 전이라면 청약이 가능합니다.

이는 청년계층의 청약 수요가 두드러지는 신혼부부, 생애최초, 신생아 특별공급에 청약하려는 세대에 내 집 마련의 기회를 확대하기 위해 특별공급 세대의 경우 평생 1회 제한 규정을 배우자에 한해 대폭 완화한 것입니다.

예를 들어 A씨가 혼인 전 노부모 특별공급에 당첨된 적이 있다고 가정해봅시다. 기존에는 이후 A씨가 혼인을 해도 세대 내 평생 한 번의 특별공급 당첨 제한 규정 때문에 배우자 B씨는 특별공급에 청약 신청할 수 없었으나 이번 제도 개편으로 배우자 B는 A씨와 혼인한 후 신혼부부 특별공급을 신청할 수 있게 된 것입니다.

여기에 더해 생애최초 특별공급은 배우자의 혼인 전 특별공급 당첨 이력뿐만 아니라 주택 소유 사실도 예외로 해줍니다. 단, 혼인 전에 주택 처분을 완료했을 때만요. 이처럼 완화된 규정은 오직 청약 신청자의 '배우자'에게만 해당하고 배우자의 '혼인 전' 이력이어야 한다는 점을 꼭 기억하세요.

📍 최근 출산한 자녀가 있다면 본인과 배우자의 특별공급 당첨 이력 모두 배제

저출산 위기 극복을 위해 최근 정부에서 또 하나의 파격적인 대책을 내놓았습니다. 바로 2024년 6월 19일 이후 출산한 자녀가 있다면 청약 신청자와 그 배우자의 과거 특별공급 당첨 이력을 배제한다는 것입니다.

'출산 특례'라고도 일컫는 이번 제도 개편은 신혼부부·신생아·다자녀·노부모 부양 특별공급 청약 시에만 적용하며 세대 내 '1회'에 한합니다. 배제하는 당첨 이력도 '특별공급' 당첨 이력에 한하므로 만약 본인이나 배우자가 과거 당첨으로 인해 재당첨 제한 중이라면 출산 특례를 적용받을 수 없습니다.

자, 그렇다면 한 사람이 전 생애를 통틀어 당첨될 수 있는 특별공급은 최대 몇 번이 될까요?

네, 바로 최대 3회입니다. 혼인 전 특별공급 당첨 시 한 번, 혼인 특례를 통해 한 번, 마지막으로 출산 특례까지. 혼인과 출산 장려를 위해서 정부에서 얼마나 고심하고 있는지 엿볼 수 있는 대목입니다.

다만 혼인 특례와 마찬가지로 본인과 배우자 외 다른 세대원의 특별공급 당첨 또는 재당첨 제한 등으로 인한 결격 사유가 있는 경우 부적격 처리될 수 있다는 점 기억하시기 바랍니다.

☑ 우리 가족 중 가점제로 당첨된 사람이 있을까?

청약에서 큰 관심을 받는 가점제는 민영주택 일반공급의 당첨자를 선정하는 방법 중 하나입니다. 한번 가점제를 통해 당첨된 사람이 청약시장에 재진입하는 것을 막기 위해 '가점제로 당첨된 자와 그 세대원은 당첨된 날로부터 2년간 가점제 당첨이 불가'하도록 제한하고 있습니다.

청약 자격 확인
▶ 청약 제한 사항 확인(로그인 필요)

이 문구에는 꽤나 많은 정보가 담겨 있습니다. 먼저 본인뿐만 아니라 세대원(분리 배우자 및 그 세대원도 포함) 중 과거 가점제로 당첨된 자가 있다면 향후 2년간은 가점제를 통한 청약 당첨이 불가합니다. 물론 '가점제'로만 청약 당첨이 불가할 뿐 다른 제한이 없다면 일반공급 중에서 추첨제 물량이나 특별공급은 신청이 가능합니다.

청약에 당첨되면 많게는 3종류의 제한을 적용받습니다. 그러나 2년 내 가점제 청약 신청 제한 외 별도의 제한이 없다고 가정할 경우 가점 방식이 아닌 다른 당첨자 선정 방식을 적용하는 유형은 신청이 가능합니다. 사전에 세대원 전원의 청약 제한 사항을 꼼꼼히 확인해보세요.

✅ 당첨자는 5년간 인기 지역 1순위 청약 금지!

소위 수도권 인기 지역, 즉 서울·경기 등에서도 대규모(개발면적 66만 ㎡ 이상인 택지) 단위나 공공택지에서 분양하는 주택은 민영, 공공 구분 없이 선호도가 매우 높습니다. 나홀로 아파트보다는 개발 초기 단계부터 체계적으로 도시계획을 수립하여 각종 의료시설, 교육시설, 쇼핑센터, 광역 교통망 확보는 물론, 높은 녹지율까지 갖추어 쾌적한 거주 환경을 제공하기 때문입니다.

청약홈은 청약 접수가 끝나면 일일 청약 경쟁률을 공개합니다. 인기 단지 경쟁률을 몇 군데만 살펴보아도 신청 자격이 제한된 특별공급보다는 일반공급 그리고 투기과열지구나 청약과열지역(규제지역) 내 경쟁률이 훨씬 높은 것을 확인할 수 있습니다. 이런 이유로 과거 당첨된 사실이 있는 사람과 그 세대원은 당첨일로부터 5년 동안 투기과열지구 또는 청약과열지역 1순위 청약이 불가합니다. 당첨이라는 달콤한 열매를 맛보았으니 한동안 경쟁이 치열한 규제지역 1순위 청약시장과는 거리를 둬야겠죠.

◉ 일반공급에만 1순위 자격이 있을까?

그런데 여기서 조심할 사항이 있습니다. '1순위'라고 했지 '일반공급 1순위'라고 하지는 않았기 때문에 특별공급 중 1순위 요건이 충족되어야 하는 노부모 부양 특별공급, 생애최초 특별공급 역시 규제지역에서는 신청할 수 없습니다. 이렇게 청약하려는 주택의 지역, 공급 유형에 따라 같은 제한이라도 신청이 불가능한 경우가 있습니다.

☑ 분양주택 당첨자만 '당첨자'일까?

대부분 '당첨자'라고 하면 분양 아파트 당첨자만 떠올리지만 청약에서는 다릅니다. 지역주택·정비사업 조합원이나 이주대책 대상자, 규제지역에서 공급하는 사후 무순위 주택이나 불법행위 재공급 주택에 입주자로 선정될 때도 당첨자로 봅니다.

따라서 지역주택조합의 조합원으로서 사업계획승인일 당시 입주자로 확정되었다면 그날로부터 5년간은 투기과열지구 또는 청약과열지역 내에서 공급하는 주택의 1순위 청약은 불가능합니다. 세대원 중 누군가 당첨자로 관리되고 있어도 신청자 본인 역시 향후 5년간은 규제지역 1순위 청약이 불가합니다.

QR 바로가기

청약제도 안내 ▶ 주택청약 용어설명 ▶ 당첨자

그러나 '1순위 청약 제한'을 재당첨 제한과 혼동하면 안 됩니다. 재당첨 제한과 규제지역 내 향후 5년간 1순위 청약 제한 모두 '당첨이 제한'된다는 점에서는 같습니다. 하지만 비규제지역에서 공급하는 민영주택의 경우 재당첨 제한이 적용되지 않지만 향후 5년간 규제지역 1순위 제한은 과거 당첨된 주택의 지역이나 주택 유형과 관계없이 동일하게 적용되기 때문입니다.

• 「주택공급에 관한 규칙」 제2조에 따른 당첨자 구분(요약)

구분	내용	기준일	근거
당첨자	가장 일반적인 의미의 당첨자로 분양주택 또는 분양전환공공임대주택의 입주자로 선정된 자	당첨자 발표일	제2조제7호마
추가 입주자	예비 입주자로 선정된 자 중 공급계약을 체결한 자(최초 예비자의 경우 동호수 배정 참가 후 배정 받은 자)	추가입주 공급계약 체결일	제2조제7호바
지역주택조합 조합원	지역주택조합(세대수가 증가되지 않는 리모델링 주택조합 제외)의 조합원	사업계획 승인일	제2조제7호가
정비사업조합 조합원	정비사업조합(주거환경개선사업 제외)의 조합원	관리처분계획 인가일	제2조제7호나
이주대책 대상자	공공사업의 시행에 따른 이주대책용으로 공급하는 주택을 공급받는 자	당첨자 발표일	제2조제7호다
규제지역 내 사후 무순위 당첨자	투기과열지구 또는 청약과열지역 내 미계약 물량에 대한 사후 무순위 주택의 입주자로 선정된 자	당첨자 발표일	제19조제5항
불법행위 재공급 주택 당첨자	불법전매, 주택법 위반 등으로 계약이 취소된 주택의 입주자로 선정된 자	당첨자 발표일	제2조제7호사

☑ 미워도 다시 한번, 부적격 재당첨 제한

청약에서 '부적격'이란 말만큼 환영받지 못하는 단어는 없을 겁니다. 치열한 경쟁을 뚫고 당첨된 기쁨도 잠시, 재당첨 제한 중인 세대원이 있다거나 가점제 항목 중 부양가족수를 잘못 입력하는 등 부적격 당첨의 사유는 다양합니다. 그 어떤 경우라도 당첨자 입장에서는 쉽게 받아들일 수 없는 문제일 겁니다. 각자 억울한 사정은 있겠지만 청약에서 부적격 당첨자는 향후 청약하려는 지역에 따라 짧게는 3개월, 길게는 1년까지 청약 신청이 제한됩니다.

 그러나 부적격 당첨자가 된다고 해서 청약통장의 효력까지 사라지지는 않습니다. 흔히 당첨이 되면 '통장을 날린다'라고 표현하는데요. 물론 당첨이 되면 청약통장의 효력은 사라집니다. 하지만 사업 주체 확인 결과, 부적격 당첨자로 확인되어 청약홈에 부적격 당첨자로 통보되면 청약통장의 효력은 다시 살아나 일정 제한 기간이 지나면 재사용할 수 있습니다. 또한 부적격 당첨자가 되면 본인의 당첨 사실이 삭제되기 때문에 특별공급으로 당첨되었다고 해도 이후 다시 특별공급 청약이 가능합니다. 앞서 설명한 재당첨 제한이나 규제지역 내 1순위 제한도 모두 없던 일이 됩니다. 물론 최대 1년간의 청약 신청 제한 기간이 만료된 후에 가능합니다.

그러나 청약통장이 제 역할을 하려면 청약통장에 재납입하는 등의 절차(청약예·부금 제외)가 필요하므로 가입 은행에 문의하여 부활 여부 등을 확인해야 합니다.

QR 바로가기
청약 자격 확인
▶ 청약 제한 사항 확인(로그인 필요)

◉ 세대원 중 부적격 당첨자가 있을 때

다행히 부적격 재당첨 제한은 '본인'에게만 적용됩니다. 세대원 중 누군가가 부적격 재당첨 제한을 적용받고 있더라도 신청자 본인이 다른 제한 사항이 없다면 청약 신청이 가능합니다.

특별공급은 국가 정책상 또는

사회적 배려가 필요한 계층의

주택 마련을 지원하기 위한 제도입니다.

자격이 된다면 반드시 도전해보세요.

3장
특별공급으로 청약 신청하기

01 특별공급과 일반공급

주택은 크게 일반공급과 특별공급으로 나뉘어 공급됩니다. 특별공급은 국가 정책상 또는 사회적 배려가 필요한 계층의 주택 마련을 지원하기 위한 제도입니다.

특정 자격을 갖춘 사람들에게 제한적으로 기회가 주어지다 보니 일반공급보다 평균 경쟁률이 낮고 일반공급과 1건씩 각각 신청이 가능하므로 청약 가능한 특별공급 유형이 있다면 도전해보는 것이 유리합니다.

특별공급은 사회 여건 및 정책 방향에 따라 다양한 모습으로 발전해왔습니다. 가장 오래된 특별공급 제도는 기관 추천 특별공급으로 1978년 「주택공급에 관한 규칙」 제정 시 국가유공자, 철거민, 해외 취업 근로자 등이 대상이었으며 이후 올림픽대회 입상자(1983), 장애인(1995), 중소기업근로자(2004), 장기 복무 제대군인(2008), 다문화가족(2011) 등 사회적 필요에 따라 그 대상이 지속적으로 확대되었습니다.

이후 2002년도에는 고령화 사회에 대비하여 노부모를 모시는 가정을 위해 노부모 부양 특별공급 제도가 시행되었으며 2006년도에 저출산 문제 해결의 방안으로 다자녀 특별공급이, 2008년 무주택 신혼부부에게 결혼과 출산을 장려하기 위해 신혼부부 특별공급이 도입되었습니다.

그리고 2009년 사회 초년생들의 주거 불안 및 근로 의욕 저하 문제를 해소하고 근로자에 대한 청약 기회를 확대하고자 생애최초 특별공급 제도가 신설되었습니다. 2022년 말, 주택을 소유한 적이 없는 19세 이상, 39세 이하의 청년들에게 내 집 마련의 기회를 주고자 청년 특별공급 유형을 신설하고 저출산 문제 해결을 위해 2세 미만 자녀가 있는 세대에 대한 신생아 특별공급을 2024년 3월 말 새롭게 선보였습니다. 이 외에도 개발제한구역 해제 공공택지 주택의 특별공급, 외국인 특별공급, 이전기관 종사자 특별공급 등 다양한 특별공급 제도를 운영하고 있습니다.

일반공급은 특별공급으로 공급하고 남은 주택의 입주자를 선정하는 일반적인 방법으로 청약통장의 순위 자격을 갖추고 있어야 합니다.

민영주택의 경우 무주택 기간, 부양가족수, 입주자저축 가입 기간을 점수화하여 높은 순으로 입주자를 선정하는 가점제와 추첨제를 적용합니다. 공공주택의 경우 전체 물량의 80%는 저축 총액(납입인정금액)이 많거나(전용면적 40㎡ 초과 주택), 납입인정회차가 높은(전용면적 40㎡ 이하 주택) 순으로 선정(순위 순차제)하며 남은 물량은 추첨으로 당첨자를 선정합니다.

02 대한민국의 내일을 열어주는 신생아 특별공급

우리나라의 저출산 상황을 우려하는 목소리가 곳곳에서 심심찮게 들려옵니다. 앞에서도 언급했듯이 2024년 기준 합계출산율은 0.75명으로 역대 최저치를 기록했고 지금도 출산율은 계속 감소하는 추세라는 점에서 국가 소멸 위기감이 더

• 신생아 특별공급

구분	공공주택		
	일반형 (시세 80% 수준 분양)	선택형 (6년 공공임대)	나눔형 (이익공유형/토지임대부)
공급 물량	20%	30%	35%
청약통장	• 가입 후 6개월 경과 • 납입인정회차 6회 이상		
신청 자격	• 2년 이내 출생한 자녀(임신, 입양 포함)가 있는 무주택 세대구성원 • 자산 요건 충족 • 소득 요건 충족[세대의 월평균 소득이 전년도 도시근로자 월평균 소득의 140% 이하(부부 모두 소득이 있는 경우 200% 이하)]		
당첨자 선정 방식	• 우선공급(70%) • 일반공급(20%) • 추첨공급		
특이사항	혼인 여부와 상관없이 입주자 모집 공고일 기준 2세 미만(2세가 되는 날을 포함, 임신과 입양 포함) 자녀가 있으면 청약 가능		

• 공공주택 유형별 공급 물량 및 특징

구분	일반형	선택형	나눔형
특징	• 시세 80% 수준 분양	• 6년간 임대 거주 후, 분양 여부 선택	• 시세 70% 이하 분양 • 시세차익 70% 보장
공급 물량	신혼부부 10% 신생아 20% 생애최초 15% 다자녀 가구 10% 기관 추천 10% 노부모 부양 5% 일반공급 30% (추첨공급 20% 도입)	청년 15% 신혼부부 10% 신생아 30% 생애최초 10% 다자녀 가구 10% 기관 추천 10% 노부모 부양 5% 일반공급 10% (추첨공급 20% 도입)	청년 15% 신혼부부 15% 신생아 35% 생애최초 15% 일반공급 20% (추첨공급 20% 도입)

욱 고조되고 있습니다.

　심각한 저출산 문제에 대응하기 위해 정부는 관련 대책을 속속 발표했습니다. 특히 이번 청약제도 개편은 정부의 '저출산 극복을 위한 주거 지원 방안'에 따른 것입니다. 그중에서도 신생아 자녀가 있거나 출산 예정인 가구를 대상으로 한 '신생아 특별공급'은 눈여겨볼 만합니다. 가정을 꾸리고자 하는 모든 이들에게 보금자리 걱정 없이 임신과 출산 그리고 아이를 키울 수 있는 안정적인 환경을 제공하기 위해 마련한 제도입니다. 기존에는 혼인한 가구를 중심으로 주택을 공급했지만 이번 제도 개편은 혼인 여부와 상관없이 자녀를 출산한 가구라면 누구나 혜택을 받을 수 있게 했다는 데 의미가 있습니다.

　신생아 특별공급은 청년 특별공급처럼 LH, SH와 같은 공공주택사업자가 공급하는 공공주택에서만 만날 수 있습니다. 신생아 특별공급 도입에 따라 기존의 공공주택 뉴:홈의 공급 유형별 물량 비율 역시 조정했습니다. 주변 시세의 80% 수준 공급가격으로 분양하는 '일반형'에서는 20%를, 6년간 저렴한 임대료로 거주한 후 분양전환할 수 있는 '선택형'에서는 30%를, 시세의 70% 수준으로 분양받은 후 나중에 환매하여 그 양도차익에 대해 수분양자와 공공의 사업 주체가 일정하게 나누어 갖는 '나눔형' 주택에서는 전체 물량의 35%를 신생아 특별공급으로 공급합니다.

☑ 신생아 특별공급, 무엇이 특별할까?

신생아 특별공급은 혼인 여부와 상관없이 입주자 모집 공고일 기준 2년 이내에 자녀를 출산하고 일정한 소득과 자산 요건을 갖추면 누구나 신청할 수 있습니다. 여기서 자녀는 임신 중이거나 입양한 자녀도 포함합니다.

결혼하지 않고 혼자 지내는 1인 가구가 늘어가는 요즘, 그간의 저출산 대책들이 혼인한 가구에 집중되어 있었는데 신생아 특별공급은 혼인 여부와 상관없이 출산 자체에 중점을 두어 내 집 마련의 혜택을 지원한다는 점이 가장 큰 특징입니다.

> **TIP**
> 민영주택에서는 생애최초 특별공급에서 공급 물량의 20%를 입주자 모집 공고일 기준 2년 이내 출생한 자녀(임신, 입양 포함)가 있는 가구에 배정해 소득 기준에 따라 신생아 우선공급(15%) 또는 일반공급(5%)을 하고 있어요! (신혼부부 특별공급은 공급 물량의 35%를 신생아 가구에 배정)

예를 들어, 결혼 후 배우자와 이혼하고 등본에 나(청약 신청자)와 작년에 태어난 아이만 있다고 가정해보겠습니다. 신생아 특별공급은 혼인 여부와 관계없이 신생아 자녀만 있으면 청약할 수 있습니다. 물론 공공주택 신혼부부 특별공급도 입주자 모집 공고일 현재 혼인하지 않은 예비 신혼부부 또는 6세 이하의 자녀가 있는 한부모가족도 청약이 가능하지만 신생아 특별공급은 온전히 전체 물량을 다른 조건과 관계없이 '신생아'가 있는 가구에 배정했다는 점이 두드러진 특징입니다.

☑ 신생아 특별공급 신청 자격 알아보기

5년 전 결혼한 신혼부부 S와 L씨, 둘만의 신혼생활을 누리던 중 아이를 갖기로 계획하고 얼마 지나지 않아 임신했습니다. 둘만 살 때는 월세로 살고 있는 지금의 집도 괜찮았지만 막상 아이가 생기고 나니 안정적인 보금자리가 필요해졌습니다. 청약 당첨을 꿈꾸며 민영주택 신혼부부 특별공급에 도전했지만 번번이 높은 경쟁률 탓에 낙첨했습니다. 그런데 얼마 전, 공공주택에 신생아 특별공급이 신설되었다는 소식을 접했습니다. 이 부부는 '신생아 특별공급'에 신청할 수 있을까요?

· **신생아 특별공급 신청 자격 체크리스트**

❶	청약 신청 가능 지역에 거주하는가?	☐	청약 신청 가능 지역 76쪽 참조
❷	통장 가입한 지 6개월 경과, 납입 회차 6회 이상인가?	☐	청약통장 56쪽 참조
❸	입주자 모집 공고일 현재 2세 미만(2세가 되는 날 포함)의 자녀가 있는가?	☐	
❹	입주자 모집 공고일 현재 청약 신청자 및 세대원 모두 무주택자인가?	☐	
❺	소득 기준 및 자산 기준을 충족하는가?	☐	소득 기준 90쪽 참조

❻	과거 특별공급 당첨 사실 또는 재당첨 제한 기간 중에 있는가? (단, 배우자의 혼인 전 이력은 배제) *2024년 6월 19일 이후 출생 자녀가 있는 경우, 신청자 본인 및 배우자의 과거 특별공급 당첨 이력 배제(1회)	☐	특별공급 당첨 이력 1회 배제 24쪽 참조

◉ 2세 미만의 자녀가 있는가?

신생아 특별공급의 기본 자격은 신생아 자녀의 유무입니다. 입주자 모집 공고일 기준 2세 미만(2세가 되는 날 포함)의 자녀가 있어야만 신청 자격이 됩니다. 현재 임신 중인 경우에도 신청이 가능할까요? 네, 가능합니다. 신생아는 태아, 입양 자녀 모두 포함하므로 현재 임신 중이어도 신청할 수 있습니다.

◉ 공고일 현재 무주택 세대구성원인가?

신생아 특별공급에 청약하려면 입주자 모집 공고일 현재 무주택 세대구성원이어야 합니다. 만약 배우자가 세대 분리된 주민등록표등본에 등재된 경우, 그 배우자와 배우자의 주민등록표등본에 등재된 직계존속 및 직계비속 역시 모두 무주택 요건을 갖추어야 합니다. 단, 출산 특례를 적용하여 청약 신청을 하려는 경우, 본인 또는 배우자가 주택이 있더라도 공급받은 주택의 소유권이전등기 전까지 기존 소유 주택을 처분 완료하면 청약이 가능합니다.

◉ 소득과 자산 기준을 충족하는가?

소득은 청약 신청자의 세대를 기준으로 검증합니다. 일반형, 선택형, 나눔형 모두 부부 중 1명만 소득이 있는 경우 세대의 월평균 소득이 전년도 도시근로자 월평균 소득의 140% 이하, 부부 모두 소득이 있는 경우 200% 이하여야 합니다.

또한 2023년 3월 28일 이후 출산한 자녀가 있는 경우 소득과 자산 요건을 출산 자녀 1명당 10%p, 최대 20%p까지 완화하여 적용합니다.

📍 최근 출생 자녀가 있다면 나와 배우자의 과거 특별공급 당첨도 문제없어요!

신생아 특별공급에 청약할 경우, 배우자가 청약자와 결혼 전 과거 당첨 사실로 인해 재당첨 제한이나 특별공급 1회 제한을 적용받고 있더라도 청약이 가능해졌습니다.

여기에 한 가지 혜택이 더 추가되었습니다. 2024년 6월 19일 이후 출생(임신, 입양 포함)한 자녀가 있으면 이번에는 배우자뿐 아니라 청약자 본인의 과거 특별공급 당첨 사실도 1회에 한해서는 배제해줍니다. 출산 가구에 특별공급 추가 당첨 기회를 주겠다는 취지입니다.

- 신생아 특별공급 소득 및 자산 기준(2025년도 적용)

구분		소득 및 자산 기준	
		도시근로자 가구원수별 월평균 소득 기준	3인 이하
소득 기준	우선공급 (70%)	부부 중 1명만 소득이 있거나 미혼인 경우: 100% 이하	~7,205,312원
		부부 모두 소득이 있는 경우: 120% 이하	~8,646,374원
	일반공급 (20%)	부부 중 1명만 소득이 있거나 미혼인 경우: 100% 초과 140% 이하	7,205,313~ 10,087,437원
		부부 모두 소득이 있는 경우: 120% 초과 150% 이하	8,646,375~ 10,807,968원
	추첨공급	부부 모두 소득이 있는 경우: 150% 초과 200% 이하	10,807,969~ 14,410,624원
자산 기준	• (일반형) 세대의 부동산가액 2억 1,550만 원, 자동차가액 3,803만 원 이하 • (선택형, 나눔형) 세대의 총자산 3억 5,400만 원 이하		

☑ 신생아 특별공급 배점표 확인하기

신청 자격을 확인했으니 이번엔 배점표 항목을 자세히 알아볼까요? 신생아 특별공급은 우선공급이나 일반공급에서 경쟁이 발생하면 해당 지역을 우선하며 지역이 같다면 '배점이 높은 순'으로 당첨자를 선정합니다. 그런데 당첨이 되더라도 서류 검증 과정에서 배점 점수가 사실과 다르면 부적격 당첨자가 될 수 있으니 항목별로 기준을 정확히 알고 선택해야 합니다.

배점은 총 4개 항목으로 구성되며 일반형, 선택형은 배점이 10점 만점, 나눔형은 12점 만점입니다. 우선공급이든 일반공급이든 청약을 신청할 때 ❶~❹ 항목 모두 확인해야 합니다.

• 신생아 특별공급 배점표(일반형, 선택형)

항목	총 배점	기준	점수	비고
① 가구 소득	1	80% 이하 (맞벌이 100% 이하)	1	소득 기준 90쪽 참조
② 미성년 자녀수	3	3명 이상	3	태아 포함
		2명	2	
		1명	1	
③ 해당 주택건설지역 연속 거주 기간	3	3년 이상	3	신청자가 공고일 현재 주택이 건설되는 특별시·광역시·특별자치시·특별자치도 또는 시·군의 행정구역에서 주민등록표등본상 계속해서 거주한 기간을 말하며 해당 지역에 거주하지 않은 경우 0점
		1년 이상~3년 미만	2	
		1년 미만	1	
		미거주	0	
④ 주택청약 종합저축 납입인정회차	3	24회 이상	3	청약홈에서 청약 신청할 때 은행에서 정보 확인을 통해 자동으로 입력
		12회 이상~24회 미만	2	
		6회 이상~12회 미만	1	
총 10점				

• 신생아 특별공급 배점표(나눔형)

항목	총 배점	기준	점수	비고
① 가구 소득	3	70% 이하 (맞벌이 80% 이하)	3	소득 기준 90쪽 참조
		70% 초과~100% 이하 (맞벌이 80% 초과 ~110% 이하)	2	
		100% 초과 (맞벌이 110% 초과)	1	
② 미성년 자녀수	3	3명 이상	3	태아 포함
		2명	2	
		1명	1	
③ 해당 시·도 연속 거주 기간	3	2년 이상	3	신청자가 공고일 현재 시·도(시는 특별시·광역시·특별자치시 기준이고, 도는 도·특별자치도 기준)에서 주민등록표등본상 계속해서 거주한 기간을 말하며 해당 지역에 거주하지 않는 경우 0점
		1년 이상~2년 미만	2	
		1년 미만	1	
		미거주	0	
④ 주택청약 종합저축 납입인정회차	3	24회 이상	3	청약홈에서 청약 신청할 때 은행에서 정보 확인을 통해 자동으로 입력
		12회 이상~24회 미만	2	
		6회 이상~12회 미만	1	
총 12점				

✓ 신생아 특별공급에 당첨되려면?

◉ 소득이 낮은 가구에 우선 당첨의 기회

신생아 특별공급은 공급 세대수의 70%를 소득 기준에 따라 우선공급합니다. 신청 세대의 월평균 소득이 도시근로자 월평균 소득의 100% 이하(맞벌이는 120% 이하)인 자를 대상으로 주택 유형별 공급량의 70%를 '신생아 특별공급 입주자 선정 방식'에 따라 공급합니다.

나머지 20%는 우선공급에 당첨되지 않은 사람과 일반공급 대상자인 신청자 세대의 월평균 소득이 전년도 도시근로자 월평균 소득의 100% 초과하고 140% 이하(맞벌이는 120% 초과하고 150% 이하)인 자를 포함하여 당첨자를 선정합니다.

소득이 같다면 해당 지역 거주자 중 배점 높은 자가 유리

같은 우선공급 또는 일반공급에서 경쟁하는 경우, 지역 우선공급 기준에 따라 해당 주택건설지역 거주자를 우선하여 당첨자를 선정합니다. 단, 거주자 우선공급을 위해 거주 제한 기간이 있을 때는 입주자 모집 공고일 기준 일정 기간 이상 해당 지역에 계속 거주해야 해당 지역 우선공급 대상자로 인정합니다.

그렇다면 해당 지역 내 경쟁이 있을 때 누가 먼저 당첨이 될까요? 배점 총점이 높은 순으로 당첨자를 선정하며 만약 점수가 동일하다면 추첨을 통해 최종 선정합니다.

추첨공급, 아직 기회는 있다

우선공급 또는 일반공급의 소득 기준을 충족하지 못하더라도 맞벌이 부부 중 세대의 월평균 소득이 전년도 도시근로자 월평균 소득의 150% 초과, 200% 이하라면 남은 물량은 일반공급의 낙첨자를 포함해서 추첨으로 당첨자를 선정합니다. 추첨공급은 해당 지역 거주자를 우선하여 당첨자를 선정하는데 동일 지역에서 경쟁이 있을 때는 무작위로 추첨하여 당첨자를 선정합니다.

• 신생아 특별공급 당첨자 선정 방식

* 배점 동점 시 추첨으로 선정
** 해당 지역 거주자 중 낙첨한 사람들 모두 기타 지역에 포함하여 당첨자 선정

03 1939를 위한 주택의 새 이름, 청년 특별공급

수많은 변화에 변화를 거듭하고 있는 주택청약. 그중 큰 관심을 받은 제도 중 하나가 2022년 12월에 등장한 '청년 특별공급'일 겁니다. 신혼부부, 다자녀, 생애

· 청년 특별공급

구분	공공주택	
	선택형(6년 공공임대)	**나눔형**(이익공유형/토지임대부)
주택 유형	임대 후 분양전환 가능	분양
공급 물량	15% 범위	
주택 규모	전용면적 60㎡ 이하	
청약통장	· 가입 후 6개월 경과 · 납입인정회차 6회 이상	
신청 자격	· 19세 이상~39세 이하의 혼인 중이 아닌 자로 과거 주택 소유 사실이 없는 무주택자 · 자산 요건 충족(총자산은 본인 기준과 부모 기준 모두 충족하여야 함) · 본인의 월평균 소득이 전년도 도시근로자 가구원수별 월평균 소득의 140% 이하	
당첨자 선정 방식	· 우선공급(30%) 　⇨ 근로자 또는 자영업자, 과거 1년 내에 소득세 납부자 중 5년 이상 소득세 납부한 자 · 잔여공급(70%)	
특이사항	1인 1주택의 기준으로 공급하며 청년이 속한 세대의 다른 세대구성원이 주택을 소유한 경우에도 청약 가능	

최초와 같이 기혼자, 다자녀 세대에 집중되던 특별공급 유형이 청년 1인 가구까지 확대되었습니다.

'주택공급 대상자 선정 시 가점 요인인 무주택 기간, 부양가족수 등에 있어 상대적으로 불리한 위치에 있는 청년계층의 주택 마련 기회를 확대하기 위하여 도입'했다는 취지에서 엿볼 수 있듯 성실하게 일하며 내 집 마련을 꿈꾸는 19세 이상, 39세 이하(1939)를 위한 유형입니다.

청년 특별공급은 아쉽게도 민영주택에는 없고 LH와 같은 공공주택사업자가 공급하는 공공주택 가운데 전용면적 60㎡ 이하인 소형 주택에서만 만날 수 있습니다. 공공주택 중에서도 6년 공공임대라 불리는 '선택형 공공주택'과 이익공유형, 토지임대부 분양주택인 '나눔형 공공주택'에 각 15% 범위에서 청년 특별공급을 합니다.

• 공공주택 유형별 공급 물량 및 특징

구분	일반형	신덱형	나눔형
특징	• 시세 80% 수준 분양	• 6년간 임대 거주 후, 분양 여부 선택	• 시세 70% 이하 분양 • 시세차익 70% 보장
공급 물량	신혼부부 10% 신생아 20% 생애최초 15% 다자녀 가구 10% 기관 추천 10% 노부모 부양 5% 일반공급 30% (추첨공급 20% 도입)	청년 15% 신혼부부 10% 신생아 30% 생애최초 10% 다자녀 가구 10% 기관 추천 10% 노부모 부양 5% 일반공급 10% (추첨공급 20% 도입)	청년 15% 신혼부부 15% 신생아 35% 생애최초 15% 일반공급 20% (추첨공급 20% 도입)

☑ 청년 특별공급, 무엇이 특별할까?

먼저 무주택 세대구성원이 아닌 무주택자에게 공급하기 때문에 같은 세대에 주택을 소유한 사람이 있더라도 본인이 과거에 주택을 소유한 이력이 없다면 청약할 수 있습니다. 또한 통상 세대구성원 모두의 소득을 합산하여 소득 기준을 판단하던 것과 달리, 청년 본인의 소득만을 판단 기준으로 삼습니다.

다시 말해 **신청 자격 및 소득 기준은 '신청자 본인'만 충족**하면 됩니다.

> **TIP**
> 청년 특별공급은 1세대가 아닌, '1인' 1주택 공급이에요. 세대구성원 가운데 특별공급에 이미 당첨된 사람이 있어도 청약 신청을 할 수 있어요!

예를 들어볼까요. 등본에 나(신청자)와 부모님이 있다고 해보겠습니다. 청년 특별공급은 1인 대상 공급이므로 같은 단지에 나는 청년 특별공급, 어머니는 생애최초 특별공급으로 각각 청약할 수 있습니다. 다만 둘 다 당첨되는 경우 어머니가 당첨된 생애최초 특별공급은 1세대 1주택을 기준으로 공급하기 때문에 세대원인 나의 청년 특별공급 당첨으로 부적격 처리됩니다(다만 청년 특별공급은 1인 1주택 기준으로 공급하기 때문에 본인의 당첨 사실로만 해당 자격을 판단하여 다른 부적격 사유가 없다면 적격 처리).

두 번째는 총자산입니다. 소득은 본인만 적용했지만 **총자산은 본인뿐 아니라 '부모(세대 분리된 경우에도 포함)'까지 포함**하여 검증합니다. 다만 나와 부모님 총자산의 합계가 아닌, 각각의 자산 기준을 충족해야 하는 점이 특이합니다.

> **TIP**
> 총자산은 본인과 부모의 자산 합계가 아니라 본인 기준과 부모 기준을 각각 충족해야 합니다.

- **청년 특별공급 소득 및 총자산 기준**(2025년도 적용)

구분	신청자 본인		부모 (분리세대 포함)
소득 기준	가구원수별 월평균 소득 기준	1인	미적용
	월평균 소득액의 70%	2,518,715원	
	월평균 소득액의 100%	3,598,164원	
	월평균 소득액의 140%	5,037,430원	
	*월평균 소득액의 140% 이하면 신청 가능		
총자산 기준	구분 / 자녀 0명 / 자녀 1명 / 자녀 2명 이상		10억 1,100만 원 이하
	1) 2023. 3. 28 이후 출생 자녀*가 있는 경우 / − / 3억 300만 원 이하 / 3억 3,700만 원 이하		
	2) 2023. 3. 28 이후 출생 자녀*가 있는 사람 중 2023. 3. 27 이전 출생 자녀가 있는 경우 / − / − / 3억 3,700만 원 이하		
	3) 2023. 3. 27 이전 출생 자녀만 있거나 자녀가 없는 경우 / 2억 7,000만 원 이하		
	*출생 자녀에는 태아(입양 포함)를 포함하며 미성년자만 해당		

세 번째는 공고일 현재 근로자, 자영업자 또는 과거 1년 내 소득세를 납부한 자로서 5개년도 소득세를 납부했다면 우선공급 신청이 가능하여 당첨자 선정 시 유리할 수 있다는 점입니다. 신혼부부나 생애최초 특별공급처럼 '소득우선공급' 개념으로 이해하면 쉽습니다. 전체 물량의 70%를 상대적으로 월평균 소득이 낮은 세대에 우선공급하는 것처럼 **청년 특별공급은 대상 물량이 30%를 '위의 조건을 충족하는 사람'에게 우선공급**합니다. 우선공급에서 낙첨되더라도 잔여공급에서 한 번 더 경쟁할 수 있기 때문에 좀 더 유리합니다.

☑ 청년 특별공급 신청 자격 알아보기

3년 전, 어렵사리 첫 취업에 성공해서 모 기업체에 근무 중인 37세 P씨. 뒤늦게 사회생활을 시작한 탓에 모아놓은 돈이 많지 않습니다. 자취도 부담스러워 부모님 집에서 함께 살고 있는데요. 그렇다고 수도권에 내 집을 덜컥 사자니 그것도 쉽지 않습니다. 당장 결혼할 계획이 있는 것도 아니고…. 스무 살에 가입해 매달 꼬박꼬박 납입한 청약통장이 무용지물인 것만 같아 하늘이 원망스럽습니다.

내일모레 마흔을 바라보는 대한민국의 건실한 청년 P씨에게도 좋은 날이 올까요?

• **청년 특별공급 신청 자격 체크리스트**

❶	청약 신청 가능 지역에 거주하는가?	☐	청약 신청 가능 지역 76쪽 참조
❷	통장 가입 6개월 경과, 납입 회차 6회 이상인가?	☐	청약통장 56쪽 참조
❸	[본인] 19세 이상, 39세 이하로서 혼인 중이 아니며 과거 주택을 소유한 사실이 없는가?	☐	
❹	[본인] 월평균 소득이 전년도 도시근로자 가구원수별 월평균 소득의 140% 이하인가?	☐	소득 기준 90쪽 참조
❺	본인의 자산 기준과 부모의 자산 기준을 각각 충족하는가?	☐	
❻	[본인] 과거 특별공급 당첨 사실 또는 재당첨 제한 기간 중에 있는가?	☐	
❼	[우선공급 신청자만 해당] 공고일 현재 근로자 또는 자영업자, 과거 1년 내 소득세를 납부한 자로서 과거 5년 이상 소득세를 납부하였는가?	☐	

◉ '혼인 중'이 아닌 19세 이상, 39세 이하인가?

청년 특별공급의 기본 자격은 나이와 혼인 여부입니다. 입주자 모집 공고일 기준 신청자의 나이가 19세 이상, 39세 이하에 해당하고 혼인 중이 아니라면 1차 심사는 통과한 거죠. 여기서 '혼인 중이 아닌 자'의 의미를 짚고 넘어가겠습니다. 공고일 기준 '혼인 중이 아닌 자'는 크게 2가지 경우입니다.

❶ 지금까지 한 번도 혼인한 적 없는 경우
❷ 현재는 미혼이나 과거 혼인한 적이 있는 경우(이혼, 사별 등)

이 중 누가 청년 특별공급에 신청할 수 있을까요? ❶, ❷ 모두 가능합니다. 청년 특별공급의 신청 자격이 명시된 「공공주택특별법 시행규칙」 별표를 보면 '청년'의 정의를 다음과 같이 설명하고 있습니다.

'19세 이상, 39세 이하로 혼인 중이 아니며 과거 주택을 소유한 사실이 없는 사람으로 한정한다. 이하 이 별표에서 같다'

공고일 현재 혼인 중이 아니라면 혼인한 적이 있더라도 신청 자격이 주어진다는 뜻입니다. 그렇다면 공고일 현재 자녀가 있는 경우 신청할 수 있을까요? 가능합니다. 신청 자격에 자녀의 유무를 제한하지 않기 때문입니다.

◉ 과거 단 한 번이라도 주택을 소유한 적이 있는가?

태어나서부터 공고일 현재까지 무주택자여야 합니다. 물론 「주택공급에 관한 규칙」 제53조에 따른 '무주택'으로 간주하는 주택을 소유하고 있다면 당연히 예외로 봅니다. 만약 부모가 유주택자여도 가능할까요? 네. 가능합니다. 주택 소유 여부는 신청자 '본인'만 보기 때문입니다.

◉ 소득과 총자산 기준을 충족하는가?

소득은 본인에 한정하여 검증하며 본인의 월평균 소득이 전년도 도시근로자 가구원수별 월평균 소득의 140% 이하여야 합니다(2025년도 기준 5,037,430원 이하).

자산은 일반적인 부동산(건물+토지) 자산과 자동차가액이 아닌 '총자산' 개념을 적용하며 본인과 부모에 대한 적용 기준이 각기 다릅니다. 둘 중 하나라도 기준 금액을 초과하면 입주자로 선정될 수 없습니다.

> **TIP**
> 총자산 = [부동산(건물+토지)+자동차+기타자산+금융자산] - 부채
> * 자세한 자산 유형별 기준은 LH 사전청약 > 나눔형 분양주택 입주자 모집 공고문 참조

◉ 5개년도 이상 소득세를 납부했다면 우선공급으로 신청 가능

청년 특별공급에서 '공고일 현재 근로자 또는 자영업자, 과거 1년 내 소득세를 납부한 자로서 5년 이상 소득세 납부한 자'라는 조건은 신청을 위한 '필수 조건'은 아닙니다. 그러나 위의 조건에 해당한다면 '우선공급' 자격으로 신청할 수 있습니다. 대상 물량의 30%를 위의 조건에 해당하는 사람 가운데 가점이 높은 순으로 당첨자를 선정합니다. 만일 상대적으로 낮은 가점으로 떨어졌다고 해도 낙담은 이릅니다. 남은 물량에서 한 번 더 기회가 주어지기 때문입니다.

✅ 청년 특별공급 가점표 작성하기

자, 신청 자격 확인이 모두 끝났다면 가점표 항목을 좀 더 자세히 살펴봐야 합니다. 결국 우선공급이든 잔여공급이든 경쟁 발생 시 '가점이 높은 순'으로 당첨자를 선정하기 때문이죠. 그렇다고 무턱대고 높은 가점을 선택할 수는 없습니다. 당첨 후 검증 과정에서 부적격 당첨자가 될 수 있으므로 항목별 작성 기준을 정

• 청년 특별공급 가점표

우선공급 항목	평점 요소	총가점	기준	점수	비고
✓	① 신청자 본인 월평균 소득	3	70% 이하	3	소득 기준 90쪽 참조
			70% 초과~100% 이하	2	
			100% 초과	1	
✓	② 해당 시·도 연속 거주 기간	3	2년 이상	3	신청자가 공고일 현재 시·도 (시는 특별시·광역시·특별자치시 기준이고, 도는 도·특별자치도 기준)에서 주민등록표 등본상 계속해서 거주한 기간을 말하며 해당 지역에 거주하지 않은 경우 0점
			1년 이상~2년 미만	2	
			1년 미만	1	
			미거주	0	
✓	③ 주택청약 종합저축 납입인정회차	3	24회 이상	3	
			12회 이상~24회 미만	2	
			6회 이상~12회 미만	1	
	④ 소득세를 납부한 기간	3	5년 이상	3	「소득세법」 제19조 또는 제20조에 해당하는 소득세를 말하며 납부할 세액이 없는 경우를 포함 (소득세 납부 실적이 없는 경우 0점)
			3년 이상 5년 미만	2	
			3년 미만	1	
			해당 없음	0	
우선공급 경쟁 시 가점합계		9	① + ② + ③		
잔여공급 경쟁 시 가점합계		12	① + ② + ③ + ④		

확히 알아야 합니다.

　가점 항목은 총 4가지입니다. 우선공급이든 잔여공급이든 청약 신청 시 ❶~❹ 항목을 모두 확인해야 합니다. 잔여공급은 소득세 납부 실적이 5년 이상이 안 되는 사람들을 대상으로 합니다. 총 12점 만점이며 가점표에서 확인할 수 있듯 소득세 납부 실적이 많을수록 높은 점수를 얻습니다.

📍 해당 시·도 연속 거주 기간에서 '시'는 경기도 'OO시'일까?

해당 시·도 거주 기간은 공고일 현재 주민등록표등·초본상 계속해서 거주한 기간으로 합니다. '시'는 '특별시·광역시·특별자치시'만 해당하고 '도'는 '도·특별자치도' 기준입니다. 만약 경기도 고양시에서 공급하는 주택의 청약자 본인이 공고일 현재 3년간 경기도 과천시에 계속해 거주 중이라면 가점표에 2년 이상(3점)으로 신청하면 됩니다.

만약 공고일 현재 인천광역시에 거주 중이라면 어떨까요? 경기도 거주자가 아니므로 연속 거주 기간은 미거주(0점)에 해당합니다. 인천광역시에서 공급하는 주택에 청약하는 경우에는 어떨까요? 시는 특별시, 광역시, 특별자치시만 해당하기 때문에 연속 거주 기간은 인천광역시에만 한정하여 산정해야 합니다. 서울특별시의 경우도 마찬가지겠죠.

📍 우선공급을 위한 소득세 납부 실적은 공고일 현재 근로 여부 확인부터

공고일 기준 약 3년 동안 무직으로 쉬고 있는 30세 L씨. 현재 미혼이고 한 번도 내 집을 가져본 적이 없습니다. 3년 전 실직하기 전까지는 6년 동안 자동차 부품을 제조하는 회사에서 회계 업무를 도맡아 했습니다. 청년 특별공급을 알아보니 나이도 맞고 미혼에 평생 무주택자인 본인을 위한 특별공급 같습니다. 게다가 5년 이상 소득세 납부 실적도 있습니다. 청년 특별공급에 우선공급으로 청약해볼까 하는데 가능할까요?

결론부터 말하면 청년 특별공급 신청은 가능합니다. 그렇지만 '우선공급' 신청은 불가능합니다. 청년 특별공급의 우선공급 대상자는 기본 신청 자격을 갖춘 자 중 현재 근로자 또는 자영업자(과거 1년 내에 소득세를 납부한 경우 포함)로서 본인이 5년 이상 소득세를 납부한 경우입니다. 공고일 현재 근로자 또는 자영업자도 아니고 게다가 과거 1년 내에 소득세를 납부한 적이 없는 L씨에게 6년 치 소득세 납부 실적은 우선공급에서만큼은 무용지물입니다.

급한 마음에 청약 자격을 꼼꼼하게 확인하지 않고 신청했다가는 당첨되더라도 계약을 못 할 수 있으니 우선공급 신청 시 유의해야 합니다.

> **TIP**
> 소득세는 「소득세법」 제19조(사업소득) 또는 제20조(근로소득)에 해당하는 소득에 대하여 납부하는 것을 말하며 해당 소득세 납부의무자이나 소득공제·세액공제·세액감면 등으로 납부의무액이 0원인 경우도 납부한 것으로 봅니다.

잔여공급을 위한 소득세 납부 산정 기준은 다르다

그러나 여기서 알아야 할 것이 있습니다. 우선공급과 달리 잔여공급에서는 공고일 현재 근로자 또는 자영업자 여부 등의 조건은 충족하지 않아도 됩니다. 오로지 과거 소득세 납부 실적만을 가지고 기간을 선택하면 됩니다. 만약 공고일 현재 무직이고 과거 1년 내 소득세 납부 실적이 없어도 2010년부터 2017년까지 8년 동안 소득세를 납부했다면 5년 이상(3점)에 체크하면 됩니다.

공고일 현재 근로자 또는 자영업자 등의 여부는 '우선공급' 신청 자격에만 해당한다는 점, 잊지 마세요.

> **TIP**
> 우선공급 자격 요건 및 잔여공급 가점 항목 중 근로 기간 소득세 납부는 연속이 아닌 소득세를 납부한 연도의 개수를 의미합니다.
> 예) 2013, 2015, 2017, 2018, 2019, 2021년도 소득세 납부 → 6개년(5년 이상)

✔ 청년 특별공급에 당첨되려면?

소득세 납부 실적이 5년 이상인 사람에게 30%를 우선공급

청년 특별공급 물량의 30%는 근로자 또는 자영업자 또는 과거 1년 내 소득세를 납부한 자로서 5개년 이상 소득세 납부 실적이 있는 '우선공급' 신청자들에게 먼저 당첨자 선정 기회가 주어집니다. 우선공급 신청자 가운데 경쟁이 발생한다면 다른 특별공급 유형과 마찬가지로 '지역 우선공급' 원칙에 따라 해당 지역 거주자가 우선합니다. 만약 같은 지역 내에서 경쟁이 발생한다면 가점이 높은 순입니다. 가점이 같다면 무작위 추첨으로 당첨자를 선정합니다.

📍 남은 물량은 우선공급 낙첨자와 잔여공급 신청자를 대상으로

소득세 납부 실적이 없거나 우선공급 경쟁에서 떨어졌다고 해도 여전히 기회는 있습니다. 청년 특별공급의 기본 신청 자격을 충족하는 잔여공급 대상자를 위한 물량이 최소 70% 이상 남아 있기 때문입니다.

잔여공급 경쟁 시에는 소득세 납부 기간이 중요한 당첨 요인입니다. 가점표 항목에서 볼 수 있듯 5년 이상 소득세를 납부한 경우에는 최고점인 3점, 3년 이상 5년 미만은 2점, 3년 미만은 1점, 소득세 납부 실적이 없는 경우는 0점이므로 실제 납부한 기간이 길수록 당첨 확률이 그만큼 높아집니다.

• 청년 특별공급 당첨자 선정 방식

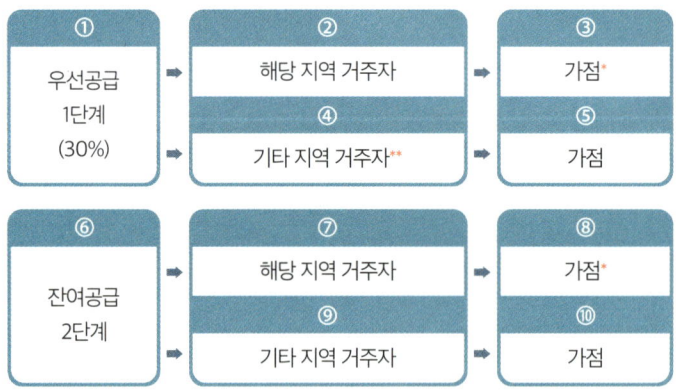

* 동점자는 추첨으로 선정
** 해당 지역 거주자 중 낙첨한 사람들 모두 기타 지역에 포함하여 당첨자 선정

04 신혼부부 특별공급, 새로운 시작을 위한 따뜻한 보금자리

✔ 신혼부부 특별공급: 신혼부부에게 따뜻한 보금자리를!

- 신혼부부 특별공급

주택구분	민영주택	국민주택 「공공주택특별법」 미적용	공공주택
공급 물량	23% 범위	30% 범위	10% 범위(일반형) 10% 범위(선택형) 15% 범위(나눔형)
주택 규모	전용면적 85㎡ 이하		
청약통장	• 가입 후 6개월 경과 • 예치 기준 금액 이상	• 가입 후 6개월 경과	• 납입인정회차 6회 이상
신청 자격	• 혼인 기간 7년 이내 • 입주자 모집 공고일 기준 무주택 세대구성원일 것 • 소득 또는 자산 기준 충족 • 2세 미만(2세가 되는 날 포함) 자녀* 　* 신생아 우선공급/일반공급에 청약하는 경우		• 혼인 기간 7년 이내 또는 6세 이하 자녀(태아 포함)를 둔 신혼부부 • 예비 신혼부부 • 6세 이하 자녀(태아 포함)를 둔 한부모가족 • 입주자 모집 공고일 기준 무주택 세대 구성원일 것 • 소득, 자산 기준 모두 충족
당첨자 선정 방식	• 신생아 우선공급(25%) • 신생아 일반공급(10%) • 우선공급(25%) • 일반공급(10%) • 추첨공급		• 소득우선공급(70%) • 소득일반공급(20%) • 추첨공급

신혼부부 특별공급은 당장 주택 마련이 어려운 신혼부부에게 주택 마련의 기회를 확대하여 결혼 및 출산을 장려하기 위해 2008년 7월 최초로 등장했습니다. 민영주택 내에서 가장 많은 물량을 배정하고 있기 때문에 일반공급 당첨이 어려운 신혼부부라면 한번 도전해볼 만합니다.

신혼부부 특별공급 민영주택, 국민주택 또는 「공공주택특별법」을 적용받는 공공주택 여부에 따라 신청 자격과 당첨자 선정 방법이 조금씩 다릅니다.

민영주택 및 국민주택(「공공주택특별법」 미적용) **신혼부부 특별공급**은 다음의 공통 체크리스트 3가지와 신혼부부 체크리스트 4가지 조건을 모두 만족하면 신청이 가능합니다. 다음을 통해 하나씩 확인해보겠습니다.

· [공통] 신혼부부 특별공급 신청 자격 체크리스트

❶	청약 신청 가능 지역에 거주하는가?	☐	청약 신청 가능 지역 76쪽 참조
❷	[민영] 통장 가입 6개월 지나고 예치 기준 금액 이상인가? [국민(공공)] 통장 가입 6개월 지나고 납입 회차 6회 이상인가?	☐	청약통장 56쪽 참조
❸	과거 특별공급 당첨 사실 또는 재당첨 제한 기간 중에 있는가? (단, 배우자의 혼인 전 이력은 배제) *2024년 6월 19일 이후 출생 자녀가 있는 경우, 신청자 본인 및 배우자의 과거 특별공급 당첨 이력 배제(1회)	☐	특별공급 당첨 이력 1회 배제 24쪽 참조

· 민영·국민주택(「공공주택특별법」 미적용) **신혼부부 특별공급 신청 자격 체크리스트**

❶	혼인 기간 7년 이내인가?	☐	
❷	입주자 모집 공고일 현재 무주택 세대구성원인가?	☐	
❸	소득 기준 또는 자산 기준을 충족하는가?	☐	소득 기준 90쪽 참조
❹	[민영, 국민] (신생아 우선/일반공급) 2세 미만(2세가 되는 날 포함)의 자녀가 있는가?	☐	

◉ 혼인 기간이 7년 이내인가?

모집 공고일 기준, 혼인 기간이 7년 이내(혼인 신고일 기준)여야 합니다. 예를 들어, 혼인 신고일이 2025년 5월 1일인 부부라면 2032년 5월 1일 이전까지 모집 공고하는 주택에 특별공급 신청이 가능합니다. 재혼한 신혼부부도 동일하게 적용되지만 같은 사람과 재혼하는 경우 혼인 기간은 재혼일이 아닌 이전 혼인 기간을 합산하여 계산합니다.

> **TIP**
> 혼인관계증명서는 '상세내역'으로 발급해야 합니다. 상세내역으로 발급해야 본인의 혼인 이력과 동일인과의 재혼 여부 모두 확인할 수 있기 때문이에요!

◉ 입주자 모집 공고일 현재 무주택 세대구성원인가?

신혼부부 특별공급 청약을 위해서는 모집 공고일 현재 세대원 전원이 무주택 세대구성원이어야 하는 요건 외에도 부부 모두 혼인 신고일부터 입주자 모집 공고일까지 계속하여 무주택이어야 했지만 이번 제도 개편으로 입주자 모집 공고일 기준에만 무주택 세대구성원이면 청약이 가능해졌습니다. 관련 사례를 통해 하나씩 살펴보겠습니다.

- **잠시 부모님 집에서 함께 거주한 30대 부부**

[사례1] 2년 전 결혼한 A씨는 전세 자금 문제로 잠시 부모님 소유의 주택에 전입하여 3개월 정도 함께 살다 현재는 분가하여 배우자와 함께 살고 있습니다. 본인의 기타 신청 자격은 문제가 없으나 부모님이 주택을 소유한 사실 때문에 신혼부부 특별공급에 당첨 시 부적격자가 되지 않을까 걱정입니다.

　◎ 세대구성원의 범위는 공고일을 기준으로 하기 때문에 A씨처럼 결혼 후 유주택자인 부모님과 같이 살았더라도 공고일 전에 별도 세대를 구성하였다면 부모님의 주택 소유는 문제되지 않습니다. 또한 혼인 기간 동안 신청자 및 세대원이 주택을 소유한 사실이 있더라도 공고일 기준 신청자 및 세대원이 무주택 세대구성원이면 신혼부부 특별공급 청약 신청이

가능합니다.

• **주택을 소유했다가 매도한 부부**

사례 2 B씨는 결혼 후 부모님이 돌아가시면서 아파트 한 채를 단독 상속받았으나 상속 직후인 2018년 5월 매도했습니다. 이런 경우 신혼부부 특별공급 청약 신청이 가능할까요?

➔ 먼저 주택을 공유지분(한 주택의 소유권을 여러 사람과 나누어 가짐)으로 상속받았는지, 단독(한 주택의 소유권 전체를 단독으로 소유함)으로 상속받았는지에 따라 신청 가능 여부가 달라집니다.

상속으로 주택의 공유지분을 취득 후 처분했다면 주택을 소유하지 않은 것으로 보기에 청약 신청이 가능합니다. 다만 단독으로 혹은 지분 전체를 상속받은 경우 주택을 소유했던 것으로 봅니다.

그렇다면 단독으로 주택을 상속받았다면 B씨는 신혼부부 특별공급 청약 신청이 절대 불가능할까요? 혼인 기간 중 주택을 소유한 적이 있더라도 공고일 기준 무주택세대구성원이라면 신청이 가능합니다.

2세 미만(2세가 되는 날 포함)의 자녀가 있는가?

청약제도 안내 ▶
APT ▶ 특별공급
소득 기준

2024년 3월 25일 「주택공급에 관한 규칙」 개정으로 새롭게 추가된 민영주택 및 국민주택(「공공주택특별법」 미적용)의 청약 요건입니다. 신혼부부 특별공급의 공급 물량의 35%를 2세 미만의 신생아 가구에 우선 배정합니다. 25%는 신생아 가구 중 소득이 더 낮은 신생아 우선소득 가구에 공급하며 10%는 일반소득 요건을 충족한 신생아 가구에 공급합니다.

소득 기준을 충족하는가?

신혼부부 특별공급은 물량의 35%를 소득 기준을 충족한 자 중 신생아 가구에 우선 배정(신생아 우선공급)하며 또 35%는 소득 기준을 충족한 자에게, 남은 물량은 추첨으로 공급합니다. 소득 기준은 전년도 도시근로자 가구원수별 월평균 소득 기준의 140% 이하(맞벌이는 160% 이하)입니다.

그러나 소득 기준을 충족한 신청자 가운데 일정 물량을 월평균 소득 기준의 100% 이하(맞벌이는 120% 이하)에게 우선공급하기 때문에 기본 소득 기준보다 조금 더 낮은 우선소득 신청자라면 좀 더 유리합니다.

> **TIP**
> 신혼부부가 둘 다 소득이 있는 맞벌이인 경우 부부 중 한 사람의 소득은 외벌이 소득 기준 이하여야 합니다.

소득 기준을 초과해도 자산 기준을 만족한다면 신청 가능!

월평균 소득 기준을 초과했나요? 실망하기엔 아직 이릅니다. 소득 기준을 초과해도 해당 세대의 부동산가액 기준이 3억 3,100만 원 이하라면 신혼부부 특별공급 물량 중 추첨공급에 배정된 30%에 신청할 수 있습니다.

> **TIP**
> 자산 보유 기준은 변동될 수 있으니 반드시 공고문 확인하기!
> 다음은 자산 기준의 충족 여부를 판단하는 자산 보유 기준입니다.
> - 자산 보유 기준: 「국민건강보험법 시행령」 제42조제1항에 따른 보험료 부과점수의 산정 방법에서 정한 재산등급 29등급에 해당하는 재산금액의 상한과 하한을 산술평균한 금액
>
> 재산금액이 변동되면 자산 보유 기준도 변동될 수 있으니 신청하려는 주택의 공고문을 반드시 확인해야 합니다!

05 민영주택 신혼부부 특별공급 당첨되기

☑ 신생아 자녀가 있는 가구에 35% 공급

기존에는 신혼부부 특별공급 물량의 70%에 달하는 물량을 소득 기준을 만족한 신혼부부를 위해 배정했습니다. 그러나 저출산 대책의 일환으로 신생아 자녀가 있는 신혼부부에게 신혼부부 특별공급 물량의 일부를 우선공급하는 신생아 우선공급 제도가 2024년 3월에 도입되었습니다. 이에 따라 신혼부부 특별공급 물량의 35%는 신생아 기준과 소득 기준을 충족하는 사람에게, 또 35%는 신생아는 없지만 소득 기준을 충족한 가구에 공급합니다.

- 민영주택 신혼부부 특별공급의 당첨자 선정 단계

단계	구분	공급 비율
1단계	신생아 우선공급	25%
2단계	신생아 일반공급	10%
3단계	우선공급	25%
4단계	일반공급	10%
5단계	추첨공급	-

※ 각 단계별 낙첨자는 다음 단계 공급 대상에 포함되나 2단계 신청자 중 낙첨자는 3단계에 포함되지 않고 4단계 공급 대상에 포함됨

신생아 기준을 충족한 사람 중 소득에 따라 신생아 우선공급(25%), 신생아 일반공급(10%)으로 구분하여 공급하며 다음과 같이 순차적으로 당첨자를 선정합니다.

- 신생아 기준을 충족한 민영주택 신혼부부 특별공급 당첨자 선정 방식

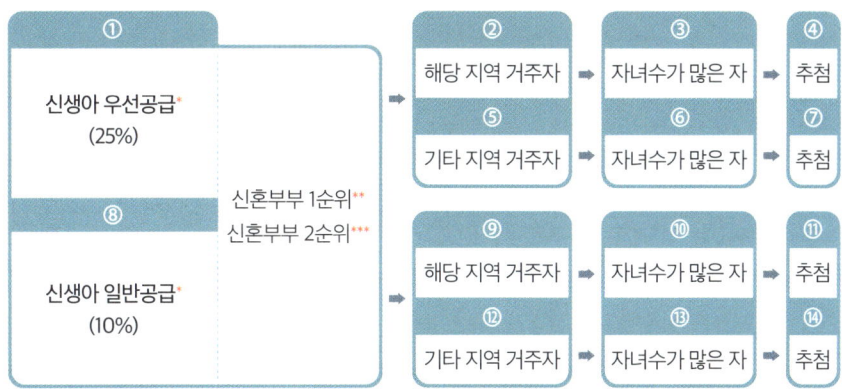

* 신생아 우선공급에서 경쟁이 있을 때 신혼부부의 순위는 고려하지 않고 ②~⑦의 순서로 당첨자 선정하며 신생아 우선공급에서 당첨자 선정을 마치고 남는 물량은 신생아 일반공급에서 ⑨~⑭의 순서로 당첨자 선정
** 현재 혼인관계에 있는 배우자와 혼인 기간 중 자녀를 출산(태아, 입양 자녀 포함)하여 미성년 자녀가 있는 분
*** 자녀가 없는 분

◎ 신생아가 있는가?

신생아 우선공급 또는 신생아 일반공급으로 공급받으려면 먼저 신생아 기준을 충족해야 합니다. 신생아 기준은 입주자 모집 공고일 현재 2세 미만(2세가 되는 날 포함)의 자녀가 있는 신혼부부이며 이를 충족할 경우 신생아 우선공급 또는 신생아 일반공급 자격으로 청약을 신청할 수 있습니다.

◎ 소득 기준을 충족하는가?

신생아 자녀만 있다고 해서 신생아 우선공급 또는 신생아 일반공급으로 청약 신청할 수 있는 것은 아닙니다. 신생아 기준과 함께 소득 기준을 충족해야 합니다.

신생아 우선공급으로 신청하기 위한 소득 기준은 아래와 같습니다. 어떤 소득 구분에 해당하느냐에 따라 신생아 우선공급 또는 신생아 일반공급 중 하나로 청약할 수 있습니다.

- 민영주택 신혼부부 특별공급 내 신생아 소득 기준

구분	소득 기준
신생아 우선공급 (25%)	세대의 월평균 소득이 전년도 도시근로자 가구원수별 월평균 소득의 100% 이하 (맞벌이는 120% 이하*)
신생아 일반공급 (10%)	세대의 월평균 소득이 전년도 도시근로자 가구원수별 월평균 소득의 100% 초과 140% 이하 (맞벌이는 120% 초과 160% 이하**)

* 부부 중 1인의 소득은 100% 이하여야 함
** 부부 중 1인의 소득은 140% 이하여야 함

📍 자녀가 있는가? 신혼부부 1순위

이 조건에 만족하려면 현재 혼인관계에 있는 배우자와의 혼인 기간 중 출산 또는 입양한 자녀가 있어야 합니다. 임신 중이어도 인정되며 현재 혼인관계인 배우자와 혼인 신고일 전에 출산한 경우도 인정됩니다. 이 조건에 만족한 경우 1순위, 그렇지 않은 경우는 2순위라고 합니다.

하지만 여기서 유의할 점은 신생아 우선공급과 신생아 일반공급 단계에서 경쟁 시 신혼부부 순위와 상관없이 지역 → 자녀수 → 추첨의 순서로 당첨자를 선정한다는 점입니다.

대신 신생아 우선공급과 신생아 일반공급 단계에서 낙첨된 사람은 다음 단계에서 **경쟁**(3단계, 4단계)**이 있을 때** 순위를 적용하여 당첨자를 선정합니다.

💡 TIP

'순위'라는 단어를 혼동하지 말자!

민영주택 신혼부부 특별공급과 일반공급 모두에서 사용하고 있는 '순위'는 각각 다른 의미입니다.
- 신혼부부 특별공급의 '순위': 자녀가 있는지 여부에 따른 분류
- 일반공급의 '순위': 지역별·규모별 청약통장 예치금액 및 가입금액 등에 따른 분류

📍 경쟁이 발생한다면 해당 지역 거주자가 우선

앞의 당첨자 선정 방식 표와 같이 신생아 우선공급 또는 신생아 일반공급 신청자가 모집 세대수보다 같거나 더 많아서 경쟁이 있을 때 지역 우선공급을 적용하여 당첨자를 선정합니다.

모집 공고일 기준, 신청하려는 단지의 해당 주택건설지역 거주자면 됩니다. 단, 거주자 우선공급을 위한 거주 기간이 있는 경우 일정 기간 이상 해당 지역에 계속 거주해야만 해당 지역 우선공급 대상자로 인정됩니다.

📍 미성년 자녀수가 같다면 추첨

해당 지역에서 경쟁이 발생하면 어떻게 될까요? 미성년 자녀가 더 많은 신청자가 먼저 당첨됩니다. 즉, 동일 지역에서 경쟁한다면 미성년 자녀가 많은 신청자가 유리합니다. 자녀의 수까지 같다면 추첨으로 선정합니다.

📍 낙첨되었다면? 다음 단계에서 또 한 번의 기회가 있다

신생아 우선공급에서 경쟁이 발생하여 ❷~❼의 순서에서 당첨자로 선정되지 못하면 다음 단계인 신생아 일반공급 대상자가 됩니다. 즉, 신생아 일반공급 단계에서는 신생아 우선공급 낙첨자와 신생아 일반공급 신청자가 선정 대상에 포함되므로 또 한 번의 기회가 있는 셈입니다. 따라서 낙첨자를 포함하여 ❾~⓮의 순서에 따라 신생아 일반공급 당첨자를 선정하게 됩니다.

그럼 신생아 일반공급 낙첨자는 어떻게 될까요? 신생아 우선공급 낙첨자가

이동하는 방식과는 조금 달라집니다. 신생아 일반공급 낙첨자 가운데 신생아 우선공급 신청자는 3단계인 우선공급 단계에 포함됩니다. 반면 신생아 일반공급 낙첨자 중 신생아 일반공급 신청자는 우선공급 단계(3단계)를 거치지 않고 바로 4단계인 일반공급 단계에 포함됩니다. 신생아 우선공급으로 신청했는지, 신생아 일반공급으로 신청했는지에 따라 낙첨자가 이동하는 방식이 달라지는 것입니다.

- 신생아 우선공급 및 일반공급의 당첨자 선정 단계

단계	구분	신생아 우선공급	신생아 일반공급
1단계	신생아 우선공급(25%)	청약 신청	
2단계	신생아 일반공급(10%)	낙첨 시 포함	청약 신청
3단계	우선공급(25%)	낙첨 시 포함	
4단계	일반공급(10%)	낙첨 시 포함	낙첨 시 포함
5단계	추첨공급	낙첨 시 포함	낙첨 시 포함

☑ 신혼부부 특별공급, 당첨 기회가 한 번 더!

◉ 본인의 혼인 전 당첨 이력은 묻지 않는다

결혼 7년 차에 접어든 신혼부부 S씨와 L씨, 청약 당첨의 꿈을 키워가던 중 마음에 드는 아파트의 공고를 보고 신혼부부 특별공급 청약 신청 자격을 따져보기로 했습니다. 그런데 S씨와 L씨 모두 혼인 전 생애최초 특별공급과 이전기관 종사자 특별공급에 당첨된 사실을 알게 되었습니다. 남편인 L씨의 혼인 전 특별공급 당첨이력만 있었다면 2024년 3월에 개정된 제도에 따라 배우자가 혼인 전 특별공급에 당첨되어 각종 제한을 받고 있더라도 청약을 신청할 수 있지만 신청자 S씨의 특별공급 당첨 이력도 있어 난감한 상황입니다. 이 부부는 '신혼부부 특별공급'에 신청할 수 있을까요?

신청이 가능합니다. 이번 개정으로 배우자뿐만 아니라 신청자 본인의 혼인 전 당첨 이력도 1회에 한하여 배제됩니다. 즉, 본인이 특별공급에 당첨된 적이 있거나 과거 당첨으로 인한 재당첨 제한으로 신혼부부 특별공급 청약을 못하는 상태라 하더라도 혼인 전 당첨 사실이라면 본인 기준 1회에 한해 해당 제한이 없는 것으로 간주하고 신혼부부 특별공급 당첨이 가능하기 때문입니다.

📍 출생 자녀가 있다면 특별공급 당첨 기회가 한 번 더

여기서 끝이 아닙니다. 2024년 6월 19일 이후 출생한 자녀(임신, 입양 포함)가 있는 가구는 본인 또는 배우자의 과거 특별공급 당첨 사실이 있더라도 세대 기준 1회에 한하여 신혼부부 특별공급에 한 번 더 당첨될 수 있습니다. 현재 임신 중인 S씨가 2025년에 출산을 한다면 기존에 '혼인 특례'를 통해 특별공급에 당첨되었더라도 신혼부부 특별공급에 한 번 더 신청할 수 있습니다.

또한 출생 자녀가 있다면 부부가 주택을 소유한 경우에도 청약 신청이 가능합니다. 단, 당첨된 주택의 소유권이전등기 전까지는 소유 주택을 처분해야 하며 기존 주택 보유로 자산 요건을 충족하지 못하는 사례를 방지하기 위하여 자산 산정 시 기존 보유 주택은 제외하니 참고하세요(단, 공공주택은 자산 산정 대상에 포함).

✅ 소득 기준을 충족한 사람에게 35% 공급

신혼부부 특별공급 물량의 35%는 소득 기준을 충족한 신혼부부에게 배정합니다. 소득 기준을 충족한 경우, 다음과 같이 순차적으로 당첨자를 선정합니다.

• **소득 기준을 만족한 민영주택 신혼부부 특별공급 당첨자 선정 방식**

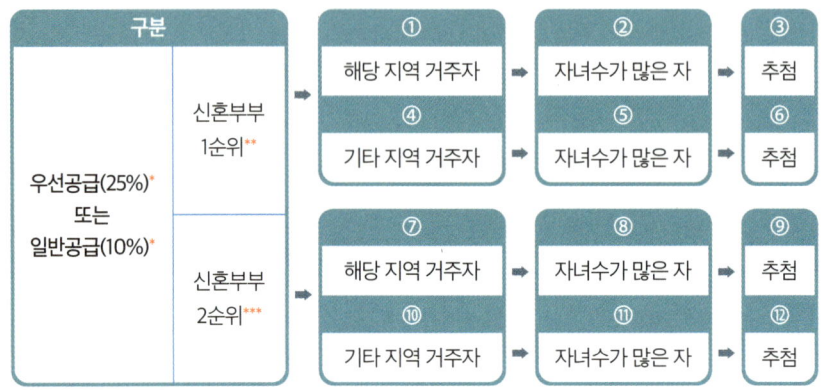

* 신혼부부 1순위자를 우선하여 ①~⑥ 순서대로 당첨자를 선정하며 1순위 선정을 마치고 남은 물량이 있으면 2순위 중에서 ⑦~⑫의 순서대로 당첨자 선정
** 현재 혼인관계에 있는 배우자와의 혼인 기간에 자녀를 출산(임신, 입양 포함)하여 미성년 자녀가 있는 분
*** 자녀가 없는 분

◉ 소득우선공급 기준을 만족하는가?

신혼부부 특별공급 물량의 25%는 우선공급 기준을 충족한 신청자에게 우선 당첨의 기회를 제공합니다(우선공급 25%, 일반공급 10%).

이 기준을 만족하는 사람이 공급하려는 물량보다 적다면 다음 조건으로 넘어가지 않고 만족하는 사람 전원이 당첨자로 선정됩니다. 만약 경쟁이 발생한다면 신혼부부 1순위를 우선하여 ❶~⓬로 순차적으로 넘어가면서 당첨자를 선정합니다.

그럼 나머지 10%의 일반공급 물량은 어떻게 될까요? 우선공급 낙첨자(신생아 우선공급 낙첨자 포함)들과 일반공급 신청자(신생아 일반공급 낙첨자 포함)를 모두 포함하여 소득 여부와 상관없이 신혼부부 순위에 따라 ❶~⓬의 순서로 당첨자를 선정합니다.

• 민영주택 신혼부부 특별공급별 소득 기준

구분	소득 기준
우선공급 (25%)	세대의 월평균 소득이 전년도 도시근로자 가구원수별 월평균 소득의 100% 이하 (맞벌이는 120% 이하*)
일반공급 (10%)	세대의 월평균 소득이 전년도 도시근로자 가구원수별 월평균 소득의 100% 초과, 140% 이하 (맞벌이는 120% 초과, 160% 이하**)

* 부부 중 1인의 소득은 100% 이하여야 함
** 부부 중 1인의 소득은 140% 이하여야 함

📍 자녀가 있는가? 신혼부부 1순위

신생아 우선공급과 신생아 일반공급에서 살펴본 신혼부부의 '순위' 개념을 기억하나요? 순위 산정을 위한 자녀 기준은 앞에서 설명한 내용과 같습니다.

📍 같은 순위끼리 경쟁 시, 해당 지역이 우선

지역 우선공급을 적용하는 기준은 신생아 우선공급이나 신생아 일반공급과 같이 모집 공고일 기준, 신청하려는 단지의 해당 주택건설지역 거주자를 우선하여 선정합니다. 단, 거주자 우선공급을 위한 거주 기간이 있는 경우 일정 기간 이상 해당 지역에 계속 거주해야만 해당 지역 우선공급 대상자로 인정됩니다.

📍 미성년 자녀수가 같다면 추첨으로!

자녀수를 산정하는 기준 또한 신생아 우선공급, 신생아 일반공급과 같습니다. 1순위자 가운데 같은 지역 내에 경쟁이 발생하면 미성년 자녀가 더 많은 사람이 먼저 당첨됩니다. 즉, 동일 순위자 중 동일 지역에서 경쟁한다면 미성년 자녀가 많은 신청자가 유리합니다. 자녀의 수가 같을 경우 추첨으로 선정합니다.

☑ 자산 기준을 충족한 세대를 위한 추첨공급

일반공급 당첨자까지 선정한 후 남은 물량은 소득 기준을 초과하지만 자산 기준을 충족한 신혼부부(추첨공급 신청자)와 소득 기준 충족(신생아 우선공급, 신생아 일반공급, 우선공급, 일반공급)으로 청약 신청하였으나 낙첨한 신청자를 한데 모아 추첨으로 공급합니다. 결국 추첨공급은 소득 기준과 자산 기준 중 하나를 만족한 사람들이 모이는 '최후의 접전지'입니다.

• 민영주택 신혼부부 특별공급 추첨공급 당첨자 선정 방식

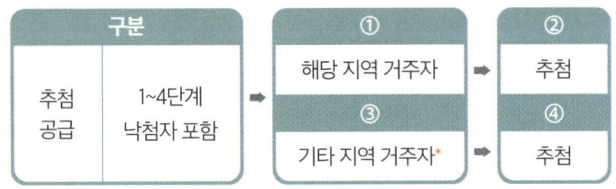

* ①~② 순서대로 당첨자를 선정하고 낙첨된 해당 지역 거주자는 ③의 기타 지역 거주자와 다시 추첨 경쟁하게 되며 이때 해당 지역 거주자 우선 선정 조건은 적용하지 않음

신혼부부 특별공급 FAQ 이것만은 알아두자!

Q1 분양권 등(소형·저가 주택 등) 소유는 무주택으로 인정되나요?

A1 「주택공급에 관한 규칙」제53조제9호 각 목의 주택 또는 분양권 등(소형·저가 주택 등)을 1호 또는 1세대만 소유한 경우 무주택자로 인정합니다. 분양권 등은 아파트의 경우 주거 전용면적이 60㎡ 이하이면서 주택 공시가격 기준 금액(수도권 1억 6,000만 원, 수도권 외 지방 1억 원) 이하인 경우에 한하고 비아파트(단독주택, 연립주택, 다세대주택, 도시형 생활주택)는 전용면적이 85㎡ 이하이면서 주택 공시가격 기준 금액(수도권 5억 원, 수도권 외 지방 3억 원) 이하인 경우에 한합니다.

면적 또는 금액 중 하나라도 기준을 벗어나면 분양권 등(소형·저가 주택 등)으로 인정받을 수 없습니다. 만약 단독주택의 전용면적이 60㎡ 이하이나 최근 공시가격이 7억 원이라면 전용면적이 기준 이하라 하더라도 공시가격 기준을 초과하므로 유주택자에 해당합니다.

Q2 부부가 각각 특별공급 중복 신청이 가능한가요?

A2 「주택공급에 관한 규칙」제55조의2에 따라 당첨자 발표일이 같은 주택에 대해 부부가 중복 청약할 수 있으며 부부 모두 입주자로 선정되는 경우 접수 일시가 빠른 당첨 건은 유효로 처리(분 단위까지 같을 경우 신청자 연령순), 접수 일시가 늦은 건은 무효로 처리합니다.

다만 부부가 아닌 세대원이 당첨자 발표일이 같은 주택에 중복 청약할 경우, 동 규칙 제41조제1항에서 '1세대 1주택'의 기준으로 특별공급할 것을 규정하고 있으므로 중복 신청으로 보고 세대원 중 1명만 당첨되더라도 부적격 처리되어 최대 1년간 청약 신청이 제한됩니다.

당첨자 발표일이 서로 다른 단지에 대해서는 부부 또는 부부가 아닌 세대원이 각각 특별공급 청약 신청이 가능하지만 둘 다 당첨되면 당첨자 발표일이 빠른 주택만 당첨이 인정됩니다. 당첨일이 늦은 단지는 특별공급 횟수 제한으로 부적격 처리됩니다.

Q3 전혼자녀도 신혼부부 특공의 1순위 요건에 해당하는 자녀에 포함되나요?

A3 재혼한 부부의 경우 이전 배우자와의 혼인관계에서 출생한 자녀는 신혼부부 특별공급의 1순위 요건을 충족시키는 자녀에는 해당하지 않습니다(현재 배우자와의 혼인 기간 내에 임신/출산 또는 입양한 자녀가 있어야 1순위에 해당).

다만 본인 또는 배우자의 전혼자녀가 신청자와 동일한 세대를 이루고 있다면 미성년 자녀에 한하여 「신혼부부 주택 특별공급 운용지침」 제7조제3항 입주자 선정 방법의 자녀수에는 포함됩니다.

Q4 지난달 첫아이가 태어났습니다. 민영주택 신혼부부 특별공급 중 신생아 일반공급 유형에 청약하려고 합니다. 만약 신생아 일반공급 경쟁에서 낙첨하면 소득우선공급 신청자와 다시 경쟁하게 되나요?

A4 아닙니다. 신생아 가구로서 일반공급에 청약한 경우 '소득 기준'에 따라 당첨자 선정 단계가 달라집니다.

신생아 우선공급(1단계) 청약자는 낙첨 시 신생아 일반공급(2단계) → 우선공급(3단계) → 일반공급(4단계) → 추첨공급(5단계) 순으로 당첨자 선정 대상에 포함되지만 2단계인 신생아 일반공급에 청약한 경우 소득 기준이 '일반공급'에 해당하므로 낙첨 시 우선공급(3단계)에 포함하지 않고 일반공급(4단계) → 추첨공급(5단계) 순으로 당첨자 선정 대상에 포함됩니다.

06 일반형·선택형 공공주택 신혼부부 특별공급 훑어보기

민영주택과 더불어 공공주택에도 신혼부부 특별공급이 있습니다. 일반형, 선택형, 나눔형 공공주택별로 약 10~15% 범위에서 공급하고 있어 신혼부부라면 관심을 가져볼 만합니다. 2022년 말 「공공주택특별법 시행규칙」 개정으로 새롭게 도입된 일반형(공공분양, 분양전환가능공공임대), 선택형(6년 공공임대), 나눔형(이익공유형, 토지임대부) 공공주택 중 나눔형 신혼부부 특별공급의 신청 자격과 당첨자 선정 방법은 신혼희망타운과 동일하기 때문에 이번 장에서는 일반형과 선택

· 공공주택 유형별 신혼부부 특별공급

구분	일반형 공공분양주택, 분양전환가능 공공임대주택	선택형 6년 공공임대주택	나눔형 이익공유형 분양주택, 토지임대부 분양주택
공급 비율	10% 범위	10% 범위	15% 범위
신청 자격	• 혼인 신고일 기준 혼인 기간 7년 이내이거나 6세 이하의 자녀를 둔 신혼부부 또는 한부모가족, 예비 신혼부부		신혼희망타운과 동일
소득 기준	• 해당 소득이 전년도 도시근로자 가구원수별 월평균 소득의 130% 이하(맞벌이는 200% 이하) * 분양전환공공임대주택으로서 가구원 수가 2인인 경우 140% 이하 (맞벌이는 200% 이하)		
자산 기준	• 부동산(토지+건물) 및 자동차 자산 조건 충족		

형 주택의 신혼부부 특별공급에 대해 살펴보겠습니다.

무엇보다 민영주택은 청약홈을 통해 청약 신청을 할 수 있는 데 반해 LH 공공분양주택, 분양전환가능공공임대주택은 LH청약플러스에서 별도로 청약 접수를 진행한다는 것을 기억하기 바랍니다.

☑ 예비 신혼부부도, 한부모가족도 신청 가능!

청약제도 안내 ▶
APT ▶ 특별공급

공공주택 신혼부부 특별공급은 혼인 기간이 7년 이내이거나 6세 이하의 자녀가 있는 신혼부부라면 신청할 수 있습니다. 또한 결혼을 앞둔 예비 신혼부부와 6세 이하의 자녀를 둔 한부모가족도 신청할 수 있습니다. 다만 가구원수별 소득 기준뿐만 아니라 자산 기준(부동산가액+자동차가액)을 충족해야 하는 점에서 민영주택에 비해 자격이 조금 더 까다롭습니다.

・**공공주택 신혼부부 특별공급 신청 자격 체크리스트**

❶	혼인 기간이 7년 이내이거나 6세 이하의 자녀(태아 포함)를 둔 무주택 세대구성원인 신혼부부인가?	☐	셋 중 하나에 해당하면 신청 가능
	혼인을 계획 중으로 해당 주택의 입주 전까지 혼인 사실을 증명할 수 있으며 혼인으로 구성할 세대원 전원이 무주택인 예비 신혼부부인가? [일반형, 선택형] 입주 전까지 혼인 사실을 증명 [나눔형, 신혼희망타운] 공고일 1년 이내에 혼인사실을 증명	☐	
	6세 이하 자녀(태아를 포함)를 둔 무주택 세대구성원인 한부모가족인가?	☐	
❷	소득 기준 및 자산 기준을 만족하는가?	☐	소득 및 자산 기준 90, 95쪽 참조

※ 특별공급 공통 체크리스트는 138쪽 참조

📍 TIP

일반형과 선택형 공공주택의 예비 신혼부부는 입주 전까지 혼인관계증명서 등의 제출을 통해 혼인관계에 대한 증빙을 해야 하며 증명이 불가할 경우 계약이 해지되고 입주가 불가합니다.

☑ 저소득 가구와 '가점'이 높은 사람이 먼저 당첨

• 공공주택 신혼부부 특별공급 당첨자 선정 방식

* 일반공급(20%)은 우선공급 신청자 중 낙첨자를 포함하며 ⑧ ⇨ ⑫ 순차로 당첨자 선정
** 추첨공급은 우선공급 및 일반공급 신청자 중 낙첨자를 포함하며 ⑬ ⇨ ⑯ 순차로 당첨자 선정

📍 소득우선공급: 소득이 낮은 가구에 우선 당첨의 기회

가장 먼저 세대의 월평균 소득이 '전년도 도시근로자 가구원수별 월평균 소득'의 100%(맞벌이는 120%) 이하인 자를 대상으로 주택형별 공급량의 70%를 '신혼부부 특별공급 우선공급 선정 방식'에 따라 공급합니다. 20%는 우선공급에서 당

첨되지 않은 사람과 일반공급(130% 이하인 신청자, 맞벌이는 140%) 신청자를 대상으로 공급하며 남은 물량은 우선공급 및 일반공급 낙첨자와 맞벌이 가운데 소득이 200% 이하인 신청자를 대상으로 추첨하여 공급합니다.

예를 들어 59A 타입에 10세대가 배정되었다면 7세대는 우선공급으로 신청한 사람이 먼저 당첨자가 됩니다. 그리고 2세대는 우선공급에서 낙첨된 사람과 일반공급 신청자를 포함하여 위의 순차에 따라 당첨자를 선정하고 남은 1세대는 우선공급 및 일반공급 낙첨자와 추첨공급 신청자를 대상으로 추첨하여 선정합니다.

• 같은 소득 내에서 경쟁 시, 1순위 신청자에게 우선 당첨 기회 제공

공공주택 신혼부부 특별공급은 바로 '순위'에 대한 기준에서 민영주택과 가장 크게 차이가 납니다. 이는 일반적으로 알고 있는 일반공급 청약통장 1, 2순위와는 다른 개념입니다.

• 공공주택 신혼부부 특별공급 순위

1순위	① 혼인 기간 중 자녀를 출산(임신, 입양 포함)하여 미성년 자녀가 있는 신혼부부 ② 「민법」 제855조제2항에 따라 혼인 중의 출생자로 인정되는 혼인 외의 출생자가 있는 경우 ③ 6세 이하 자녀를 둔 한부모가족
2순위	① 예비 신혼부부 ② 1순위에 해당하지 않는 신혼부부

소득우선공급에 신청한 청약자의 수가 공급 대상 세대수보다 많으면 경쟁이 발생하고 누구를 우선 선정할지 기준이 필요합니다. 이때 등장하는 개념이 '신혼부부 순위'입니다. 당연히 1순위가 2순위보다 우선합니다. 앞의 표를 참고하면 2순위로 분류되어 있는 예비 신혼부부보다 한부모가족이나 혼인 기간 중 자녀를 출산하여 미성년 자녀가 있는 1순위 신혼부부가 먼저 당첨된다는 것을 알 수 있습니다.

- **같은 1순위 또는 2순위 내에서 경쟁 시, 해당 주택건설지역 거주자가 유리**

같은 1순위 신청자가 몰리는 경우 누가 더 유리할까요? 모집 공고일 기준 해당 주택건설지역 거주자가 우선합니다.

단, 거주자 우선공급을 위한 거주 제한 기간이 있는 경우 일정 기간 이상 해당 지역에 계속 거주해야 해당 지역 우선공급 대상자로 인정되므로 자세한 사항은 입주자 모집 공고문에 있는 '동일 순위 내 지역 우선공급 기준'을 참고하여 본인이 해당 지역 거주 기간을 충족하는지 확인해야 합니다.

- **같은 지역 내 경쟁 시에는 '가점'이 높은 순으로**

그렇다면 같은 해당 지역 내 경쟁이 있는 경우, 누가 먼저 당첨이 될까요? 다음 가점 항목의 총점이 높은 순으로 당첨자를 선정하며 만약 점수가 동일하다면 추첨으로 선정합니다.

- **신혼부부 특별공급 가점 항목**

항목		기준	비고
공통 항목	가구 소득	해당 세대의 월평균 소득이 전년도 도시 근로자 가구원수별 월평균 소득의 80%(맞벌이는 100%) 이하인 경우: 1점	
	자녀의 수	3명 이상: 3점 2명: 2점 1명: 1점	미성년 자녀(태아 포함)
	해당 주택 건설지역 연속 거주 기간	3년 이상: 3점 1년 이상~3년 미만: 2점 1년 미만: 1점	해당 주택건설지역에 거주하는 기간(해당 지역에 거주하지 않는 경우는 0점)
	주택청약종합저축 납입 회차	24회 이상: 3점 12회 이상~24회 미만: 2점 6회 이상~12회 미만: 1점	'청약통장 순위(가입)확인서'의 납입인정회차 * 단, 청약예·부금에서 종합저축으로 전환한 경우, 전환개설일 이후의 납입인정분을 기준으로 함

혼인 기간 (신혼부부에 한함)	3년 이하: 3점 3년 초과~5년 이하: 2점 5년 초과~7년 이하: 1점	예비 신혼부부, 한부모가족은 선택 불가
자녀의 나이 (한부모가족에 한함)	2세 이하: 3점 3세 또는 4세: 2점 5세 또는 6세: 1점	가장 어린 자녀의 나이 기준으로 하되 태아인 경우 '자녀의 나이' 가점을 선택할 수 없음

> **TIP**
> 다자녀 특별공급의 '해당 시·도 거주 기간'과 신혼부부 특별공급의 '해당 주택건설지역 연속 거주 기간'은 산정 방법이 달라요!
> 만일 경기도 수원시에서 공급하는 주택에 대해서 A씨가 서울에서 2년, 인천에서 2년, 경기도 수원시에서 2년 거주했다면 다자녀 특별공급은 서울, 경기, 인천 전체를 해당 시·도로 인정하므로 '해당 시·도 거주 기간'은 6년이고 신혼부부 특별공급의 해당 주택건설지역 연속 거주 기간은 수원시만을 적용한 2년입니다.

소득일반공급: 포기하기엔 아직 이르다

QR 바로가기

청약제도 안내
▶ APT 청약안내
▶ 특별공급 소득 기준

소득우선공급에 해당되지 않더라도 무주택 세대구성원 전원의 월평균 소득이 전년도 도시근로자 가구원수별 월평균 소득의 130%(단, 맞벌이는 140% 이하인 자) 이하라면 소득일반공급으로 신청이 가능합니다.

소득일반공급은 동일 지역 내 경쟁이 있을 때는 '가점'이 아닌 '추첨'으로 선정합니다.

추첨공급: 맞벌이 부부에게 주어진 마지막 기회

소득우선공급이나 소득일반공급의 소득 기준을 초과하더라도 맞벌이 신혼부부 중 무주택 세대구성원 전원의 월평균 소득이 전년도 도시근로자 가구원수별 월평균 소득의 200% 이하라면 추첨공급에 신청할 수 있습니다.

추첨공급 신청자 중에서는 해당 지역 거주자가 우선하며 경쟁이 있을 때는 순위나 가점에 상관없이 추첨으로 당첨자를 선정합니다.

• 신혼부부 특별공급의 자격 기준

구분		민영주택/국민주택	공공주택(일반형, 선택형)
통장 요건		통장 가입 6개월 경과 예치 기준 금액 이상 [국민주택] 납입인정회차 6회 이상	통장 가입 6개월 경과 납입인정회차 6회 이상
세대 구성		무주택 세대구성원	
신청 자격		혼인 신고일 기준 혼인 기간 7년 이내	① 혼인 신고일 기준, 혼인 기간이 7년 이내이거나 6세 이하의 자녀가 있는 신혼부부 ② 6세 이하의 자녀가 있는 한부모가족 ③ 예비 신혼부부
소득		해당 소득이 전년도 도시근로자 가구원수별 월평균 소득의 140% 이하인 자 (맞벌이는 160% 이하)	해당 소득이 전년도 도시근로자 가구원수별 월평균 소득의 130% 이하인 자 (맞벌이는 200% 이하)
자산	부동산	자산 조건 충족 (소득 기준 초과자에 한함)	자산 조건 충족
	자동차	-	자산 조건 충족

07 신혼희망타운·나눔형 공공분양주택 신혼부부 특별공급 훑어보기

나눔형 공공분양주택(이익공유형, 토지임대부)의 신혼부부 특별공급은 신청 자격 및 소득 기준, 자산 기준 그리고 당첨자 선정 방식 모두 신혼희망타운과 같습니다. 굳이 다른 점을 꼽자면 전용면적 60㎡ 이하의 소형 주택에만 공급하는 신혼희망타운과 달리 나눔형은 국민주택 규모인 85㎡ 이하의 범위에서 주택을 공급합니다.

신혼희망타운은 출산 및 육아에 집중적인 지원이 필요한 신혼부부의 수요를 구체적으로 반영하여 단지 전체를 신혼부부만을 위해 건설하는 특화형 주택입니다. 전용면적 60㎡ 이하이면서 특정한 경우 신혼희망타운 전용 주택담보 장기 대출 상품 가입이 의무이며 소득 조건과 부동산 및 자동차 자산 외에도 금융자산을 포함한 '총자산 보유 기준'을 충족해야 한다는 점이 기존 신혼부부 특별공급과 다릅니다.

지금부터 신청 자격과 당첨자 선정 방식이 동일한 신혼희망타운과 나눔형 공공분양주택에 대해 알아보겠습니다.

TIP
신혼희망타운 전용 주택담보 장기 대출 상품 가입 의무 등 자세한 사항은 사업 주체(LH 등) 및 주택도시보증공사(HUG)에 문의하시기 바랍니다.

공공주택이 일반형·선택형·나눔형으로 다양해지면서 신혼부부 특별공급 신청 자격과 당첨자 선정 방식에도 변화가 생겼습니다.

일반형이나 선택형은 기존 방식과 같지만 나눔형 공공분양주택은 신혼희망타운의 신청 자격과 당첨자 선정 방식을 따릅니다.

• 신혼희망타운·나눔형 공공분양주택 신청 자격

구분	주택 규모	청약통장	신청 자격	당첨자 선정 방식
신혼희망타운	전용면적 60㎡ 이하	• 가입 후 6개월 경과 • 납입 회차 6회 이상	• 혼인 기간이 7년 이내이거나 6세 이하의 자녀를 둔 신혼부부 • 1년 내 혼인 예정인 예비 신혼부부 • 6세 이하 자녀를 둔 한부모가족 • 소득 및 총자산 기준 충족	• 우선공급(30%) • 일반공급(60%) • 추첨공급(10%)
나눔형 공공분양주택 (이익공유형, 토지임대부)	전용면적 85㎡ 이하			

✔ 신혼희망타운과 나눔형 공공주택에 당첨되려면?

◎ 30% 물량은 우선공급으로

신혼희망타운과 나눔형 공공분양주택은 30%의 물량을 세대의 월평균 소득이 전년도 도시근로자 가구원수별 월평균 소득의 130%(맞벌이는 140%) 이하인 ❶ 예비 신혼부부, ❷ 혼인 기간 2년 이내이거나 2세 이하(3세 미만을 말하며 태아 포함)의 자녀를 둔 신혼부부, ❸ 2세 이하 자녀를 둔 한부모가족을 대상으로 우선공급합니다.

우선공급 내에 경쟁이 있을 경우, 해당 지역 거주자에게 우선공급하며 같은 지역 내 경쟁이 있다면 다음 '우선공급 가점표'에서 총점이 높은 순서대로, 총점 또한 같다면 추첨으로 당첨자를 선정합니다.

• 신혼희망타운·나눔형 공공분양주택 우선공급 가점표

가점 항목	평가 요소	점수	비고
가구 소득	70% 이하	3	부부 모두 소득이 있는 경우 80% 이하
	70% 초과~100% 이하	2	부부 모두 소득이 있는 경우 80% 초과~110% 이하
	100% 초과	1	부부 모두 소득이 있는 경우 110% 초과
해당 시·도 연속 거주 기간	2년 이상	3	공고일 현재 해당 시·도에 주민등록표등본상 계속해서 거주한 기간을 말하며 거주하지 않은 경우 0점
	1년 이상~2년 미만	2	
	1년 미만	1	*10년 또는 25년 이상 장기 복무 군인으로 청약하는 자도 해당 지역에 거주하지 않으므로 0점
주택청약 종합저축 납입인정회차	24회 이상	3	입주자저축(청약저축 포함) 가입 확인서 기준
	12회 이상~24회 미만	2	
	6회 이상~12회 미만	1	

첫 번째 항목인 가구 소득을 자세히 살펴보겠습니다.

소득이 낮은 세대에 상대적으로 더 많은 점수를 배정하고 있습니다. 2024년도에 공급하는 주택에 적용하는 전년도 도시근로자 가구원수별 월평균 소득은 다음과 같습니다.

• 2024년도 도시근로자 가구원수별 월평균 소득 기준(2025년도 적용) (단위: 원)

구분			3인 이하	4인	5인
70% 수준	부부 중 1명만 소득이 있는 경우	70%	5,043,718	6,004,662	6,321,734
	부부 모두 소득이 있는 경우	80%	5,764,250	6,862,470	7,224,838
100% 수준	부부 중 1명만 소득이 있는 경우	100%	7,205,312	8,578,088	9,031,048
	부부 모두 소득이 있는 경우	110%	7,925,843	9,435,897	9,934,153
130% 수준	부부 중 1명만 소득이 있는 경우	130%	9,366,906	11,151,514	11,740,362
	부부 모두 소득이 있는 경우	140%	10,087,437	12,009,323	12,643,467

| 200% 수준 | 부부 모두 소득이 있는 경우 | 200% | 14,410,624 | 17,156,176 | 18,062,096 |

두 번째 항목은 해당 시·도 거주 기간입니다. 이 역시 일반형, 선택형 공공주택 신혼부부 특별공급 가점 항목과는 산정 방식이 다릅니다. 경기도 거주 기간을 산정할 때 경기도 내 시·군 사이에서 전입·전출한 경우에는 합산이 가능합니다.

주택공급 지역이 경기도 의왕시라고 가정해보겠습니다. 경기도 수원시에서 2년, 서울시에서 2년을 거주하다 공고일 기준 경기도 의왕시에 3년 전부터 전입하여 살고 있다면 신혼희망타운의 해당 시·도 거주 기간은 어떻게 계산해야 할까요? 의왕시 전입 이전 서울시에서 거주한 기간이 있기 때문에 상기 기간은 계속 기간에 포함되지 않습니다. 즉, 최근 경기도로 전입하여 계속 거주한 기간인 의왕시 3년이 해당 시·도 거주 기간이 됩니다.

이 산정 방식은 수도권에서 공급하는 주택의 경우 서울·경기·인천의 거주 기간을 합산하여 인정해주는 다자녀 특별공급 배점 기준표 '해당 시·도 거주 기간'과는 다르기 때문에 유의해야 합니다.

세 번째는 주택청약종합저축 납입인정회차 부분입니다. 현재 신혼희망타운은 LH청약플러스에서 청약 접수 및 당첨자 선정을 하고 있습니다. 청약홈과 달리 청약 신청 시 납입인정회차 항목의 점수가 자동으로 산정되지 않기 때문에 청약홈 홈페이지에 청약 자격 확인 ◐ 청약통장 ◐ 순위 확인서 발급을 통해 납입인정회차를 미리 확인해봐야 합니다.

QR 바로가기
청약 자격 확인 ▶ 청약통장 ▶ 순위 확인서 발급(발급은 PC만 가능)

◉ 60% 물량은 일반공급: 우선공급에서 떨어져도 기회는 있다

만약 우선공급 대상이 아니거나 당첨되지 못해도 기회는 남아 있습니다. 물량의 60%를 세대의 월평균 소득이 전년도 도시근로자 가구원수별 월평균 소득의

130%(맞벌이는 140%) 이하인 ❶ 혼인 기간이 2년 초과 7년 이내이거나 3세 이상, 6세 이하인 자녀를 둔 신혼부부, ❷ 3세 이상, 6세 이하 자녀를 둔 한부모가족, ❸ 우선공급 낙첨자 전원을 대상으로 공급하기 때문입니다.

경쟁이 있을 경우 해당 지역 거주자가 우선 당첨되며 동일 지역 내에서는 '일반공급 가점표'의 총점이 높은 순으로, 가점 동점자는 추첨으로 당첨자를 선정합니다.

• 신혼희망타운·나눔형 공공분양주택 일반공급 가점표

가점 항목	평가 요소	점수	비고
미성년 자녀수	3명 이상	3	태아(입양) 포함
	2명	2	
	1명	1	
무주택 기간	3년 이상	3	신청 자격별 검증 대상에 해당하는 모든 분이 계속하여 무주택인 기간으로 산정하되 신청자가 30세가 되는 날(신청자가 30세가 되기 전에 혼인한 경우에는 혼인관계증명서상 최초 혼인 신고일)부터 산정 * 공고일 현재 30세 미만이면서 혼인한 적이 없는 분은 가점 선택 불가
	1년 이상~3년 미만	2	
	1년 미만	1	
해당 시·도 연속 거주 기간	2년 이상	3	공고일 현재 해당 시도에 주민등록표등본상 계속해서 거주한 기간을 말하며 거주하지 않은 경우 0점 * 10년, 25년 이상 장기 복무 군인으로 청약하는 자도 해당 지역에 거주하지 않으므로 0점
	1년 이상~2년 미만	2	
	1년 미만	1	
주택청약 종합저축 납입인정회차	24회 이상	3	입주자저축(청약저축 포함) 가입 확인서 기준
	12회 이상~24회 미만	2	
	6회 이상~12회 미만	1	

📍 소득이 애매한 맞벌이 부부를 위한 추첨공급

세대의 월평균 소득이 전년도 도시근로자 가구원수별 월평균 소득의 140%를 초과하는 맞벌이 부부의 경우 기존에는 신청할 수 없었지만 2024년 3월 25일 「공공주택특별법 시행규칙」이 개정되면서 맞벌이 부부의 소득 기준이 200%까지 완화되었습니다. 다만 소득이 140% 초과, 200% 이하인 맞벌이 부부는 우선공급과 일반공급에는 신청할 수 없고 추첨공급에 신청할 수 있습니다.

추첨공급은 세대의 월평균 소득이 전년도 도시근로자 가구원수별 월평균 소득의 140% 초과, 200% 이하이면서 ❶ 혼인 기간이 7년 이내이거나 6세 이하의 자녀를 둔 맞벌이 신혼부부, ❷ 맞벌이 예비 신혼부부, ❸ 우선공급과 일반공급 낙첨자 전원을 대상으로 합니다. 경쟁이 있을 때는 해당 지역 거주자가 우선 당첨되며 같은 지역 안에서 경쟁이 있을 때는 추첨으로 당첨자를 선정합니다.

08 생애최초 특별공급, 평생 무주택자를 위한 단 한 번의 기회

생애최초 주택 구입자 특별공급은 청약통장 장기 가입자가 주택을 우선공급 받는 청약제도로 인한 사회 초년생들의 주거 불안 및 근로 의욕 저하 문제를 해소하고 무주택 근로자에게 청약 기회를 확대하고자 등장했습니다.

국민(공공)주택은 건설량의 25% 범위에서, 민영주택은 공공택지에서 건설·공급하는 경우 19%, 그 외 민간택지에서 건설·공급하는 경우 9% 범위에서 전용면적 85㎡ 이하 주택에 공급합니다.

- **생애최초 특별공급**

구분	민영주택	국민주택 (「공공주택특별법」 미적용)	공공주택
공급 물량	9% 범위(민간택지) 19% 범위(공공택지)	25% 범위	15% 범위(일반형, 나눔형) 10% 범위(선택형)
주택 규모	전용면적 85㎡ 이하		
청약통장	• 1순위 (가입 기간 및 예치 기준 금액 충족)	• 1순위 (가입 기간·회차 및 선납금 포함 600만 원 이상)	

신청 자격	• 세대구성원 전원이 과거에 주택을 소유한 적이 없어야 함 • 근로자 또는 자영업자(또는 과거 1년 이내 소득세 납부한 자) • 5개년 이상 소득세 납부 • 소득 또는 자산 기준 충족 • 2세 미만(2세가 되는 날 포함) 자녀* 　* 신생아 우선공급/일반공급에 청약하는 경우	• 세대구성원 전원이 과거에 주택을 소유한 적이 없어야 함 • 근로자 또는 자영업자(또는 과거 1년 이내 소득세 납부한 자) • 5개년 이상 소득세 납부 • 소득·자산 기준 모두 충족
당첨자 선정 방식	• 추첨 　- 신생아 우선공급(15%) 　- 신생아 일반공급(5%) 　- 소득우선공급(35%) 　- 소득일반공급(15%) 　- 추첨공급	• 추첨 　- 소득우선공급(70%) 　- 소득일반공급(20%) 　- 추첨공급

'생애최초'라는 이름처럼 평생에 단 한 번도 집을 소유한 경험이 없는 무주택 세대구성원을 대상자로 하고 있어 누구나 신청이 가능한 것처럼 보입니다. 하지만 최초 주택 구입자를 대상으로 하는 만큼 소득세 납부 실적과 국민(공공)주택의 경우 청약통장 선납금 600만 원 이상의 자격을 갖추어야 합니다.

QR 바로가기

청약제도 안내 ▶ APT ▶ 특별공급 ▶ 생애최초 주택 구입

☑ 생애최초 특별공급 신청 자격 확인하기

아이 1명을 키우고 있는 무주택 부부가 있습니다. 결혼한 지 7년이 훌쩍 지나 신혼부부 특별공급도, 더 이상 자녀 계획도 없어 다자녀 가구 특별공급도 신청하기 어려워 보입니다. 다른 특별공급 유형을 이리저리 살펴보아도 마땅히 해당하는 유형이 없다면 생애최초 특별공급에 도전해보는 건 어떨까요?

"그래서 나도 아파트를 분양받을 기회가 있는 거야?" 이렇게 반색하겠지만 아직 속단하기는 이릅니다. 급할수록 꼼꼼하게 따져봐야 합니다. 체크리스트를 먼저 살펴본 후 주요 내용에 대해 자세히 알아보겠습니다.

• **생애최초 특별공급 신청 자격 체크리스트**

❶	청약 신청 가능 지역에 거주하는가?	☐	청약 신청 가능 지역 76쪽 참조
❷	특별공급에 당첨된 세대원이 없는가? (단, 배우자의 혼인 전 이력은 배제)	☐	특별공급 1회 제한 104쪽 참조
❸	재당첨 제한 중인 세대원이 없는가? (단, 배우자의 혼인 전 이력은 배제)	☐	재당첨 제한 101쪽 참조
❹	일반공급 1순위 자격을 갖추었는가?	☐	일반공급 1순위 210, 233쪽 참조
❺	[규제지역] 공고일 현재 세대주인가?	☐	
❻	[규제지역] 본인 및 세대원 전원이 과거 5년 내 당첨 사실이 없는가?	☐	5년 내 1순위 청약 제한 107쪽 참조
❼	세대에 속한 사람 모두가 과거에 주택을 소유한 사실이 없는가?	☐	
❽	근로자 또는 자영업자인가? (또는 과거 1년 이내 소득세를 납부한 자)	☐	
❾	5개년 이상 소득세를 납부하였는가?	☐	
❿	[민영, 국민] 나의 세대 구성은 어떠한가? (1) 혼인 중 (2) 미혼인 자녀가 있음 (3) 1인 가구(단독 세대) (4) 1인 가구(단독 세대 아님)	☐	단독 세대 기준 172쪽 참조
	[민영, 국민] 소득 기준 또는 자산 기준을 충족하는가? (택 1)	☐	소득 기준 및 자산 기준 90, 95쪽 참조
⓫	[공공] 청약통장 저축액이 선납금 포함 600만 원 이상인가?	☐	
	[공공] 결혼을 했거나 미혼인 자녀가 있는가?	☐	
	[공공] 소득 및 자산 기준을 충족하는가?	☐	

⑫	[민영, 국민] 2세 미만(2세가 되는 날 포함)의 자녀가 있는가?	☐	신생아 우선/일반공급에 청약하는 경우에 한함

◉ 일반공급 1순위 요건을 갖추었는가?

생애최초 특별공급과 노부모 부양 특별공급은 청약통장 1순위를 신청 자격으로 합니다. 여기서 말하는 '1순위'는 청약통장 요건을 충족할 뿐만 아니라 「주택공급에 관한 규칙」 제27조 또는 제28조에서 정하는 일반공급 제1순위 요건을 대상으로 한다는 뜻입니다. 청약하려는 지역마다, 민영주택인지 국민(공공)주택인지에 따라 예치금 기준이나 세대주 조건 등 1순위 자격 요건이 다르기 때문에 본인이 1순위 자격이 되는지부터 확인해야 합니다.

QR 바로가기

청약 자격 확인 ▶ 청약통장 ▶ 가입내역(로그인 필요)

♀ TIP

민영주택 생애최초 특별공급은 600만 원 이상 선납금 조건이 필요 없어요!
국민(공공)주택에 청약하는 경우 청약 지역에 관계없이 공고일 기준 선납금 포함 600만 원 이상이 되어야 하지만 예치금으로 청약하는 민영주택은 별도의 선납금 조건이 필요 없습니다.

◉ 세대에 속한 사람 모두가 과거에 주택을 소유한 적이 없는가?

생애최초 특별공급이 다른 특별공급과 구분되는 가장 큰 특징이 있습니다. 모집공고일을 기준으로 신청자 본인을 포함하여 세대구성원 전원이 주택을 소유하지 않았을 뿐만 아니라 세대에 속한 모든 사람이 이전에 단 한 번도 주택을 소유한 사실이 없어야 합니다.

물론 예외도 있습니다. 앞서 재당첨 제한 부분에서 언급했듯 청약 신청자의 배우자가 혼인 전 주택을 소유했던 사실이 있는 경우에는 예외적으로 청약이 가능합니다. 단, 다른 세대원이 아닌 배우자에 한하며 배우자는 청약 신청자와 혼인 전에 해당 주택의 처분을 완료해야 합니다.

그럼에도 불구하고 청약 신청자가 배우자 또는 다른 세대원의 과거 주택 소유 이력을 알지 못한 채 청약 신청을 해 부적격 당첨이 되는 경우가 종종 있습니다. 청약홈에서 세대원 정보를 사전에 등록해두고 세대원이 개별 로그인 후 동의 과정을 거치면 세대원의 주택 소유 정보를 쉽게 확인할 수 있습니다. 해당 메뉴를 이용해보면 어떨까요?

> **TIP**
>
> 무주택으로 간주되는 주택도 자산에 포함하여 산정하나요?
> 「주택공급에 관한 규칙」 제53조에 의거해 '무주택'이더라도 주택 소유 여부에서만 제외될 뿐, 부동산가액에는 포함하여 산정합니다.

주택을 소유 중이어도 청약 신청이 가능할까?

B씨는 현재 부모님 댁에 거주하고 있습니다. 생애최초 특별공급의 기본 자격으로 세대구성원 전원이 한 번도 주택을 소유한 적이 없어야 한다는 정보를 들었습니다. B씨는 부모님이 소유한 주택에 거주 중이기 때문에 본인은 무조건 생애최초 특별공급 대상자가 아닐 것이라 생각하고 청약을 포기했습니다.

그러나 언제나 예외는 있다는 점! 세대원 중 한 사람이라도 과거에 주택을 소유한 사실이 있으면 생애최초 특별공급 대상이 될 수 없지만 「주택공급에 관한 규칙」 제53조에 따라 무주택에 해당하는 경우라면 청약이 가능합니다.

예를 들어 동일 세대를 구성하고 있는 60세 이상인 직계존속이 현재 주택을 소유하고 있거나 과거에 소유한 사실이 있더라도 무주택으로 인정하고 있습니다. 또한 20㎡ 이하의 주택을 1호만 소유하고 있는 경우에도 무주택으로 인정하므로 나와 세대원이 소유했던, 혹은 소유하고 있는 주택이 무주택에 해당하는지 확인해보기 바랍니다.

📍 TIP

소형·저가 주택 등을 소유했다면 특별공급, 일반공급 관계없이 모두 '무주택자'
「주택공급에 관한 규칙」 제53조제9호가 개정됨에 따라 소형·저가 주택 등을 소유한 사람은 민영주택 일반공급뿐만 아니라 국민주택과 공공주택에서도 공급 유형과 관계없이 모두 '무주택자'로 간주됩니다.

QR 바로가기

청약제도 안내 ▶ 주택청약 용어설명 ▶ 주택 소유 여부 판정 기준

📍 근로자 또는 자영업자인가?

입주자 모집 공고일 현재 근로자 또는 자영업자여야 합니다. 만일 근로자 또는 자영업자가 아닌 경우에는 과거 1년 전부터 공고일까지의 근로소득 또는 사업소득에 해당하는 소득세를 납부한 사실이 있어야 신청이 가능합니다.

📍 5개년 이상 성실한 세금 납부가 기본 요건!

과거 5개년 이상 소득세를 납부한 사람에게 생애최초 특별공급 청약의 기회가 주어집니다. 이는 모집 공고일이 있는 연도를 포함하여 5개년도 소득세 납부 입증 서류로 확인합니다.

📍 소득세, 연속 5년 납부해야 할까?

결론부터 말씀드리자면 5개년 이상 소득세 납부 사실은 계속하여 60개월 이상 납부한 것을 의미하지 않습니다. '5년 이상 소득세 납부'는 연도별 횟수를 의미합니다. 따라서 1년 동안 2개월만 근무하여 소득세를 납부한 경우에도 1개년의 실적으로 인정합니다. 또한 5년의 납부 실적은 연속 납부를 의미하지 않으며 비연속적인 경우도 합산하여 인정 가능하고 해당 연도 소득세 납부 실적도 포함됩니다(예: 2000년, 2002년, 2010년, 2020년, 2021년 각 5개년도 납부 시 인정).

근로자라면 해당 직장이나 세무서에서 '재직증명서'와 '근로소득원천징수영수증' 또는 '소득금액증명' 등으로 입증합니다. 자영업자라면 세무서를 통해 발급한 '종합소득세 소득금액증명'과 '사업자등록증 사본' 등을 통해

QR 바로가기

청약제도 안내 ▶ APT ▶ 특별공급 ▶ 생애최초 주택 구입

확인합니다.

1인 가구? 단독 세대? 나의 세대 구성은 어디에 해당할까?

2021년 11월 16일 「주택공급에 관한 규칙」이 개정되기 전에는 혼인 중(재혼 포함)이거나 미혼인 자녀가 있는 사람만 청약이 가능했습니다. 그러나 현재는 민영주택과 국민주택(「공공주택 특별법」 미적용)의 경우 1인 가구도 생애최초 특별공급에 청약할 수 있게 되었습니다. 여기서 말하는 '1인 가구'란 입주자 모집 공고일 현재 혼인 중도 아니고(사별 또는 이혼 포함), 미혼의 자녀가 없는 청약 신청자를 의미합니다.

TIP
미혼의 자녀가 있는 신청자들 주목!
미혼의 자녀는 입양한 자녀를 포함하지만 이혼한 자녀는 인정하지 않고 있어요. 그리고 신청자 본인이 이혼 등으로 혼인 중이 아니라면 자녀는 본인과 동일한 주민등록표등본에 등재되어 있어야 합니다.

그러나 여전히 일부 제한은 남아 있습니다. 신청 자격을 완화한 대신 1인 가구 중 단독 세대, 즉 '단독 세대주이거나 동거인·형제자매 등과 같이 세대구성

• 생애최초 특별공급 세대 구성별 분류

구분		전용면적 60㎡ 이하	전용면적 60㎡ 초과~85㎡ 이하	비고
① 혼인 중인 자		○	○	-
② 미혼의 자녀가 있는 자		○	○	-
③ 1인 가구* (민영주택 및 국민주택)	단독 세대**	○	×	- 추첨공급(30%)에만 청약 가능 - 가구원수별 월평균 소득 160% 이하 또는 160% 초과하나 부동산가액(3억 3,100만 원) 충족
	단독 세대가 아닌 자	○	○	

* 1인 가구: ①, ②에 해당하지 않는 자(예: 미혼인 신청자)
** 단독 세대: 단독 세대주 또는 동거인이나 형제자매 등 세대구성원에 해당하지 않는 자와 같은 주민등록표등본에 등재된 경우

원에 해당되지 않는 사람과 같은 주민등록표등본에 등재'된 경우에는 전용면적 60㎡ 이하의 주택에만 청약할 수 있습니다. 이처럼 민영주택 및 국민주택(『공공주택 특별법』 미적용) 생애최초 특별공급은 혼인 중이 아니고 미혼 자녀가 없어도 '1인 가구'로 청약이 가능합니다. 하지만 공공주택은 여전히 혼인 중이거나 미혼의 자녀가 있는 경우에만 청약이 가능합니다.

또한 1인 가구는 소득 기준에 따라 공급(70%)하는 방식이 아닌 추첨 방식을 통해 당첨자를 선정하는 추첨공급(30%)에만 청약이 가능합니다. 왼쪽 표에서 1인 가구가 아닌 ❶, ❷에 해당하는 신청자는 가구원수별 월평균 소득에 따라 소득우선공급 또는 소득일반공급(신생아가 있는 경우 신생아 우선공급/일반공급)에 신청하거나 소득은 160%를 초과하나 부동산가액(3억 3,100만 원) 기준을 충족한다면 '추첨공급'에 신청하면 됩니다.

> **TIP**
>
> **1인 가구는 단독 세대인 자와 단독 세대가 아닌 자로 구분돼요!**
> 보통 1인 가구라 하면 혼자 사는 단독 세대를 떠올리기 쉽지만 청약에서 1인 가구는 '단독 세대인 자'뿐만 아니라 '단독 세대가 아닌 자'도 포함해요. 단, 1인 가구 중 단독 세대인 자는 전용면적 60㎡ 이하인 민영주택에만 청약할 수 있다는 점 잊지 마세요!

📍 세대별 소득 요건, 혹은 자산 요건을 충족하는가?

민영주택과 국민주택(『공공주택특별법』 미적용)은 소득 요건을 충족하고 2세 미만(2세가 되는 날 포함)의 자녀 유무에 따라 신생아 우선공급(15%), 신생아 일반공급(5%), 우선공급(35%), 일반공급(15%)으로 배정된 물량에 청약할 수 있으며 세대의 월평균 소득이 160%를 초과하더라도 자산 요건(부동산가액 3억 3,100만 원 이내)을 충족한다면 추첨공급에 청약이 가능합니다.

> **TIP**
>
> **공공주택은 소득과 자산 기준을 모두 충족해야 합니다!**
> 민영주택은 소득 기준은 초과하나 부동산 자산 기준액 이하인 경우 추첨공급 신청이 가능하지만 공공주택은 소득 기준 및 자산 기준(부동산+자동차)을 모두 충족해야 합니다.

📍 소득 산정 시 부모님을 가구원 수에 포함하려면 1년 이상 함께 거주해야

일반적으로 가구원 수에 따라 소득 기준 금액이 올라가는 만큼 청약 신청자의 소득 조건 충족 부담이 줄어들게 됩니다. 그렇기에 소득 조건을 따지는 특별공급에서 가구원 수는 매우 중요한 사항이지만 한 가지 유의해야 할 점이 있습니다.

직계존속의 경우, 1년 이상 함께 거주한 경우에만 가구원으로 인정된다는 점입니다. 즉, 청약 신청자 및 그 배우자의 직계존속은 입주자 모집 공고일을 기준으로 최근 1년 이상 계속하여 공급 신청자 또는 그 배우자와 같은 세대별 주민등록표에 등재되어 있을 때만 가구원 수에 포함할 수 있습니다.

이와 더불어 함께 거주한 기간이 1년 미만인 직계존속은 가구원 수 및 소득 산정 대상에서는 제외되지만 모집 공고일 현재 세대구성원에는 포함되므로 무주택 자격 및 과거 당첨 사실 등 제한 사항에 결격 사유가 없어야 합니다.

> **TIP**
>
> **공고일 현재 부모님 혹은 자녀가 해외에 있다면?**
> 생애최초 특별공급의 가구원 수나 소득을 산정할 때에는 직계존비속의 해외 체류 여부는 보지 않으며 주민등록표등본 및 초본을 기준으로 확인합니다.

09 생애최초 특별공급 당첨되기

앞의 청약 자격 관문을 모두 통과했다면 생애최초 특별공급에 신청할 수 있습니다. 그러나 신청자 전체를 대상으로 단순 무작위 추첨을 하지는 않으며 '특정 기준'에 부합하는 청약 신청자를 우선하여 무작위 추첨 방법으로 당첨자를 선정합니다. 특정 기준이라 함은 민영·국민주택인지 또는 공공주택인지에 따라 다릅니다. 민영·국민주택은 신혼부부 특별공급의 당첨자 선정 방법에서 살펴본 것처럼 '소득'과 더불어 '신생아'를 기준으로 하며 공공주택은 '소득'을 기준으로 당첨자를 선정하고 있습니다.

소득 기준을 먼저 짚고 넘어가면 앞장에서 보았듯이 주택 유형별 기본 소득 조건은 민영주택은 해당 세대의 월평균 소득이 전년도 도시근로자 가구원수별 월평균 소득의 160%, 국민주택은 130%, 공공주택은 130%(맞벌이는 200%) 이하여야 합니다. 이 중에 가구원수별 월평균 소득이 위의 기본 소득보다 낮은 130% 이하(민영)이거나 100% 이하(국민/공공)라면 '소득우선공급' 대상자에 해당하여 우선 당첨의 기회가 주어집니다.

신생아 기준은 민영·국민주택에만 적용되며 입주자 모집 공고일 현재 2세 미만(2세가 되는 날 포함)의 자녀가 있다면 '신생아 우선공급' 혹은 '신생아 일반공급' 대상자에 해당합니다. '신생아' 뒤에 붙는 단어인 '우선공급'과 '일반공급'은 앞서 나온 '소득'을 기준으로 합니다. 예를 들어 신생아가 있는 가구이면서 소득이

130% 이하인 가구라면 '신생아 우선공급'으로 청약할 수 있습니다.

공공주택 생애최초 특별공급은 '신생아'에 대한 우선공급이 따로 없습니다. 이미 공공주택에는 신생아 특별공급이라는 별도의 유형이 있기 때문입니다. 대신 맞벌이 가구에 대한 소득 조건을 완화했습니다. 기존에는 맞벌이 가구의 경우 140% 이하여야 공공주택 생애최초 특별공급에 청약할 수 있었지만 이제 가구당 월평균 소득이 200% 이하인 맞벌이 가구는 '추첨공급'에 청약할 수 있습니다.

• 민영(국민)주택 생애최초 특별공급 당첨자 선정 방식

구분		①	②	③
1단계	신생아 우선공급 (15%)	소득	해당 지역 거주자	추첨
			④ 기타 지역 거주자	⑤ 추첨
2단계	신생아 일반공급 (5%)	-	⑥ 해당 지역 거주자	⑦ 추첨
			⑧ 기타 지역 거주자	⑨ 추첨
3단계	우선공급 (35%)	⑩ 소득	⑪ 해당 지역 거주자	⑫ 추첨
			⑬ 기타 지역 거주자	⑭ 추첨
4단계	일반공급 (15%)	-	⑮ 해당 지역 거주자	⑯ 추첨
			⑰ 기타 지역 거주자	⑱ 추첨
5단계	추첨공급	-	⑲ 해당 지역 거주자	⑳ 추첨
			㉑ 기타 지역 거주자	㉒ 추첨

※ 각 단계별 낙첨자는 다음 단계 공급 대상에 포함되나 2단계 신청자 중 낙첨자는 3단계 공급 대상에 포함되지 않고 4단계 공급 대상에 포함됨

📍 TIP

공공주택에 청약할 때 2023년 3월 28일 이후 출산한 자녀가 있는 가구는 소득 및 자산 요건이 기준 대비 최대 20%p까지 가산한 금액으로 완화됩니다!

• 공공주택 생애최초 특별공급 당첨자 선정 방식

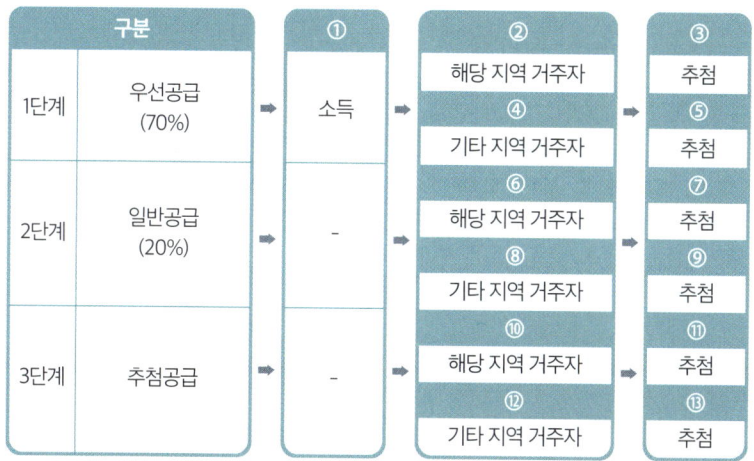

※ 각 단계별 낙첨자는 다음 단계 공급 대상에 포함됨

• 생애최초 특별공급의 자격 기준

구분		민영주택	국민주택	공공주택
통장 요건 (1순위)	수도권	통장 가입 1년 경과 예치 기준 금액 이상	통장 가입 1년 경과 월 납입금 12회 이상	
	비수도권	통장 가입 6개월 경과 예치 기준 금액 이상	통장 가입 6개월 경과 월 납입금 6회 이상	
	규제지역	통장 가입 2년 경과 예치 기준 금액 이상	통장 가입 2년 경과 월 납입금 24회 이상	
		세대주일 것		
		과거 5년 이내 세대구성원 전원이 다른 주택에 당첨된 사실이 없을 것		

세대 구성		무주택 세대구성원으로서 세대에 속한 자 전원이 과거 주택을 소유한 사실이 없을 것		
예치금		지역별·규모별 예치금 충족	600만 원 이상(선납금 포함)	
신청 자격		혼인 중이거나 미혼인 자녀가 있는 사람 또는 위의 조건에 해당되지 않는 사람(1인 가구)		혼인 중이거나 미혼의 자녀가 있는 사람
세금 납부		근로자 또는 자영업자로서 5년 이상 소득세를 납부한 사람		
소득		해당 소득이 전년도 도시근로자 가구원수별 월평균 소득의 160% 이하인 자	해당 소득이 전년도 도시근로자 가구원수별 월평균 소득의 130% 이하인 자	해당 소득이 전년도 도시근로자 가구원수별 월평균 소득의 130% 이하인 자 (맞벌이는 200% 이하)
자산	부동산	자산 조건 충족 (추첨공급에 신청하는 경우에만 해당)		자산 조건 충족
	자동차	-		자산 조건 충족

생애최초 특별공급 FAQ 이것만은 알아두자!

Q1 「주택공급에 관한 규칙」제53조에 따른 무주택으로 인정받는 주택을 소유하거나 소유한 이력이 있는 경우, 생애최초 신청 자격이 주어지나요?

A1 세대원 중 한 사람이라도 과거 주택(분양권 등)을 소유한 사실이 있는 경우, 생애최초 특별공급의 대상이 될 수 없으나 「주택공급에 관한 규칙」제53조 각 호에 따라 무주택으로 인정받은 주택을 소유한 사실이 있을 때는 예외적으로 무주택으로 보아 생애최초 자격을 인정받을 수 있습니다.

[적용 예] 동일 세대를 구성하고 있는 직계존속이 현재 주택을 소유하고 있거나 과거 소유한 사실이 있다 하더라도 입주자 모집 공고일 현재 60세 이상이면 무주택으로 인정

Q2 신청자는 소득세를 납부한 적이 없으나 신청자의 배우자가 5년 이상 소득세 납부 실적이 있습니다. 청약 신청이 가능한가요?

A2 청약 신청이 불가합니다. 5년 이상 소득세 납부 실적은 청약자 본인이 납부한 경우에만 인정하며 그 배우자 또는 세대원의 납부 실적은 인정하지 않습니다.

Q3 해당 세대의 월평균 소득 산정 시 신청자와 배우자만을 기준으로 산정하나요?

A3 소득 산정 대상은 모집 공고일 현재 신청자의 주민등록표상 세대주 및 성년자인 세대원 전원의 소득을 합산하여 산정하며 세대원의 실종이나 별거 등으로 소득 파악이 불가능한 경우에는 주민등록표상의 말소를 확인하여 소득 산정에서 제외합니다. 또한 주택공급 신청자가 혼인한 경우에는 신청자 및 배우자와 같은 세대별 주민등록표에 등재된 신청자 및 배우자의 직계존비속을 포함합니다.

* 주택공급 신청자의 배우자가 세대 분리된 경우에는 배우자 및 그 배우자의 주민등록표등본에 있는 신청자 및 배우자의 직계존비속을 포함

Q4 입주자 모집 공고일 현재 다른 세대원 모두 과거에 주택을 소유한 사실이 없으나 배우자가 본인과 혼인하기 전에 주택을 소유한 적이 있습니다. 이 경우에도 생애최초 특별공급에 청약할 수 없나요?

A4 생애최초 특별공급은 세대원 전원이 과거 주택(분양권 등)을 소유한 이력이 없어야 하지만 2024년 3월 25일 청약제도 개편에 따라 배우자가 청약자와 혼인하기 전 주택을 소유한 이력이 있는 경우(단, 혼인 전에 해당 주택을 처분 완료해야 함)에는 소유 이력에서 배제하므로 청약 신청이 가능합니다.

10 미성년 자녀가 2명 이상이라면 다자녀 특별공급

2006년 8월, 저출산 문제 해결의 물꼬를 트고자 첫선을 보인 다자녀 특별공급은 본래 3명 이상의 미성년 자녀를 둔 세대를 위한 공급 유형이었습니다. 그러나 2024년 3월 청약제도가 개편되면서 다자녀 특별공급 신청

QR 바로가기

청약제도 안내 ▶
APT ▶ 특별공급
▶ 다자녀 가구

· **다자녀 특별공급**

구분	민영주택	국민(공공)주택
공급 물량	10% 범위(승인권자가 인정하는 경우 15%)	
주택 규모		-
청약통장	· 가입 후 6개월 경과 · 예치 기준 금액 이상	· 가입 후 6개월 경과 · 납입 회차 6회 이상

신청 자격	· 입주자 모집 공고일 현재 미성년 자녀가 2명 이상인 무주택 세대구성원	· 입주자 모집 공고일 현재 미성년 자녀가 2명 이상인 무주택 세대구성원
		· [국민] 소득 기준 충족
		  [공공] 소득 및 자산 기준 충족
		  *85㎡ 이하 주택만 해당

당첨자 선정 방식	배점 기준표의 총점이 높은 순	· [국민] 배점 기준표이 총점이 높은 순 · [공공] 90%는 배점 기준표의 총점이 높은 순으로 우선 선정 후 남은 물량은 추첨
기타 사항	[수도권] 해당 주택건설지역 시·군·구가 속한 시·도에 50% 우선공급 ⑩ 과천시에서 공급하는 경우 경기도 50%, 서울·인천 50% 공급하되 경기도 물량(50%) 중 해당 지역 거주자(과천시)에게 우선공급	

자격이 완화되었습니다. 이제는 미성년 자녀가 2명인 세대도 다자녀 특별공급에 신청할 수 있습니다. 민영주택은 별도의 소득이나 자산 기준을 따로 적용하지 않지만 공공주택은 소득 및 자산 요건을 모두 충족해야 하는 점을 제외하고는 나머지 신청 자격은 동일합니다. 당첨자 선정 방식도 유사하나 공공주택에서는 물량의 90%를 배점 항목 총점이 높은 순으로 공급하고 남은 물량을 추첨하여 공급합니다.

☑ 다자녀 특별공급, 신청할 수 있을까?

• 다자녀 특별공급 신청 자격 체크리스트

❶	청약 신청 가능 지역에 거주하는가?	☐	청약 신청 가능 지역 76쪽 참조
❷	[민영] 통장 가입 6개월 경과, 예치 기준 금액 이상인가? [국민(공공)] 통장 가입 6개월 경과, 납입 회차 6회 이상인가?	☐	
❸	특별공급에 당첨된 세대원이 없는가? *2024년 6월 19일 이후 출생 자녀가 있는 경우, 신청자 본인 및 배우자의 과거 특별공급 당첨 이력 배제(1회)	☐	특별공급 당첨 이력 1회 배제 25쪽 참조
❹	재당첨 제한 중인 세대원이 없는가?	☐	재당첨 제한 101쪽 참조
❺	미성년 자녀가 2명 이상 있는가?	☐	
❻	세대원 전원이 무주택인가?	☐	
❼	[공공] 소득 기준 및 자산 기준을 충족하는가? (국민주택은 소득 기준 충족)	☐	소득 기준 및 자산 기준 90, 95쪽 참조

다자녀 특별공급의 기본 자격은 모집 공고일 현재 해당 주택건설지역이 속한 시·도에 거주하는 미성년 자녀 2명 이상을 둔 무주택 세대구성원이어야 합니다. 입양한 자녀를 포함, 임신한 경우 태아의 수만큼 자녀수로 인정합니다.

청약 자격은 미성년 자녀 2명 이상으로 바뀌었지만 최하층 우선 배정에 신청할 수 있는 자격 요건인 노약자나 장애인, 다자녀 세대에서 다자녀는 여전히 '미성년 자녀 3명 이상'입니다.

> **TIP**
>
> **재혼가정의 미성년 자녀나 영유아 자녀수 인정 기준**
> 재혼가정인 경우 신청자의 자녀가 재혼한 배우자의 주민등록표등본에 등재되어 있더라도 인정됩니다. 하지만 배우자의 자녀(신청자와 친자관계가 아닌 자녀)는 반드시 신청자의 주민등록표등본에 등재되어 있어야 다자녀 특별공급 시 자녀수에 포함될 수 있습니다.

11 다자녀 특별공급 당첨되기

✔ 당연히 배점은 높을수록 좋다

해당 지역과 기타 지역 신청자 중 지역 우선공급 원칙에 따라 해당 지역 거주자가 우선합니다. 동일 지역에서는 누가 먼저 당첨이 될까요? 바로 배점 항목 총점이 높은 순으로 선정됩니다. 따라서 다자녀 특별공급의 청약 자격을 갖춘 분이라면 향후 부적격 당첨을 피하기 위해서라도 각 배점 항목별 기준을 명확하게 알고 있어야 합니다.

다자녀 특별공급의 배점 항목은 모두 6가지로 총 100점 만점으로 구성되어 있으며 동일 항목 내 중복 선택은 불가합니다. 지금부터 배점 항목별 유의사항에 대해 하나씩 살펴보겠습니다.

첫 번째는 배점이 가장 높은 미성년 자녀수(40점)에 대한 부분입니다. 2명 이상의 미성년 자녀를 기본 자격으로 하지만 자녀수가 많을수록 배점도 높습니다. 4명 이상의 미성년 자녀 가구는 40점을 얻을 수 있습니다.

두 번째는 미성년 자녀 중 영유아 자녀수에 대한 부분입니다. 이때 영유아 자녀는 '5세 이하'를 의미합니다. 태아도 영유아 자녀로 인정하기 때문에 신청자 본인이나 배우자가 임신 중이라면 태아의 수만큼 점수를 얻을 수 있습니다. 영유아 수가 3명 이상이면 최대 15점을 얻을 수 있습니다.

· 다자녀 특별공급 배점 기준표

평점 요소	총 배점	배점 기준	
		기준	점수
미성년 자녀수	40	미성년 자녀 4명 이상	40
		미성년 자녀 3명	35
		미성년 자녀 2명	25
영유아 자녀수	15	자녀 중 영유아 3명 이상	15
		자녀 중 영유아 2명	10
		자녀 중 영유아 1명	5
세대 구성	5	3세대 이상	5
		한부모가족	5
무주택 기간	20	10년 이상	20
		5년 이상 ~ 10년 미만	15
		1년 이상 ~ 5년 미만	10
해당 시·도 거주 기간	15	10년 이상	15
		5년 이상 ~ 10년 미만	10
		1년 이상 ~ 5년 미만	5
입주자저축 가입 기간	5	10년 이상	5
계	100		

◎ 증조부모도 3세대 구성에 포함

세 번째는 세대 구성입니다. 3세대는 신청자와 직계존속(배우자의 직계존속을 포함하며 무주택자로 한정)이 입주자 모집 공고일 기준 과거 3년 이상 계속하여 동일한 주민등록표등본에 등재되어 있어야 인정됩니다.

만약 신청자나 배우자의 부모가 아닌, 조부모나 증조부모가 동일한 주민등록표등본상에 등재되어 있는 경우에도 3세대로 인정이 가능할까요?

가능합니다. 직계존속이면 누구든 가능하기 때문에 반드시 부모님으로 제한하지 않습니다. 또한 직계존속이 무주택자로서 청약자와 동일한 주민등록표등본에 3년 이상 계속하여 등재되어 있으나 세대 분리된 직계존속의 배우자가 유주택자인 경우에도 3세대 이상 구성된 것으로 봅니다.

직계존속의 재혼으로 계부·모와 동일 주민등록표등본에 3년 이상 계속하여 등재되어 있는 경우, 계부·모는 법률상 직계존속 관계가 아니므로 신청자의 직계존속만 주택 소유 여부를 판단하면 됩니다.

> **TIP**
> 다자녀 특별공급 배점 기준표상 3세대 구성 및 해당 시·도 거주 기간은 주민등록표등·초본을 기준으로 판단하고 이때 세대원의 해외 체류 여부는 영향을 미치지 않습니다.

무주택 기간은 신청자 본인과 배우자를 대상으로 산정

네 번째는 무주택 기간으로 청약 신청자 본인과 배우자를 대상으로 합니다. 민영주택 일반공급 신청자의 무주택 기간을 30세부터 산정하는 것과는 달리 다자녀 특별공급 청약 신청자는 성년(19세, 미성년자가 혼인한 경우 성년으로 봄)이 되는 날부터 계속하여 무주택 기간으로 산정합니다. 다만 청약 신청자나 신청자의 배우자가 주택을 소유한 사실이 있는 경우에는 그 주택을 처분한 후 무주택자가 된 날(2회 이상 주택을 소유한 사실이 있는 경우에는 최근에 무주택자가 된 날을 말함)부터 무주택 기간을 산정합니다.

그러나 재혼가정이라면 조금 다릅니다. 청약 신청자의 배우자가 최초 혼인 이후 주택을 소유한 적이 있으나 재혼 전에 해당 주택을 처분했다면 청약 신청자의 무주택 기간에는 영향을 미치지 않습니다.

다섯 번째는 해당 시·도 거주 기간으로 청약 신청자가 성년(19세, 미성년자가 혼인한 경우 성년으로 봄)이 되는 날부터 입주자 모집 공고일 현재까지 해당 시·도에 계속하여 거주한 기간을 말합니다. 수도권의 경우 서울·경기·인천 지역 전체를 해당 시·도로 봅니다. 만약 경기도 수원에서 공급하는 주택에 다자녀 특별공급을 준비 중인 사람이 경기도 수원시 2년, 인천광역시 2년, 서울특별시 2년을 거주했다고 할 때, 해당 시·도 거주 기간은 얼마일까요? 총 6년으로 5년 이상 10년 미만 구간인 10점에 해당됩니다.

> **TIP**
>
> 다자녀 특별공급의 '해당 시·도 거주 기간'과 공공주택 신혼부부 특별공급의 '해당 주택건설지역 연속 거주 기간' 산정 방법은 완전히 다르니 주의하세요!
> 만약 경기도 평택시에서 공급하는 주택에 대해서 A가 서울에서 2년, 인천에서 1년, 경기도 평택시에서 2년 거주했다면 다자녀 특별공급에서 서울·경기·인천 지역 전체를 해당 시·도로 보기 때문에 '해당 시·도 거주 기간'은 5년인 반면, 공공주택 신혼부부 특별공급의 해당 주택건설지역 연속 거주 기간은 '평택시' 2년으로 계산해야 합니다.

마지막으로 입주자저축 가입 기간입니다. 청약홈을 통해 청약 신청 시 입주자저축 가입 기간 점수는 자동으로 계산됩니다. 그러나 LH청약플러스에서 청약을 신청하는 경우 통장 가입 기간이 자동 계산되지 않으므로 청약통장 가입 은행을 통하거나 청약홈에서 청약통장 순위 확인서를 발급받으면 됩니다.

QR 바로가기

청약 자격 확인 ▶ 청약통장 ▶ 순위 확인서 발급(발급은 PC만 가능)

☑ 배점이 같다면 미성년 자녀수가 많은 사람이 유리

배점표의 점수가 동일하다면 미성년 자녀수가 많은 사람이 우선 당첨됩니다. 만일 배점표 점수가 같고 미성년 자녀수마저 같다면 어떻게 당첨자를 선정할까요? 청약 신청자 나이가 많은 순으로 당첨됩니다. 오랜 기간 무주택 세대구성원으로서 2명 이상의 미성년 자녀를 양육하며 내 집 마련을 손꼽아 기다려온 사람에게 먼저 기회를 주려는 것입니다.

• **다자녀 특별공급 당첨자 선정 방식**

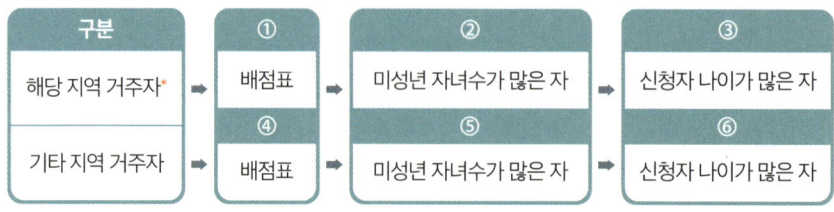

* 해당 지역에서 ① ⇨ ② ⇨ ③ 순으로 당첨자 선정 후, 낙첨자를 모두 포함하여 기타 지역에서 ④ ⇨ ⑤ ⇨ ⑥ 순으로 당첨자 선정
※ 공공주택은 공급 물량의 90%를 위 방식으로 먼저 선정한 후 남은 물량은 추첨으로 선정함

• **다자녀 가구 특별공급의 자격 기준**

구분		민영주택	국민주택	공공주택
통장 요건		통장 가입 6개월 경과 예치 기준 금액 이상	통장 가입 6개월 경과 납입인정회차 6회 이상	
세대 구성		무주택 세대구성원		
신청 자격		미성년 자녀 2명 이상(태아 수만큼 인정, 입양 포함)		
소득		-	해당 소득이 전년도 도시근로자 가구원수별 월평균 소득의 120% 이하인 자	해당 소득이 전년도 도시근로자 가구원수별 월평균 소득의 120% 이하인 자 (맞벌이는 200% 이하)
자산	부동산	-	-	자산 조건 충족
	자동차	-	-	자산 조건 충족

다자녀 특별공급 FAQ 이것만은 알아두자!

Q1 다자녀 특별공급 배점 기준표의 세대 구성에 대해 자세히 설명해주세요.

A1 「다자녀 가구 및 노부모 부양 주택 특별공급 운용지침」(별표1) 배점 기준표에 따르면 공급 신청자와 직계존속(배우자의 직계존속을 포함하며 무주택자로 한정)이 입주자 모집 공고일 현재로부터 과거 3년 이상 계속하여 동일 주민등록표등본에 등재되어 있어야 3세대 이상으로 인정됩니다.

직계존속이 무주택자로서 청약자와 동일한 주민등록표에 3년 이상 계속하여 등재되어 있고 주택을 소유한 직계존속의 배우자가 세대 분리되어 있을 경우 3세대 이상 구성된 것으로 인정됩니다.

또한 직계존속과 계부·모(직계존속의 배우자)가 동일 주민등록표등본에 3년 이상 계속하여 등재된 경우 계부·모는 법률상 직계존속 관계가 아니므로 신청자의 직계존속의 주택 소유 여부만 판단합니다(가점제의 부양가족 인정 여부 판단 기준과 다름).

⇨ 「민법」 제908조의2에 따라 친양자 입양되어 주민등록표등·초본에 부(父) 또는 모(母)로 표시되면 직계존속에 해당

3세대 이상이면서 한부모가족인 경우 모두 가점을 받을 수 없으며 둘 중 하나를 선택해야 합니다.

Q2 다자녀 특별공급 청약 신청자의 신청 가점은 80점이나 사업 주체에서 재산정한 점수는 75점, 당첨 커트라인(최저점)은 75점인 경우 당첨으로 인정되나요?

A2 「다자녀 가구 및 노부모 부양 주택 특별공급 운용지침」(별표 1) 배점 기준표 하단 유의사항란을 보면 동점자 발생 시 ① 미성년 자녀수가 많은 자, ② 자녀수가 같을 경우 공급 신청자의 연령(생년월일)이 많은 자 순으로 입주자를 선정하도록 규정하고 있습니다.

따라서 75점 낙첨자 중 자녀수가 동일한 낙첨자가 있는 경우 신청자의 가점과 연령(생년월일)을 당첨 최저점인 자의 점수·자녀수·연령(생년월일)과 비교하여 생년월일이 최저점인 자보다 빠른 경우 당첨자로 인정이 가능합니다. 생년월일까지 모두 같을 때는 동일한 생년월일이 같은 신청자 모두가 당첨된 경우에만 당첨자로 인정합니다.

Q3 2024년 3월 25일 「주택공급에 관한 규칙」 개정으로 미성년 자녀가 2명 이상이면 다자녀 특별공급에 신청할 수 있는데요. 그렇다면 미성년 자녀가 2명일 때 청약 시 최하층 우선 배정도 신청할 수 있나요?

A3 아닙니다. 동 규칙 제51조에 따른 최하층 우선 배정 신청 자격은 '입주자 모집 공고일 현재 3명 이상의 미성년 자녀를 둔 자'로서 기존과 자녀수 기준이 같습니다.

참고로 최하층 우선 배정에 신청하려면 청약자 또는 그 세대원이 아래의 요건 중 하나에 해당해야 하니 참고하세요.

- 입주자 모집 공고일 현재 65세 이상인 자
- 「장애인복지법」 제32조에 따라 장애인등록증이 발급된 자
- 입주자 모집 공고일 현재 미성년 자녀가 3명 이상인 자

12 노부모를 3년 이상 모시고 있다면 노부모 부양 특별공급

초고령 사회 진입을 목전에 둔 가운데 노부모 부양에 대한 사회와 가정의 부담이 날로 커지고 있습니다. 일정 기간 계속하여 직계존속을 부양하는 이들을 위

• 노부모 부양 특별공급

구분	민영주택	국민(공공)주택
공급 물량	3% 범위	5% 범위
주택 규모	-	
청약통장	• 1순위 (가입 기간 및 예치 기준 금액 충족)	• 1순위 (가입 기간 및 납입 회차 충족)
신청 자격	• 입주자 모집 공고일 현재 65세 이상의 직계존속(배우자의 직계존속 포함)을 동일 등본상 3년 이상 부양하고 있는 무주택 세대주	• 입주자 모집 공고일 현재 65세 이상의 직계존속(배우자의 직계존속 포함)을 동일 등본상 3년 이상 부양하고 있는 무주택 세대주 • [국민] 소득 기준 충족 [공공] 소득 및 자산 기준 충족 *85㎡ 이하 주택만 해당
당첨자 선정 방식	가점이 높은 순 (단, 가점이 같을 때는 청약통장 순위기산일이 빠른 순)	• (전용면적 40㎡ 이하) 3년 이상 무주택 세대구성원으로서 납입 회차가 많은 순 • (전용면적 40㎡ 초과) 3년 이상 무주택 세대구성원으로서 납입인정 금액이 많은 순 • [공공] 물량의 90%는 위의 순위 순차제 적용, 남은 물량은 추첨

청약제도 안내 ▶
APT ▶ 특별공급
▶ 노부모 부양

한 정책적 배려의 일환으로 2002년 10월, 공공주택에 최초로 도입된 노부모 부양 특별공급(이하 '노부모 특별공급')은 민영주택의 경우 전체 세대수의 3%[국민(공공)주택 5%] 범위에서 공급하고 있습니다.

무주택 세대주로서 일반공급 1순위 자격을 충족하고 65세 이상의 직계존속(배우자의 직계존속 포함)을 3년 이상 계속 부양하고 있다면 다음의 체크리스트를 통해 청약 자격 여부를 확인해보기 바랍니다.

· 노부모 특별공급 신청 자격 체크리스트

❶	청약 신청 가능 지역에 거주하는가?	☐	청약 신청 가능 지역 76쪽 참조
❷	특별공급에 당첨된 세대원이 없는가?	☐	특별공급 1회 제한 104쪽 참조
❸	재당첨 제한 중인 세대원이 없는가?	☐	재당첨 제한 101쪽 참조
❹	일반공급 1순위 자격을 갖추었는가?	☐	
❺	공고일 현재 무주택 세대구성원이면서 세대주인가?	☐	
❻	[규제지역] 본인 및 세대원 전원이 과거 5년 내 타 단지 당첨 사실이 없는가?	☐	5년 내 1순위 청약 제한 107쪽 참조
❼	65세 이상의 직계존속(배우자의 직계존속 포함)을 3년 이상 계속하여 부양하고 있는가?	☐	주민등록표등본(초본)상 계속 부양

✔ 3년 이상 계속 부양해야 인정

◉ 3년 이상 '계속해서' 신청자와 같은 등본에 등재되어야 한다

직계존속은 장인, 장모, 시부, 시모 등과 같이 배우자의 직계존속까지 포함하며 신청자와 같은 주민등록표등본에 있다면 가능합니다. 3년 이상 부양했는지에 대한 판단은 '청약 신청자와 같은 세대별 주민등록표등본상에 등재'되어 있는 것을 기준으로 합니다. 이때 청약 신청자가 아닌 세대 분리된 청약 신청자의 배우자 주민등록표등본상에 등재된 기간은 부양 기간으로 인정하지 않습니다.

'부양'의 의미는 같은 주민등록지에 계속하여 등재된 것을 의미하므로 피부양 직계존속이 공고일 기준 3년 이내에 계속해서 90일을 초과하여 해외에 체류한 경우엔 같은 주민등록표등본상에 등재된 것으로 보지 않으므로 유의해야 합니다.

특히 모집 공고일 기준, 부양하고 있는 직계존속과 주민등록표등본상 분리된 직계존속의 배우자도 무주택이어야 합니다. 예를 들어 청약 신청자가 아버지만 부양하고 있더라도 세대 분리하여 거주 중인 어머니(아버지가 재혼한 경우 현재 혼인관계 중인 새어머니 포함) 역시 무주택이어야 합니다. 노부모 특별공급은 분리세대인 경우에도 무주택 요건을 지켜야 한다는 점을 잊지 마세요!

📍 1명만 65세 이상이어도 OK!

부모님을 부양하고 있는데 아버지는 65세를 넘겼으나 어머니는 그렇지 않다면 청약 신청이 가능한지 궁금할 수 있습니다. 직계존속의 65세 여부와 3년 이상 부양 조건은 1명만 충족하면 됩니다. 다만 아버지는 청약 신청자와 등본상 분리되어 있고 65세 미만인 어머니만 모시고 있다면 신청할 수 없습니다.

> **TIP**
>
> **청약 신청자의 세대주 여부는 입주자 모집 공고일 기준이에요!**
> 노부모 특별공급의 신청 자격 중 65세 이상의 직계존속(배우자의 직계존속 포함)을 3년 이상 계속해서 부양하고 있는 세대주는 모집 공고일 현재 '무주택 세대주' 요건을 충족하면 됩니다. 3년 이상 세대주 자격을 유지할 필요는 없습니다.

📍 피부양자의 배우자가 주택을 소유하고 있는 경우

본인이 세대주인 전셋집에 어머니와 전입하여 함께 살고 있다가 3년이 지나 노부모 특별공급에 청약하여 드디어 당첨되었습니다. 그러나 며칠 뒤 청천벽력 같은 부적격 판정을 받았습니다. 주민등록표등본상 분리되어 아무 문제가 없을 거라고 판단한 아버지가 주택을 소유하고 있었기 때문입니다. 노부모 특별공급을 위한 무주택 세대구성원 요건 판단 시 같은 세대를 구성하고 있지 않은 피부양자의 배우자도 무주택자여야 합니다.

> **TIP**
> **60세 이상의 직계존속이 주택을 소유한 경우 무주택으로 인정되지 않아요!**
> 「주택공급에 관한 규칙」 제53조 단서 조항에 따라 노부모 특별공급 청약 신청 시 60세 이상의 직계존속이 주택을 소유하고 있는 경우 무주택으로 인정되지 않으므로 유의하세요!

> **TIP**
> **소형·저가 주택 등을 소유했더라도 특별공급, 일반공급 관계없이 모두 '무주택자'**
> 2023년 11월, 「주택공급에 관한 규칙」 제53조제9호 개정으로 기존에 민영주택 일반공급에만 적용하던 소형·저가 주택의 무주택 인정 규정이 특별공급 및 국민(공공)주택에도 모두 적용됩니다.

📍 피부양 직계존속의 주택 소유 기간은 무주택 기간에서 제외

아버지 소유의 주택을 팔고 몇 년 뒤 다시 청약에 도전한다고 해도 무주택 기간 산정 시 주의해야 할 사항이 있습니다. 민영주택 노부모 특별공급은 가점제로 당첨자를 선정하는데 가점제 무주택 기간 산정 시 피부양 직계존속 및 그 배우자가 주택을 소유하고 있던 기간은 무주택 기간에서 제외해야 하기 때문입니다. 민영주택 일반공급 무주택 기간 산정 방법과 달라서 많은 청약자가 실수하는 부분입니다.

📍 가족관계등록부에 등재되어야 피부양 직계존속으로 인정

가족관계등록부에 등재되지 않는 생모를 부양하고 있는 경우도 직계존속으로 인정하지 않으며 친생자관계부존재확인소송을 통해 가족관계등록부를 정정해야 직계존속으로 인정받을 수 있습니다. 이 경우, 정정 이전에 부양한 기간도 계속 부양한 기간으로 인정해줍니다.

계부 또는 계모를 부양하고 있는 경우 가족관계증명서상 친부 또는 친모에 해당하지 않기 때문에 직계존속으로 보지 않습니다. 그러나 친양자로 입양되어 주민등록표등·초본상에 부 또는 모로 표시되면 직계존속에 해당합니다.

QR 바로가기

청약제도 안내
▶ 주택청약 용어 설명 ▶ 부양가족

☑ 무주택 세대주인가?

노부모 특별공급은 입주자 모집 공고일 기준 세대별 주민등록표등본 기준, 신청자 본인이 세대주여야 합니다. 동일 세대 내 부양자는 제도 취지상 세대주로 한정하여 해석하기 때문에 세대원 자격으로는 신청할 수 없습니다.

☑ 일반공급 1순위 자격을 갖추었는가?

노부모 특별공급에 신청하려면 청약하려는 지역별 청약통장 1순위 요건을 갖추어야 합니다. 1순위 요건은 청약하려는 지역이 규제지역인지 아닌지에 따라 청약통장 가입 기간 등이 달라집니다. 민영주택은 신청자의 거주 지역에 따라 규모별 예치금액 기준도 다릅니다.

만약 청약지역이 투기과열지구 또는 청약과열지역이라면 청약통장을 가입한지 2년이 지나고 지역별·면적별 예치 기준 금액 또는 납입인정회차를 충족해야합니다. 이 외에도 신청자와 세대원 중 과거 5년 이내에 다른 주택에 당첨된 사

청약홈 ▶ 청약 자격 확인 ▶ 청약 제한 사항 확인 (로그인 필요)

실이 없어야 합니다.

청약홈에서는 청약을 신청할 때 청약통장 순위 확인이 가능합니다. 청약 신청 단계가 아니더라도 청약홈 '공고단지 청약연습(민영주택만 가능)' 메뉴를 통해 실제 모집 공고 중인 단지의 공고일 다음 날부터 청약연습하기가 가능하므로 본인의 청약통장 순위 및 자격 여부를 확인하면 됩니다.

13 노부모 특별공급 당첨되기

✅ 일반공급 1순위 당첨자 선정 방식 적용

민영주택 노부모 특별공급은 신혼부부나 생애최초 특별공급과 달리 소득우선을 적용하지 않고 일반공급 1순위 당첨자 선정 방법인 가점 순으로 당첨자를 선정합니다.

· 민영주택 노부모 특별공급 당첨자 선정 방식

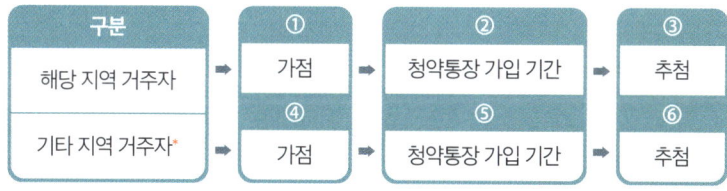

* 해당 지역 거주자를 대상으로 ① ➡ ③ 순으로 당첨자를 선정 후, 낙첨자와 기타 지역 거주자를 모두 포함하여 ④ ➡ ⑥ 순으로 당첨자 선정

　동일 지역(해당 주택건설지역) 내에서 경쟁이 있는 경우 가점 순으로 당첨자를 선정하며 가점이 같을 경우 청약통장 가입 기간(순위기산일)이 긴 사람이 우선합니다. 순위기산일마저 같다면 추첨으로 당첨자를 선정합니다.
　국민주택(「공공주택특별법」 미적용) 노부모 특별공급은 전체 물량을 대상

QR 바로가기
청약제도 안내 ▶
APT ▶ 특별공급
▶ 노부모 부양

으로 순위 순차제를 적용하여 당첨자를 선정합니다. 즉, 해당 지역에 거주하는 무주택 기간 3년 이상인 자 중 저축 총액(납입인정금액)이 많은 순으로 선정합니다. 그다음은 해당 지역에 거주하고 있으나 무주택 기간 3년 미만인 사람 중에 저축 총액(납입인정금액)이 많은 순으로 당첨됩니다.

단, 「공공주택특별법」을 적용받는 공공주택은 2024년 3월 규칙이 개정됨에 따라 당첨자 선정 방식이 「공공주택특별법」 미적용 국민주택과 달라졌습니다.

물량의 90%를 우선소득자[전년도 도시근로자 가구원수별 월평균 소득의 120%(맞벌이 130%) 이하인 자]에게 공급(소득우선공급)하며 이 중 동일 지역에서 경쟁이 있다면 순위 순차제를 적용하여 당첨자를 선정합니다.

그리고 남은 물량은 소득우선공급 청약자 중에서 낙첨자와 맞벌이 부부 가운데 소득 기준 200% 이하인 자를 대상으로 2단계 추첨공급을 통해 당첨자를 선정합니다.

• **국민주택**(「공공주택특별법」 미적용) **노부모 특별공급 당첨자 선정 방식**(전용면적 40㎡ 초과)

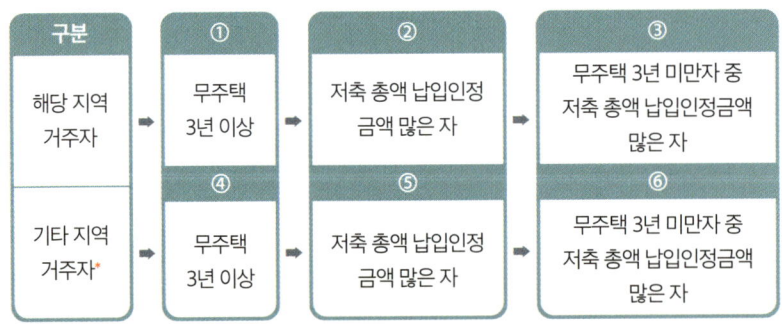

* 해당 지역 거주자를 대상으로 ① ⇨ ② ⇨ ③ 순으로 당첨자를 선정 후, 낙첨자와 기타 지역 거주자를 모두 포함하여 ④ ⇨ ⑤ ⇨ ⑥ 순으로 당첨자 선정

앞서 언급했듯이 공공주택의 당첨자 선정 방식은 다음 표와 같이 배정 물량의 90%를 소득우선자에게 순위 순차제를 적용해 공급합니다.

- **공공주택**(「공공주택특별법」적용) **노부모 특별공급 당첨자 선정 방식**(전용면적 40㎡ 초과)

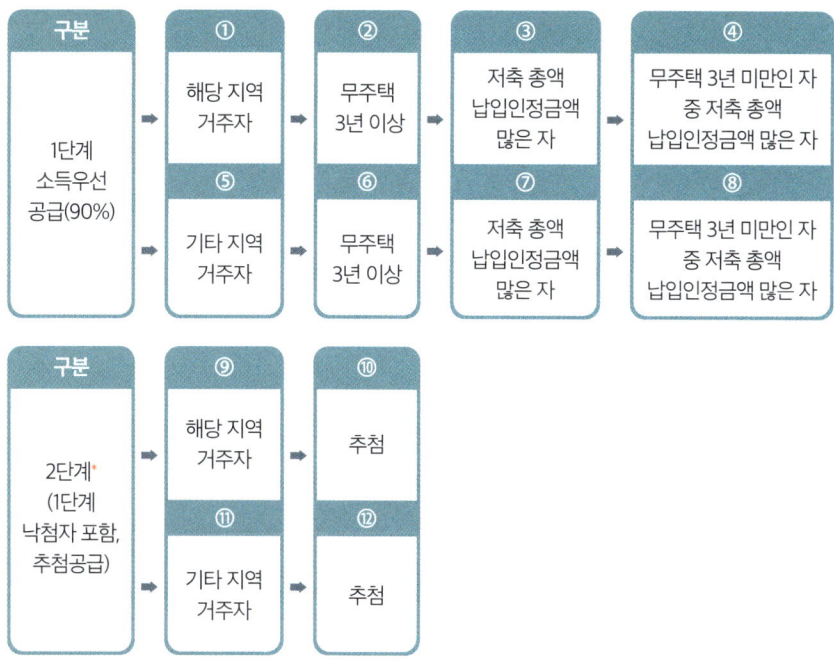

* 2단계 추첨공급 대상은 1단계 낙첨자를 포함하며 부부 모두 소득이 있는 신청자 가운데 세대의 월평균 소득이 전년도 도시근로자 가구원수별 월평균 소득의 130% 초과, 200% 이하인 맞벌이 부부

• 노부모 특별공급의 자격 기준

구분		민영주택	국민주택	공공주택
통장 요건 (1순위)	수도권	통장 가입 1년 경과 예치 기준 금액 이상	통장 가입 1년 경과 월 납입금 12회 이상	
	비수도권	통장 가입 6개월 경과 예치 기준 금액 이상	통장 가입 6개월 경과 월 납입금 6회 이상	
	규제지역	통장 가입 2년 경과 예치 기준 금액 이상	통장 가입 2년 경과 월 납입금 24회 이상	
		2주택 이상 소유한 세대가 아님	무주택 세대구성원	
		과거 5년 이내 세대구성원 전원이 다른 주택에 당첨된 사실이 없을 것		
세대 구성		무주택 세대구성원 (피부양자의 배우자가 세대 분리된 경우에도 무주택자여야 함)		
신청 자격		65세 이상의 직계존속(배우자의 직계존속 포함)을 3년 이상 계속 부양(같은 주민등록표등본에 등재)		
세대주 요건		입주자 모집 공고일 현재 세대주		
소득		-	해당 소득이 전년도 도시근로자 가구원수별 월평균 소득의 120% 이하인 자 (공공주택의 경우 맞벌이는 200% 이하)	
자산	부동산	-	-	자산 조건 충족
	자동차	-	-	자산 조건 충족

노부모 특별공급 FAQ 이것만은 알아두자!

Q1 청약 신청자만 65세 이상의 직계존속을 3년 이상 계속하여 부양해야 인정되나요? 세대가 분리된 청약 신청자의 배우자와 함께 등재된 기간도 부양 기간으로 인정해주나요?

A1 노부모 특별공급 신청을 위해서는 65세 이상의 직계존속이 청약 신청자와 동일한 주민등록표에 3년 이상 계속하여 등재되어 있어야 하며 청약 신청자가 아닌 세대 분리된 청약 신청자 배우자의 주민등록표상에 등재된 기간은 부양 기간으로 인정되지 않습니다.

Q2 노부모 특별공급 청약 시 청약 신청자의 어머니는 청약자와 동일한 주민등록표에 등재되어 있으나 아버지는 주민등록이 분리되어 있는 경우, 아버지도 무주택이어야 하나요?

A2 「다자녀 가구 및 노부모 부양 주택 특별공급 운용지침」 제4조에 따르면 노부모 특별공급 대상자는 입주자 모집 공고일 현재 무주택 세대구성원인 세대주여야 하고 피부양자의 배우자도 무주택자여야 합니다.

노부모 특별공급은 65세 이상의 직계존속을 3년 이상 부양한 자에게 주택을 공급하는 것이므로 주민등록이 분리된 피부양자의 배우자(계부, 계모도 포함)도 무주택이어야 합니다. 또한 청약자의 주민등록표에 본인의 직계존속(부모, 조부모)과 배우자의 직계존속(장인, 장모) 중 한쪽(어머니, 할머니, 장모)만 등재되어 있는 경우에는 주민등록이 분리된 다른 한쪽(아버지, 할아버지, 장인)도 모두 무주택이어야 합니다.

14 기관 추천 특별공급

　기관 추천 특별공급은 신혼부부, 생애최초, 다자녀, 노부모, 청년, 신생아 특별공급 외에 장애인, 국가유공자, 중소기업근로자, 장기 복무 제대군인 등 국가에서 정책적인 배려가 필요한 자에게 별도의 경쟁 없이 주택을 공급하기 위해 마련한 제도입니다. 공급 물량의 10% 범위 내에서 공급(민영주택은 전용면적 85㎡ 이하에 한정)하고 있으며 사업 주체는 공고 전에 대상 인원을 확정하여 기관에 추천을 요청합니다. 기관은 특별공급 청약 접수 전까지 사업 주체에 대상자의 명단을 통지합니다.

　기관 추천 대상자는 당첨 대상자와 예비 추천자로 나뉘며, 확정자는 특별공급 청약일에 청약 접수 홈페이지 또는 사업 주체 견본 주택에 최종 신청을 해야 당첨자로 확정됩니다. 예비 추천자는 신혼부부 특별공급 등 다른 특별공급 신청자들과 함께 청약 미달 물량 발생 시 무작위 추첨을 통해 당첨자 또는 예비 입주자로 선정되거나, 그렇지 않을 경우 다른 특별공급 유형의 청약 신청자들과 같이 낙첨될 수도 있습니다. 대상자 선정 방식은 각 기관에서 별도로 결정하므로 해당 기관에 직접 문의해야 합니다.

• 기관 추천 특별공급 대상자 유형

No.	대상자	근거	추천 기관
1	국가유공자 등 (「주택공급에 관한 규칙」 제35조, 제36조, 제45조)	독립유공자 예우에 관한 법률 국가유공자 등 예우 및 지원에 관한 법률 보훈보상 대상자 지원에 관한 법률 5·18 민주유공자 예우에 관한 법률 특수임무유공자 예우 및 단체설립에 관한 법률 참전유공자예우 및 단체설립에 관한 법률	국가보훈처
2	장기 복무 제대군인 (제35조, 제36조)	제대군인지원에 관한 법률	국가보훈처
3	10년 이상 복무 군인 (제35조, 제36조)	군인복지기본법	국방부
4	의상자, 의사자유족 (제35조, 제36조)	의사상자 등 예우 및 지원에 관한 법률	보건복지부
5	북한이탈주민 (제35조, 제36조)	북한이탈주민의 보호 및 정착지원에 관한 법률	통일부
6	납북피해자 (제35조, 제36조)	군사정전에 관한 협정 체결 이후 납북피해자의 보상 및 지원에 관한 법률	통일부
7	철거주택소유자 (제35조, 제36조)	주택공급에 관한 규칙	지자체
8	철거주택세입자 (제35조)	도시 및 주거환경정비법	지자체
9	위안부피해자 (제35조, 제36조)	일제하 일본군위안부 피해자에 대한 생활안정지원 및 기념사업 등에 관한 법률	여성가족부
10	공무원 연·기금 적립자 (제35조, 제36조)	주택도시기금법	공무원연금공단
11	장애인 (제35조, 제36조)	장애인복지법	보건복지부/ 각 지자체
12	다문화가족 (제35조)	다문화가족지원법	여성가족부

13	귀국공무원 등 (제35조, 제36조)	공무원연금법	인사혁신처
		군인연금법	-
14	과학기술전문가 (제35조, 제36조)	주택공급에 관한 규칙	-
15	탄광·공장근로자 (제35조)	주택공급에 관한 규칙	-
16	우수선수·기능인 (제35조, 제36조)	주택공급에 관한 규칙	대한체육회
17	중소기업근로자 (제35조, 제36조)	중소기업인력지원특별법	중소벤처기업부
18	시책 추진 대상 (투자촉진, 전통문화) (제35조, 제36조)	주택공급에 관한 규칙	시·도지사
19	영주귀국·귀화재외동포 (제35조, 제36조)	주택공급에 관한 규칙	과학기술 정보통신부
20	국군포로 (제35조)	국군포로의 송환 및 대우 등에 관한 법률	국방부
21	철거주택소유자 (제37조)	택지개발촉진법	지자체
		도시개발법	
		공공주택특별법	
		공익사업을 위한 토지 등의 취득 및 보상에 관한 법률	
22	철거주택소유자 (제44조)	도시개발법	지자체
		공익사업을 위한 토지 등의 취득 및 보상에 관한 법률	
23	체육유공자 (제35조, 제36조)	국민체육진흥법	국민체육진흥공단
24	한부모가족 (제35조)	한부모가족지원법 시행규칙	여성가족부

25	도시재생사업토지·건축물 소유자 (제35조, 제36조)	국가균형발전특별법 도시재생 활성화 및 지원에 관한 특별법	지자체
26	국외취업근로자 (제35조)	주택공급에 관한 규칙	지자체
27	기타 (그 밖의 법령·국가시책)	주택공급에 관한 규칙	-
28	비수도권 이전 (제39조)	수도권정비계획법 시행령 국가균형발전 특별법 시행령 산업기술혁신 촉진법	지자체/ 산업통상자원부
29	경제자유구역 종사자 (제38조)	경제자유구역의 지정 및 운영에 관한 특별법 외국인투자촉진법 시행령	지자체/ 산업통상자원부
30	외국인 (제42조)	주택공급에 관한 규칙	지자체

일반공급은 기본 자격만 갖춘다면
누구나 신청할 수 있어
청약에서 가장 높은 경쟁률을
기록하는 유형입니다.

4장
일반공급으로 청약 신청하기

01 민영주택 일반공급은 가점제와 추첨제

일반공급은 특별공급을 배정하고 남은 주택의 입주자를 선정하기 위한 공급 방식으로 해당 주택건설지역에 거주하는 청약통장 가입자를 대상으로 합니다. 일반적으로 특별공급을 배정하고 나면 일반공급 물량은 전체 물량의 20~30%에 불과한 데다 특별공급처럼 유형별로 신청 자격에 제한을 두지 않기 때문에 기본 자격만 갖춘다면 누구나 신청이 가능하여 청약에서 가장 높은 경쟁률을 기록하는 유형이기도 합니다.

• **민영주택 일반공급 신청 자격 체크리스트**

❶	청약 신청 가능 지역에 거주하는가?	☐	청약 신청 가능 지역 76쪽 참조
❷	청약예·부금 또는 주택청약종합저축 순위별 요건을 충족했는가?	☐	투기·청약과열지역인 경우 1순위 요건 별도 확인 211쪽 참조

☑ 누가 청약할 수 있을까?

민영주택은 입주자 모집 공고일 현재 해당 주택건설지역에 거주하는 「민법」에 따른 성년자(외국인 포함)에게 공급합니다.

> **TIP**
> 세대주인 미성년자도 아래의 경우에는 성년자로 인정되어 청약이 가능해요!
> - 자녀를 양육하는 경우
> - 직계존속의 사망, 실종선고 및 행방불명으로 형제자매를 부양하는 경우
> 단, 자녀 및 형제자매는 세대주인 미성년자와 같은 주민등록표등본에 등재되어 있어야 합니다.

QR 바로가기

청약제도 안내 ▶
APT ▶ 청약 자격

하지만 공고일 현재 계속해서 90일을 초과하여 해외에 체류하고 있으면 국내 거주로 인정되지 않기 때문에 청약할 수 없습니다.

> **TIP**
> 세대원이 있는 청약자(단독 세대주는 제외)가 생업상의 사정으로 해외에 단신 부임하여 체류하고 있는 경우 국내에 거주하는 것으로 보아 해외 체류 기간과 무관하게 청약이 가능해요!

☑ 어떤 조건의 청약통장이 필요할까?

청약통장의 가입 기간과 예치금 충족 여부에 따라 1순위와 2순위로 구분됩니다. 가입 기간과 예치금 기준을 모두 충족해야 하고 만약 둘 중 하나만 충족한 경우 1순위 자격으로 청약할 수 없습니다. 많은 분이 가입 기간과 예치금을 본인이 직접 판단하고 청약을 준비하는 경우가 많은데 '가입 기간'과 '예치금'은 납부방식, 연체 여부에 따라 본인이 알고 있는 바와 다를 수 있습니다. 그러므로 청약홈 '공고단지 청약연습' 또는 '순위 확인서 발급'을 통해 청약하려는 단지의 입주자 모집 공고일을 기준으로 정확한 순위를 확인해야 합니다.

　1순위 자격으로 청약하려면 청약통장(주택청약종합저축, 청약예금, 청약부금)에 가입하여 6개월(수도권은 12개월, 투기과열지구 또는 청약과열지역은 24개월)이 경과해야 하고 청약자의 거주 지역에 따른 예치금액 이상을 납입해야 합니다. 하지만 시·도지사가 필요하다고 인정하는 경우 1순위 요건을 12개월(수도권은 24개

월)까지 연장할 수도 있으므로 단지별로 확인해봐야 합니다.

> **TIP**
>
> 예치금액을 인정받을 수 있는 납부 기준일이 있어요!
> - [청약예금 지역별 예치금 차액]: 청약 접수 당일까지 충족 시 청약 신청 가능해요.
> - [청약예금 면적별 예치금 증액]: 최초 입주자 모집 공고 전일까지 변경이 가능해요.
> - [주택청약종합저축 예치금 기준]: 최초 입주자 모집 공고 당일까지 충족 시 청약 신청 가능해요.

또한 청약하려는 주택이 투기과열지구나 청약과열지역에 있는 경우 청약 자격이 '세대주'로 강화됩니다. 입주자 모집 공고일 기준 본인이 세대주가 맞는지 주민등록표초본을 반드시 확인하세요.

- **민영주택 청약 순위별 요건**

구분	청약통장	순위별 조건	
		청약통장 가입 기간	납입금
1순위	주택청약 종합저축 청약예금 청약부금 (전용면적 85㎡ 이하만 청약 가능)	• 투기과열지구 및 청약과열지역 : 가입 후 2년이 경과한 자 • 위축지역 : 가입 후 1개월이 경과한 자 • 투기과열지구, 청약과열지역, 위축지역 외 - 수도권: 가입 후 1년이 경과한 자 (다만, 필요한 경우 시·도지사가 24개월까지 연장 가능) - 수도권 외: 가입 후 6개월이 경과한 자 (다만, 필요한 경우 시·도지사가 12개월까지 연장 가능)	납입인정금액이 지역별 예치금액 이상인 자 매월 약정 납입일에 납입한 납입인정 금액이 지역별 예치금액 이상인 자
2순위 (1순위 제한자 포함)		청약통장에 가입하였으나 1순위에 해당하지 않는 자 (청약통장 가입자만 청약 가능)	

📍 1순위 자격이 안 된다면 아쉽지만 2순위라도

청약자의 선호가 높은 지역이 아니라면 2순위자도 당첨의 기회가 있으니 너무 낙심할 필요는 없습니다. 청약통장 순위 미달 외에도 세대주가 아니거나 다주택자는 1순위 청약이 불가능한 경우가 있으므로 1순위가 안 된다면 아쉽지만 2순위자로 청약하면 됩니다. 하지만 2순위로 청약할 때도 입주자 모집 공고일 기준으로 청약통장에 가입되어 있어야 합니다.

- **1순위자로 청약할 수 없는 경우**
    1. 청약통장 1순위 자격(기간, 예치금액)을 만족하지 못하는 경우
    2. [민영주택] 85㎡ 초과 공공건설임대주택을 공급하는 경우 2주택 이상을 소유한 세대에 속한 자
    3. [민영주택] 수도권 공공주택지구에서 주택을 공급하는 경우 2주택(토지임대주택을 공급하는 경우에는 1주택) 이상을 소유한 세대에 속한 자
    4. [투기과열지구 또는 청약과열지역] 아래 **중 하나라도 해당**하는 경우
        - 세대주가 아닌 자
        - 과거 5년 이내 다른 주택의 당첨자가 된 자의 세대에 속한 자
        - [민영주택] 2주택(토지임대주택을 공급하는 경우 1주택) 이상을 소유한 세대에 속한 자

청약제도 안내 ▶
규제지역 정보

이처럼 청약통장의 1순위 요건을 갖추지 못하거나 다른 이유로 1순위로 청약할 수 없는 경우에도 2순위 자격으로 청약해야 합니다.

💡 TIP
만약 1순위자가 1순위 청약 신청일에 미처 청약하지 못했다면 2순위 청약 신청일에 2순위자로 청약이 가능해요!

✅ 공급 지역별 청약통장 요건과 청약 신청일

앞에서 설명한 것과 같이 일반공급의 자격은 주택을 건설·공급하는 지역이 수도권인지, 투기과열지구 또는 청약과열지역인지, 공공주택지구에서 공급하는지 여부 그리고 그 외 위축지역에 해당하는지에 따라 자격이 다양합니다. 그래서 청약하려는 주택의 지역 특성에 맞는 조건을 먼저 찾아보는 편이 좋습니다.

• **공급 지역별 청약통장 및 자격 요건**

순위	공급 지역	자격 요건
1순위	① 투기과열지구 / 청약과열지역	• 청약통장 가입 2년 경과 + 예치 기준 금액 납입한 자 • 세대주일 것 • 과거 5년 이내 다른 주택의 당첨자가 세대에 속하지 않을 것 • 2주택(토지임대주택은 1주택) 이상 소유하지 않을 것(민영주택만 해당)
	② 수도권	• 청약통장 가입 1년 경과 + 예치 기준 금액 납입한 자 단, 공공주택지구에서 주택을 공급하는 경우에는 2주택(토지임대주택은 1주택) 이상을 소유하지 않을 것(민영주택만 해당)
	③ 수도권 외의 지역	• 청약통장 가입 6개월 경과 + 예치 기준 금액 납입한 자
	④ 위축지역	• 청약통장 가입 1개월 경과 + 예치 기준 금액 납입한 자
2순위	모든 지역	• 청약통장에 가입했으나 위 1순위에 해당하지 않는 자

이 표를 이용하여 예를 들어보면 전라남도 순천시가 청약과열지역에 해당하면 순천이 수도권 외의 지역이라 하더라도 1순위자가 되려면 ❶번의 조건이 필요합니다. 또한 현재(2025년 4월 기준) 위축지역으로 지정된 곳은 없지만 경기도 가평군이 위축지역에 해당한다면 가평이 수도권에 소재하더라도 ❹번의 통장 자격 요건만 갖추면 됩니다.

📍 청약일을 놓치면 당첨의 꿈도 한낱 물거품

특별공급도 마찬가지지만 청약 자격이 동일한 경우 해당 주택건설지역에 거주하는 사람이 기타 광역지역 거주자보다 우선하여 당첨자로 선정됩니다. 이를 일컬어 '지역 우선공급'이라고 합니다.

예를 들어 어떤 주택의 입주자를 100명 선정하는데 1순위 신청자 중 해당 주택건설지역 신청자가 700명, 기타 광역지역 신청자가 1,000명이라고 가정해보겠습니다. 예비 입주자를 500%까지 선정한다고 하면 해당 지역 청약자가 당첨자와 예비 입주자가 되기에 충분한 수인 만큼 기타 지역 청약자는 모두 낙첨이됩니다. 이런 경우 기타 지역 거주자는 굳이 청약할 필요가 없으며 과다한 청약 신청으로 경쟁률만 높아집니다.

이와 같은 비효율을 해결하기 위해 정부는 2017년 7월 관련 규정을 개정하여 투기과열지구 또는 청약과열지역에서 공급하는 주택의 1순위 청약 시 해당 주택건설지역의 거주자와 그 밖의 지역 거주자의 청약 일정을 분리하도록 했습니다. 따라서 본인의 거주 지역과 전입일자를 미리 확인하고 해당 지역 거주자로 청약할 것인지 기타 지역 거주자로 청약할 것인지를 판단하여 해당일에 청약해야 합니다.

💡 TIP

청약일! 이제 놓치지 마세요!
청약홈 → 청약 일정 및 통계 → 청약 알리미 신청 메뉴를 이용해보세요.
관심 단지 청약일에 문자 또는 카카오톡으로 알림을 받을 수 있어 깜박하고 청약 신청을 놓치는 일이 없답니다!

하지만 주택을 공급하는 지역이 수도권 66만 ㎡ 이상의 대규모 택지개발지구에 해당할 때는 지역별로 1순위 청약 일정을 구분하지 않습니다. 왜냐하면 이러한 지역에서 공급할 경우에는 해당 주택건설지역의 거주자라고 하여 100% 먼저 선정되지 않고 공급 물량의 20%, 30% 또는 50%같이 일부분만 우선하여 선정하기 때문입니다.

> **TIP**
>
> 투기과열지구나 청약과열지역이라도 '대규모 택지개발지구 등'에서 공급하는 주택이라면 1순위는 일정을 분리하지 않고 하루에 받아요!
> - [대규모 택지개발지구 등]: 위례 신도시, 하남 교산지구, 행정중심복합도시 등

☑ 가점제를 먼저 공략하자!

가점제는 일반공급의 일정 물량을 무주택 기간(0~32점), 부양가족수(5~35점), 입주자저축 가입 기간(1~17점)을 고려하여 높은 점수 순으로 선정하기 위해 도입된 제도입니다. 3가지 항목으로 총 84점이며 총점이 높은 순으로 당첨자를 선정하고 점수가 같을 경우에는 청약통장 가입기간이 긴 사람을 우선하여 선정합니다.

• **지역별 가점제 및 추첨제 비율**

구분	60㎡ 이하		60㎡ 초과~85㎡ 이하		85㎡ 초과	
	가점제	추첨제	가점제	추첨제	가점제	추첨제
투기과열지구	40%	60%	70%	30%	80%	20%
청약과열지역	40%	60%	70%	30%	50%	50%
수도권 공공주택지구 (그린벨트 해제 50% 이상)	40%	60%	70%	30%	80% 이하에서 시·군·구청장이 결정	20%~
공공건설임대주택	-	-	-	-	100%	-
그 외	40% 이하에서 시·군·구청장이 결정	60%~	40% 이하에서 시·군·구청장이 결정	60%~	-	100%

※ 주택형별 공급 세대수에 비율을 곱하여 소수점 이하는 올림

하지만 누구나 가점제로 청약할 수 있는 것은 아닙니다. 청약하려는 주택의 입주자 모집 공고일 기준, 본인이나 세대원 중에 과거 2년 내에 다른 주택에 가점제로 당첨된 자가 있다면 가점제가 아닌 추첨제로 청약해야 합니다. 또한 1세대(1호)의 주택을 소유한 세대에 속한 분은 수도권 공공주택지구·투기과열지구·청약과열지역에서는 추첨제로만 청약이 가능합니다.

· 규제지역 내 주택 소유 구분에 따른 1순위 가점제/추첨제 청약 가능 여부

주택 소유 구분	가점제	추첨제
무주택	○	○
1주택	×	○
2주택 이상	×	×

※ 비규제지역은 주택 소유 구분 없이 가점제 청약 가능

이렇게 가점제를 통해 당첨자를 선정한 후 가점제에서 탈락한 사람들과 추첨제 신청자를 한데 모아 추첨의 방식으로 당첨자를 선정합니다. 본인의 청약 지역 및 주택 소유에 따라 가점제 청약 가능 여부를 꼭 확인해야 합니다.

2024년 3월 「주택공급에 관한 규칙」 개정으로 민영주택 일반공급 가점제에 신청할 때 '입주자저축 가입 기간' 항목에 배우자의 입주자저축 가입 기간을 합산(최대 3점)할 수 있게 되었습니다. 만일 배우자가 모집 공고일 기준 청약통장에 가입되어 있고 해당 통장으로 청약에 당첨된 이력이 없다면 가점을 높일 수 있어 유리합니다.

청약통장 가입 기간의 만점은 17점(15년 이상)으로 기존과 같으므로 본인과 배우자의 합산 점수가 17점을 초과하더라도 17점까지만 인정됩니다.

배우자의 청약통장 가입 기간을 합산할 때 청약 전 배우자 기준으로 '청약통장 가입확인용 순위 확인서'를 미리 발급받아 정확한 점수를 확인하는 게 좋습니다. 한편 청약 신청 이후 배우자의 청약통장을 해지할 경우 '청약통장 가입확

• **가점제 산정 기준표**(「주택공급에 관한 규칙」[별표1]의 2호 나목)

가점 항목	가점 상한	가점 구분	점수	가점 구분	점수
무주택 기간	32	30세 미만 미혼자 (유주택자)	0	8년 이상~9년 미만	18
		1년 미만	2	9년 이상~10년 미만	20
		1년 이상~2년 미만	4	10년 이상~11년 미만	22
		2년 이상~3년 미만	6	11년 이상~12년 미만	24
		3년 이상~4년 미만	8	12년 이상~13년 미만	26
		4년 이상~5년 미만	10	13년 이상~14년 미만	28
		5년 이상~6년 미만	12	14년 이상~15년 미만	30
		6년 이상~7년 미만	14	15년 이상	32
		7년 이상~8년 미만	16	-	-
부양 가족수	35	0명	5	4명	25
		1명	10	5명	30
		2명	15	6명 이상	35
		3명	20	-	-
입주자 저축 가입 기간	17	본인			
		6개월 미만	1	8년 이상~9년 미만	10
		6개월 이상~1년 미만	2	9년 이상~10년 미만	11
		1년 이상~2년 미만	3	10년 이상~11년 미만	12
		2년 이상~3년 미만	4	11년 이상~12년 미만	13
		3년 이상~4년 미만	5	12년 이상~13년 미만	14
		4년 이상~5년 미만	6	13년 이상~14년 미만	15
		5년 이상~6년 미만	7	14년 이상~15년 미만	16
		6년 이상~7년 미만	8	15년 이상	17
		7년 이상~8년 미만	9	-	-
		배우자			
		배우자 없음 또는 배우자 통장 미가입	0	1년 이상~2년 미만	2
		1년 미만	1	2년 이상	3

인용 순위 확인서'를 발급받을 수 없어 나중에 부적격 처리될 수 있으므로 되도록 계약할 때까지 청약통장을 유지하는 게 좋습니다.

민영주택 일반공급의 핵심인 가점제! 지금부터 가점제 항목별 주요 사례를 바탕으로 하나씩 살펴보겠습니다.

청약자격 확인 ▶
청약통장 ▶ 순위
확인서 발급(발급은 PC만 가능)

◎ 무주택 기간

무주택 기간으로 얻을 수 있는 가점은 최고 32점입니다. 입주자 모집 공고일 현재 무주택이 아닌 경우 최저 점수인 0점을 얻고 무주택 기간이 1년 미만인 경우 2점, 이후 1년씩 늘어날 때마다 점수가 2점씩 올라갑니다. 무주택 기간이 15년 이상이라면 최고 점수인 32점을 얻습니다.

만약 세대구성원 전원이 한 번도 집을 소유한 적이 없다면 무주택 기간은 간단히 구할 수 있습니다. 하지만 과거 주택을 매매한 적이 있거나 혹은 작거나 저렴한 집을 1호 소유하고 있음에도 무주택으로 보는 사례까지 발생하면 무주택 기간 산정에 좀 더 신중을 기해야 합니다.

• 공고일 현재 '세대구성원 전원'이 무주택자인지부터 확인

무주택 기간을 계산하기 전에 입주자 모집 공고일 현재 세대구성원 전원이 무주택자인지부터 확인해주세요. 민영주택 일반공급 중 가점제로 청약하려는 경우 주택을 소유했는지 판단하는 범위는 '세대구성원 전원'이 됩니다. 즉, 입주자 모집 공고일 현재 세대구성원 전원 중 누구도 주택을 소유하지 않고 있다면 청약자는 무주택 기간 산정을 시작하면 됩니다.

♀ TIP

공고일 현재 신청자와 세대구성원 전원이 무주택자여야 하며 가점제의 무주택 기간은 '신청자 본인과 배우자의 무주택 기간만을 산정'하면 됩니다!
- [무주택 요건]: 입주자 모집 공고일 현재 신청자, 세대구성원 전원
- [무주택 기간]: 신청자와 배우자의 기간만 산정

• 무주택 기간은 나와 배우자의 무주택 기간만

앞에서 본 것과 같이 무주택 기간 계산의 출발은 '세대구성원 전원이 주택을 소유하지 않는지'의 여부입니다. 만약 공고일 현재 세대구성원 전원이 무주택이라고 한다면 무주택 기간은 누구를 대상으로 산정하는 걸까요?

청약자와 그 배우자의 무주택 기간만을 산정하면 됩니다. 이때 가점제 항목의 무주택 기간이 세대구성원 전원의 무주택 기간은 아니라는 점을 유의해야 합니다.

> **TIP**
> 분양권 등도 주택이에요! 2018년 12월 11일 이후 공급한 단지에 당첨되거나, 분양권 등을 취득하여 소유하고 있는 경우에도 주택을 소유한 것으로 보니 주의해야 해요!

예를 들어 ❶ 나청약 씨와 배우자, 배우자의 부모는 같은 주민등록표등본에 등재된 세대구성원이며, ❷ 나청약 씨와 배우자는 주택을 한 번도 소유한 적이 없지만, ❸ 배우자의 부모가 작년에 주택을 매도하여 현재 무주택자라 하더라도 나청약 씨의 무주택 기간은 나청약 씨와 그 배우자만 고려하면 됩니다.

그렇다면 나청약 씨의 무주택 기간은 또 어떻게 산정할까요?

먼저 청약자가 30세가 되기 전에 혼인한 경우라면 혼인관계증명서의 혼인 신고일로부터 산정하게 되며 30세 이후에 혼인을 했거나 미혼이라면 30세부터 무주택 기간을 산정합니다.

나청약 씨는 공고일 현재 35세이지만 28세에 혼인했다면 나청약 씨의 무주택 기간은 7년이 됩니다. 만약 혼인을 34세에 했다면 30세부터 산정하므로 무주택 기간은 4년이 되는 것이죠.

> **TIP**
> 무주택 기간을 산정할 때 기준이 되는 혼인 여부는 청약자의 초혼일을 기준으로 합니다. 만약 25세에 혼인했다가 이혼하고 35세에 재혼한 경우 '30세 이전에 혼인한 경우'로 보아 무주택 기간은 25세부터 산정합니다.

만약 이 무주택 기간 중에 주택을 소유했다가 처분했다면 처분 후에 무주택자가 된 날부터 산정합니다. 또 2회 이상 주택을 소유했다가 처분했다면 가장 최근에 무주택자가 된 날부터 산정합니다.

• 작은 주택이 한 채 있는 나청약 씨도 무주택이 될 수 있는 비밀

'소형·저가 주택'이라는 말을 들어본 적 있나요? '소형·저가 주택 등'이라고 하는 주택(분양권)을 1호(세대)만 소유한 세대에 속할 경우에는 해당 주택을 무주택으로 인정해주기도 합니다. 기존에 민영주택 일반공급에만 적용되던 '소형·저가 주택' 무주택 간주 조항이 규칙 개정에 따라 민영주택과 공공주택, 특별공급과 일반공급 등 전 범위로 확대되었습니다.

면적 또는 금액 중 하나라도 기준을 벗어나면 소형·저가 주택으로 인정받을 수 없습니다. 만약 나청약 씨가 소유한 주택의 전용면적이 25㎡이고 최근 공시가격이 6억 원이라면 전용면적이 기준에 한참 못 미친다 하더라도 무주택으로 인정받을 수 없습니다. 그뿐만 아니라 최근에 60㎡ 이하의 주택을 분양받아 분양권을 소유한 경우에는 별도의 공시가격이 없으므로 공급계약서상 공급가격(발코니 확장비, 시스템에어컨 등의 추가 선택 품목은 제외)을 기준으로 판단합니다.

• 소형·저가 주택 등 면적 및 기준 금액

유형	구분 (주택 또는 분양권 등)	주거 전용면적	수도권	비수도권
아파트	아파트 (도시형 생활주택 제외)	60㎡ 이하	1억 6천만 원 이하	1억 원 이하
아파트 외	단독주택 연립주택 및 다세대주택 도시형 생활주택	85㎡ 이하	5억 원 이하	3억 원 이하

💡 TIP

소형·저가 주택 등의 주택가격 산정 방법은?

소형·저가 주택 등의 가격은 다음의 구분에 따라 산정합니다.
1) 입주자 모집 공고일 후에 주택을 처분하는 경우: 입주자 모집 공고일과 가장 가까운 날에 공시된 주택 공시가격
2) 입주자 모집 공고일 이전에 주택이 처분된 경우: 처분일 이전에 공시된 주택 공시가격 중 처분일과 가장 가까운 날에 공시된 주택 공시가격
3) 분양권 등의 경우: 공급계약서의 공급가격(선택 품목에 대한 가격은 제외)

* 다만 2007년 9월 1일 전에 주택을 처분한 경우에는 2007년 9월 1일 전, 가장 가까운 날에 공시된 주택 공시가격에 따른다.

📍 부양가족에서 형제자매와 사촌은 제외

부양가족은 청약자 및 그 배우자와 같은 세대별 주민등록표등본에 등재된 세대원으로 합니다. 배우자는 청약자와 세대 분리되어 있더라도 당연히 부양가족으로 보며 청약자 본인은 부양가족에서 제외합니다. 아직까지도 많은 청약자가 본인을 부양가족에 포함하여 부적격 당첨이 되기도 하니 주의해야 합니다.

💡 TIP

신청자 본인은 부양가족수에서 제외합니다!

여기에도 몇 가지 중요 포인트가 있습니다. 먼저 청약자의 직계비속은 혼인한 적이 없는 미혼인 경우에만 부양가족으로 인정합니다. 즉, 이혼한 경력이 있는 현재 미혼의 자녀는 부양가족수에 포함되지 않습니다.

직계비속이 30세 이상이라면 공고일 기준으로 청약자 또는 그 배우자와 1년 이상 계속하여 같은 세대별 주민등록표등본에 등재되어야 부양가족으로 인정됩니다.

💡 TIP

재혼한 경우, 재혼한 배우자의 미혼 자녀는 주택공급 신청자 본인과 같은 주민등록표등본에 등재된 경우에 한해서만 부양가족으로 인정합니다.

직계존속은 청약자 및 그 배우자가 세대주일 때 부양가족이 될 수 있지만 단순히 어제까지 따로 살던 부모가 공고 당일 같은 세대가 된다고 해서 부양가족이 될 수는 없습니다. 공고일을 기준으로 최소 3년 이상 청약자 또는 그 배우자와 계속해서 같은 주민등록표등본에 등재된 무주택 직계존속(배우자의 직계존속도 포함)만 부양가족으로 인정됩니다. '무주택'이라는 조건이 붙은 이유는 직계존속과 그 배우자 중 1명이라도 주택을 소유한다면 2명 모두 부양가족에서 제외해야 하기 때문입니다.

예를 들어 미혼의 나청약 씨는 유주택인 어머니가 다른 세대에 등재되어 거주하고 있는 반면, 무주택인 아버지와 3년 이상 같은 주민등록표등본에 등재하여 거주하고 있습니다. 비록 무주택인 아버지를 부양하는 세대주라고 해도 어머니가 주택을 소유하고 있기 때문에 아버지 역시 부양가족수에서 제외됩니다. 이때 청약 가점에서 입력할 수 있는 부양가족수는 0명이 됩니다.

• 주민등록표등본에 올라 있는데도 부양가족이 아니라고?

만약 직계존속이나 직계비속이 위의 조건을 만족했지만 국내에 거주하지 않을 경우에도 부양가족에서 제외됩니다. 주민등록표등본에 등재되어 있더라도 다음과 같이 장기간 해외에 체류하는 경우가 있으니 확인이 필요합니다.

- 직계존속이 최근 3년 이내에 계속해서 90일을 초과하여 요양시설(주민등록을 한 노인요양시설을 말하며 요양병원은 해당하지 않음)이나 해외에 체류하는 경우
- 30세 이상 직계비속이 최근 1년 이내에 계속해서 90일을 초과하여 해외에 체류하는 경우
- 30세 미만 직계비속이 계속해서 90일을 초과하여 해외에 체류하는 경우

다시 말해 일정 기간 이상 청약자와 같이 거주하지 않았다면 비록 주민등록표

등본에는 등재되어 있더라도 부양가족에서 제외됩니다.

> **TIP**
> 직계존속이나 직계비속이 외국인이어도 부양가족에서 제외됩니다.

📍 입주자저축 가입 기간은 청약홈에서 자동으로 산정!

입주자저축 가입 기간은 청약자가 청약 신청을 위해 청약홈에서 주택명, 주택형, 공급 유형을 선택하면 통장 가입 은행에서 자동으로 가입 기간을 확인하여 신청 자격 여부를 판단해주기 때문에 따로 계산할 필요가 없습니다.

다만 배우자의 청약통장 가입 기간은 자동 계산이 되지 않으므로 직접 입력해야 합니다. 정확한 점수 입력을 위해 청약자의 배우자를 통해 청약홈에서 '청약통장 가입확인용 순위 확인서'를 발급받아 가입 기간 및 점수를 미리 확인해봅니다.

입주자저축은 모집 공고일 현재의 가입 기간을 기준으로 하고 도중에 통장 종류나 가입자 명의를 변경한 경우에도 최초 가입일을 기준으로 산정합니다.

주택청약종합저축은 미성년자도 가입할 수 있으며 미성년자의 청약통장 가입 기간은 최대 5년까지 인정됩니다.

> **TIP**
> 예치금 기준은 내가 청약하려는 지역이 아닌, '나의 주민등록표등본상 거주지'입니다! 민영주택의 예치금은 공고일 기준, 청약자가 입력하는 주민등록표등본상 거주지를 기준으로 청약하려는 주택의 면적별 기준액 이상으로 납부되었는지를 보기 때문에 본인의 예치금액이 충분한지 미리 확인해보세요!

✅ 가점제에서 떨어졌다면 추첨제로 또 한 번의 기회를!

가점제 경쟁에서 떨어지더라도 아직 실망할 필요는 없습니다. 투기과열지구 또는 청약과열지역 여부 또는 주택 규모를 막론하고 모든 민영주택 일반공급에 추첨제 물량이 남아 있기 때문입니다. 가점제 신청자들에게는 또 한 번의 기회가 주어지는 셈입니다.

◉ 추첨제 역시 무주택자가 유리하다

보통 추첨이라고 하면 자격의 우위 없이 무작위로 선정하는 것을 의미합니다. 실제로 가점제로 신청했으나 가점제 경쟁에서 낙첨한 경우, 추첨제로 신청한 사람들과 함께 무작위로 입주자를 선정하는 게 일반적입니다. 하지만 주택공급 지역이 투기과열지구나 청약과열지역 또는 수도권 및 광역시라면 추첨제에서도 무주택자가 유리합니다. 이를 '추첨제 무주택자 우선공급'이라고 합니다.

무주택 세대에 속한 사람 또는 1주택을 소유한 사람이 추첨제에 청약할 경우, 해당 경쟁에서는 추첨제 물량의 75%(소수점 이하는 올림하여 계산)를 세대구성원이 모두 무주택자인 사람에게 우선공급합니다. 남은 물량은 낙첨된 사람과 1주택을 소유한 사람을 모아 추첨하여 공급합니다.

이후 물량이 남았다면 1순위자에게 추첨으로 공급하며 1순위자로 모두 당첨자를 선정하고도 물량이 남아 있다면 2순위자 중 해당 지역 신청자를 우선하여 무작위 추첨으로 당첨자를 선정합니다.

• **민영주택 일반공급 당첨자 선정 방식**

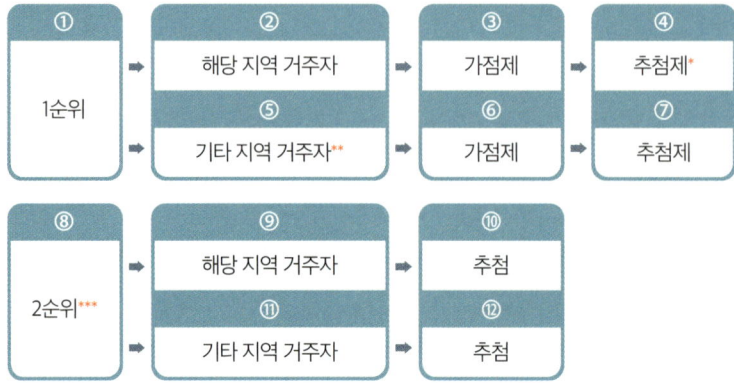

* 규제지역, 수도권 및 광역시 등 일부 지역의 경우 추첨 시 무주택자에게 75% 물량을 우선공급
** 해당 지역 거주자로 신청하였으나 낙첨한 사람들까지 모두 기타 지역에 포함하여 당첨자 선정
*** 1순위 신청자는 ②~⑦ 순서대로 당첨자를 선정하며, 1순위 선정이 모두 끝나고 잔여 물량이 있는 경우 ⑨~⑫의 순서대로 당첨자 선정

해외 체류 기간 관련 주요 FAQ 이것만은 알아두자!

Q1 해외 체류 기간 산정 방법은 무엇인가요?

A1 「주택공급에 관한 규칙」제4조제5항 및 제34조에 따르면 수도권의 투기과열지구에서 공급되는 주택을 우선공급받기 위해서는 해당 지역에 2년 이상 거주해야 합니다. 또한 수도권 투기과열지구가 아닌 지역에서도 지자체장(특별시장, 광역시장, 특별자치시장, 시장 또는 군수)이 투기를 방지하기 위하여 필요하다고 인정하는 경우 일정 기간 이상의 거주 기간을 설정하여 우선공급할 수 있습니다.

이 거주 기간은 입주자 모집 공고일을 기준으로 역산했을 때 계속하여 국내에 거주하고 있는 기간을 말하며 거주 기간 내에 해당 지역에 주민등록이 되어 있다 하더라도 「주택공급에 관한 규칙」제4조제7항에 따라 다음과 같이 해외에 체류한 이력이 있는 경우에는 국내에 거주하지 않은 것으로 보아 우선공급 신청이 제한됩니다(입국 후 7일 이내 동일 국가 재출국 시 국외에 계속 거주한 것으로 봄. 출국일은 해외 체류 기간에 포함하지 않고 입국일은 해외 체류 기간에 포함).

> ① 국외에 계속하여 90일을 초과하여 거주한 경우
> ② 국외에 거주한 전체 기간이 연간 183일을 초과하는 경우
>   - 거주 기간이 1년 또는 2년인 경우 입주자 모집 공고일을 기준으로 역산하여 1년 단위로 연간 체류 기간을 산정하여 한 번이라도 연간 183일을 초과한 경우 우선공급 자격 불인정
>   - 기준일 이전(거주 기간이 2년인 경우 2년 이전)부터 계속하여 해외에 체류하고 있는 경우에도 기준일부터 해외 체류 기간 산정

따라서 청약 신청자가 우선공급을 위한 거주 기간이 2년인 지역에 주민등록을 두고 있으나 2년 내에 계속하여 90일, 또는 연간 183일을 초과하여 해외에 체류한 이력이 있는 경우에는 해당 지역 우선공급 청약을 신청할 수 없습니다. 다만 입주자 모집 공고일 당일 국내에 거주하고 있다면 기타 지역(해당 지역 2년 미만 거주자)으로 청약 신청이 가능합니다.

* 기간 내 해외 체류 기준을 초과하고 입주자 모집 공고일 현재도 해외에 체류하고 있다면 기타 지역으로도 청약 신청 불가

Q2 단신 부임의 적용 기준이 되는 세대원이란 무엇인가요?

A2 입주자 모집 공고일 현재 「주택공급에 관한 규칙」 제2조제2호의3에 따른 세대원이 있는 경우를 말하며 청약 신청자의 미성년 자녀의 경우 청약 신청자와 동일한 세대를 구성하고 있지 않더라도 해외 근무자 우선공급 예외 규정 적용을 위한 세대원의 범위에 포함됩니다.

* 가족관계증명서로 미성년 자녀 유무를 확인하고 동일 세대를 구성하고 있지 않은 미성년 자녀라도 출입국사실확인서를 통해 해외 체류 여부 확인 필요

Q3 주택공급 신청자만 국외에 체류하고 있는 경우(단신 부임)의 판단 기준은 무엇인가요?

A3 청약 신청자가 해외에 체류 중인 기간 내 입주자 모집 공고일 현재 동일한 세대원 또는 미성년 자녀 중 1명이라도 해외에 체류한 기간이 제4조제7항 각 호에 해당하는 경우(계속하여 90일, 연간 183일 초과하여 거주한 경우) 단신 부임을 인정하지 않습니다.

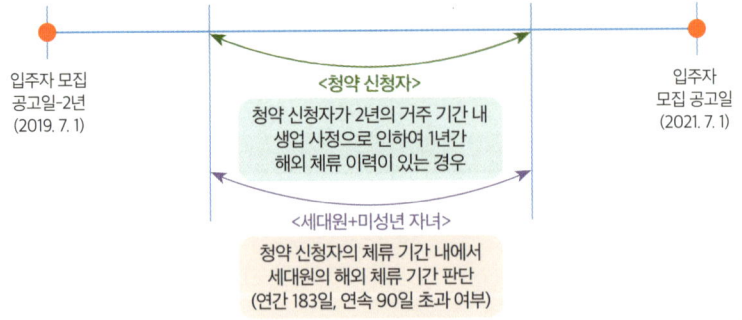

또한 세대원 및 자녀가 함께 체류하다가 귀국했다고 해서 바로 단신 부임으로 인정되지 않으며 입주자 모집 공고일 기준으로 우선공급 거주 기간을 역산하여 그 기간 내에 이 기준에 따른 단신 부임 해당 여부를 판단합니다.

* 해당 지역 우선공급을 위한 거주 기간 요건은 따로 없으나 청약 신청자가 입주자 모집 공고일 현재 계속하여 90일을 초과하여 해외에 체류 중이라면 국내에 거주한 것으로 인정할 수 없음. 하지만 세대원 및 미성년 자녀가 계속하여 해외에 체류한 기간이 90일 이하라면 단신 부임 요건을 충족한 것으로 보아 해당 지역(주민등록상 주소지) 청약 신청 가능

02 공공주택 일반공급은 순위 순차제와 추첨공급

일반공급은 민영주택뿐만 아니라 국민(공공)주택(이하 '공공주택')에도 존재합니다. 하지만 공공주택의 일반공급은 신청 자격과 당첨자 선정 방법이 민영주택과 다릅니다. 민영주택 일반공급 1순위는 가점제와 추첨제를 통해 당첨자를 선정하지만 공공주택은 '순위 순차제'를 적용하여 당첨자를 선정합니다. '순위 순차제'란 같은 1순위에서 경쟁할 때 청약통장의 납입인정금액(또는 회차)이 높은 순으로 당첨자를 선정하는 방식입니다. 좀 더 구체적으로 살펴보면 공공주택 물량의 50%는 소득 요건(외벌이 100%, 맞벌이 140% 이하)을 충족하면서 신생아 자녀가 있는 가구에 순위 순차제 방식으로, 30%는 위의 소득 요건을 충족하는 1순위에 순위 순차제 방식으로 공급하며 남은 물량은 1, 2순위 구분 없이 추첨으로 공급합니다.

다시 말해 예전에는 청약통장 1순위자가 가장 유리했지만 이제는 최근 출산한 신생아가 있다면 통장 순위와 관계없이 전체 물량의 50%를 우선공급받을 수 있게 되었습니다. 물론 여전히 약 20%에 해당하는 잔여공급 물량은 추첨으로 선정하므로 '운'에 기대볼 소지가 있다고 하지만 공공주택 일반공급 역시 다른 특별공급과 마찬가지로 신생아 가구에 당첨이 유리하도록 제도가 개편되었습니다.

그럼 공공분양주택 및 분양전환공공임대주택의 일반공급에 대해 자세

청약제도 안내 ▶ APT ▶ 당첨자 선정 ▶ 국민주택(순위 순차제)

히 알아보겠습니다.

💡 TIP

「공공주택특별법」 미적용 국민주택은 추첨 없이 일반공급 1순위 전체 물량을 '순위 순차제' 방식으로 당첨자를 선정합니다.

- **공공주택 일반공급 신청 자격 체크리스트**

①	청약 신청 가능 지역에 거주하는가?	☐	청약 신청 가능 지역 76쪽 참조
②	무주택 세대구성원인가?	☐	77쪽 참조
③	청약저축 또는 주택청약종합저축 순위별 요건을 충족하였는가?	☐	투기·청약과열지역인 경우 1순위 요건 별도 확인 211쪽 참조
④	[전용면적 60㎡ 이하] 소득 및 자산 기준을 충족하였는가?	☐	90, 95쪽 참조
⑤	[신생아 우선공급 청약 시] 가구 소득 외벌이 100% 또는 맞벌이 140% 이하로서 입주자 모집 공고일 현재 2세 미만(2세가 되는 날 포함)의 자녀(임신, 입양 포함)가 있는가?	☐	

☑ 민영주택과 다른 공공주택의 청약 자격

📍 기본 자격부터 확인하자!

공공주택은 당첨자 선정 방법뿐만 아니라 청약 자격도 민영주택과 다릅니다. 입주자저축 가입자 및 해당 지역 거주자 등의 요건은 민영주택과 비슷하지만 '무주택 세대구성원'이라는 필수조건이 추가됩니다.

　민영주택의 공급 대상이 1인 1주택인 것과 달리, 공공주택은 1세대 1주택 공급이 원칙입니다. 그러므로 청약 신청자 본인뿐만 아니라 같은 주민등록표등본

청약제도 안내 ▶ 주택청약 용어설명 ▶ 무주택 세대구성원

상의 세대원 전원이 무주택 조건을 충족해야 합니다. 만일 청약 신청자의 배우자가 신청자와 등본상 분리되어 있다면 분리된 배우자의 주민등록표 등본상 청약 신청자의 세대원 역시 모두 무주택이어야 합니다.

단, 세대구성원 중 60세가 넘는 직계존속(배우자 직계존속 포함)이 보유한 주택 또는 분양권 등이 있다면 보유 수량과 무관하게 주택 소유로 보지 않으므로 공공분양주택의 일반공급 청약이 가능합니다. 하지만 무주택으로 간주하는 주택이라고 해도 '자산'에는 포함되므로 자산 기준을 초과하는 것은 아닌지 확인해야 합니다.

TIP

「주택공급에 관한 규칙」상 '무주택'으로 간주되더라도 자산 기준이 적용되는 전용면적 60㎡ 이하 공공주택에서는 자산 산정 대상에 포함되므로 사전에 확인 필수!

소득과 자산 기준도 충족해야 청약 가능

전용면적 60㎡ 이하의 공공주택에 청약하려면 소득 및 자산 기준 모두 충족해야 합니다. 반면 전용면적 60㎡ 초과 주택은 유형에 따라 적용 기준이 조금 다릅니다. 공공분양주택은 소득 및 자산 기준이 적용되지 않지만 분양전환가능공공임대주택의 경우 자산 기준은 충족해야 하기 때문입니다(임대의무기간에 따라 기준이 다름).

· 공공분양주택 vs. 분양전환가능공공임대주택 소득 및 자산 적용 기준

구분	전용면적 60㎡ 이하		전용면적 60㎡ 초과	
	소득	자산	소득	자산
공공분양주택	○	○	×	×
분양전환가능공공임대주택	○	○	×	○

> **TIP**
> 2025년도에 적용하는 '2024년 도시근로자 가구원수별 월평균 소득 기준'은 기준 금액 산출 근거이지 청약 신청자 가구의 2024년 발생 소득을 본다는 의미가 아니에요!

📍 예금, 부금 NO! 청약저축, 주택청약종합저축 YES!

공공주택 역시 입주자저축에 가입해야 청약할 수 있는데 청약 가능한 통장의 종류에 차이가 있습니다. 청약예금 또는 청약부금은 공공주택 청약이 불가하고 청약저축 또는 주택청약종합저축에 가입되어 있어야 청약을 신청할 수 있으므로 신청 전 본인의 청약통장 유형 확인이 필수입니다.

• 청약통장 종류

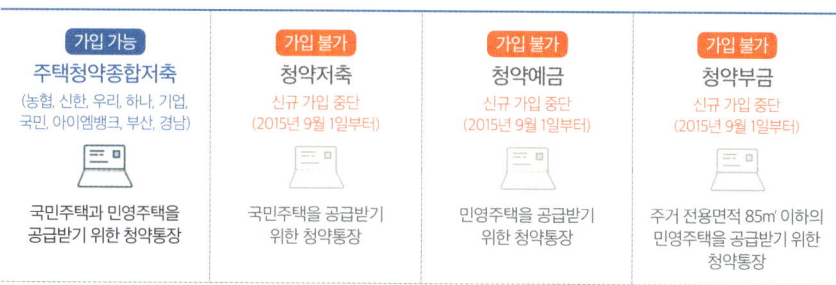

☑ 공공주택, 누가 먼저 당첨될까?

📍 신생아 가구 중 해당 지역에 거주하는 1순위가 가장 유리!

최근까지 공공주택 일반공급은 물량의 80%는 순위 순차제, 남은 물량은 1, 2순위 상관없이 추첨의 방식으로 당첨자를 선정했습니다. 그러나 일반공급에도 최근 출산한 자녀가 있는 가구가 당첨에 유리하도록 2025년 3월 「공공주택특별법 시행규칙」이 개정되었습니다.

이제 일반공급 물량의 50%는 신생아 가구(우선 소득 요건 충족 필요)에게 우선공급하고 30%는 우선 소득 요건을 충족한 1순위자를 대상으로 순위 순차제로 공급합니다. 남는 물량은 상기 단계에서 낙첨된 신청자를 포함하여 기본 소득 요건을 충족한 사람에게 순위와 상관없이 추첨으로 공급합니다.

물론 신생아 우선공급이나 우선공급, 잔여공급 모두 '해당 지역 거주자'를 우선하여 당첨자를 선정합니다. 신생아 우선공급은 신생아 여부와 소득 요건이 충족되면 1, 2순위와 상관없이 신청은 가능하나 경쟁 발생 시 1순위자가 순위 순차제를 통해 우선 당첨됩니다.

• 공공주택 일반공급 선정 방식

구분	[1단계] 신생아 우선공급	[2단계] 우선공급	[3단계] 잔여공급
대상	신생아 가구 (1, 2순위 무관)	1순위	1, 2단계 낙첨자 + 2순위
공급 물량	50%	30%	잔여 물량
선정 방식	순위 순차제	순차제	추첨

TIP

2순위 청약 접수일, 1순위 통장으로 청약 신청이 가능할까요?
청약 신청은 가능합니다. 그렇지만 애석하게도 1순위가 아닌 2순위 자격으로 청약 접수가 되어 불리할 수 있다는 점, 참고하세요.

해당 지역에 거주해야 유리

해당 지역 거주자 요건은 민영주택과 동일합니다. 청약 신청자의 해당 지역 거주 여부는 모집 공고일 현재 신청자의 주민등록표등본상 거주 지역으로 판단합니다. 만약 동일 순위 내 경쟁이 있을 경우 해당 지역 거주자가 당연히 유리합니다. 단, 수도권 대규모 택지개발지구 또는 비수도권 세종 행복도시 등의 경우 해당 여부에 따라 우선공급 비율에 차이가 있습니다.

예를 들어 주택공급 지역이 투기과열지구라면 동일 순위 내 경쟁 발생 시 지자체에서 정한 거주 기간(2년 이상)을 충족한 사람에게 일반공급 물량 100%를 우선공급합니다. 그러나 주택공급 지역이 서울시 투기과열지구 내 대규모 택지개발지구인 경우 전체 물량 중 50%를 입주자 모집 공고일 기준 서울시 2년 이상 거주자에게 우선공급하고 나머지 50%는 그 외 수도권 거주자(인천 및 경기, 서울시 2년 미만 거주자 및 서울시 해당 지역 우선공급 탈락자)에게 공급합니다.

◉ 가입 기간 vs. 납입 회차: 청약통장 1순위 만들기

공공주택 일반공급 중 신생아 우선공급과 우선공급은 순위 순차제에 따라 당첨자를 선정하기 때문에 청약통장 1순위가 되는 것이 중요합니다. 신생아 우선공급은 신청 자격에 '입주자 모집 공고일 기준 2세 미만의 자녀가 있는 신생아 가구'여야 한다는 조건이 붙지만 같은 조건에서 경쟁이 발생하면 1순위자가 먼저 당첨되기 때문입니다.

청약통장의 순위는 통장의 가입 기간과 납입 회차가 모두 충족되어야 하며 지역에 따라 1순위 조건이 달라집니다. 단지의 위치가 수도권 비규제지역인 경기도 포천시라면 가입 기간이 1년 경과하고 납입인정회차가 12회 이상이면 1순위에 해당합니다.

하지만 규제지역(투기과열지구 또는 청약과열지역)이라면 청약통장 가입 요건(가입 기간이 2년 경과하고 납입인정회차가 24회 이상) 외에도 세대주이면서 과거 5년 이내 신청자 본인과 세대구성원 전원이 다른 주택에 당첨된 사실이 없어야 1순위에 해당합니다.

• 공공주택 청약 순위별 요건

청약 순위	청약통장	순위별 조건	
		청약통장 가입 기간	납입 회차
1순위	주택청약 종합저축	• 투기과열지구 및 청약과열지역 : 가입 후 2년이 경과한 자 • 위축지역 : 가입 후 1개월이 경과한 자 • 투기과열지구, 청약과열지역, 위축지역 외 - 수도권: 가입 후 1년이 경과한 자 (다만, 필요한 경우 시·도지사가 24개월까지 연장 가능) - 수도권 외: 가입 후 6개월이 경과한 자(다만, 필요한 경우 시·도지사가 12개월까지 연장 가능)	매월 약정 납입일에 월 납입금을 연체 없이 다음의 지역별 납입 회차 이상 납입한 자 • 투기과열지구 및 청약과열지역 : 24회 • 위축지역: 1회 • 투기과열지구, 청약과열지역, 위축지역 외 - 수도권: 12회(다만, 필요한 경우 시·도지사가 24회까지 연장 가능) - 수도권 외: 6회(다만, 필요한 경우 시·도지사가 12회까지 연장 가능)
	청약저축		
2순위 (1순위 제한자 포함*)		청약통장에 가입하였으나 1순위에 해당하지 않는 자 (청약통장 가입자만 청약 가능)	

* ① 세대주가 아닌 자 / ② 과거 5년 이내에 다른 주택에 당첨된 자가 속해 있는 무주택 세대구성원

📍 다 같은 1순위가 아니다! 무주택 3년 이상인 세대가 먼저다

공공주택 일반공급 중 신생아 우선공급 및 우선공급은 1순위 내에서 경쟁이 발생하면 순차의 방식으로 당첨자를 선정합니다. 그렇다면 납입인정금액(또는 회차)이 많다면 무조건 유리할까요? 아닙니다. 해당 지역 내에서 경쟁이 있는 경우 1순위자 중에서도 세대구성원 전원의 무주택 기간이 3년 이상인 자를 우선하여 당첨자를 선정하기 때문입니다.

무주택 기간은 3년인 세대나 10년인 세대나 동일합니다. 무주택 기간 3년을 충족하는 것이 중요하지 무주택 기간이 길다고 해서 더 유리한 것은 아닙니다. 이렇게 같은 순위, 같은 해당 지역인 경우라도 세대원 전원 3년 이상 무주택 기간을 충족한다면 비로소 진짜 경쟁이 시작됩니다.

📍 저축 총액이 높은 순으로 선정

전용면적 40㎡를 초과하는 주택은 세대구성원 전원의 무주택 기간이 3년 이상인 사람 중에 저축 총액(납입인정금액)이 많은 자가 당첨자로 먼저 선정됩니다.

• **공공주택 당첨 순차 내역**

순차	전용면적 40㎡ 초과	전용면적 40㎡ 이하
1	3년 이상의 기간 동안 무주택 세대구성원으로서 저축 총액(납입인정금액)이 많은 자 * 무주택 기간 기준: 30세가 되는 날(30세 이전에 혼인 시 혼인 신고일)부터 계산하되 2회 이상 주택을 소유한 사실이 있는 경우에는 최근 무주택자가 된 날을 기준으로 함	3년 이상의 기간 동안 무주택 세대구성원으로서 납입 회차가 많은 자
2	저축 총액이 많은 자	납입 회차가 많은 자

• **오래전 가입만 해둔 청약통장이 있다고? 꺼진 통장도 다시 보자**

여기서 저축 총액은 '단순 총액'이 아닌 '납입인정금액'을 말합니다. 민영주택과 달리 공공주택은 1회 최대 25만 원까지만 인정되기 때문에 공공주택 일반공급 당첨을 노리고 있다면 무주택 기간 3년 이상을 충족하고 매달 25만원 씩 납입해야 유리합니다.

만일 과거에 가입만 해두고 월 납입금을 꾸준히 납부하지 않았거나 연체 중인 청약통장이 있다면 일시 납부를 통해 통장 순위와 납입인정금액을 어느 정도 회복할 수 있습니다. 물론 매월 약정일에 꾸준히 납부한 사람과 동일하지는 않지만 다음과 같이 회차별 납입인정일을 산정하여 그날에 월 납입금을 납부한 것으로 봅니다. 이 때문에 통장을 해지하고 신규 가입하는 것보다 훨씬 유리합니다.

📍 TIP

연체한 납입금을 일시 납부 시 월 납입금 납입인정일 산정 방법
회차별 납입인정일 = 약정 납입일 + {(연체 총일수 - 선납 총일수) ÷ 납입 회차}
복잡하게 느껴진다면 가입 은행을 방문해보세요! 나의 납입인정회차 및 금액을 확인할 수 있습니다!

신생아 우선공급은 통장 순위와 관계없이 1, 2순위 모두 신청이 가능합니다. 단, 앞서 설명한 것처럼 경쟁이 발생하면 1순위 청약자 중 해당 지역 거주자이면서 3년 이상 무주택 세대구성원인 사람을 대상으로 통장 납입인정금액(또는 회차)이 높은 순으로 선정하므로 2순위자가 불리합니다. 신생아 우선공급에서 낙첨된 1순위자는 일반공급에서 다시 한번 순위 순차제 방식으로 경쟁하며 2순위자는 바로 추첨공급으로 넘어가 해당 지역 거주자를 우선하여 무작위 추첨으로 당첨자를 선정합니다.

TIP

공공주택 일반공급 당첨자의 '입주까지 무주택 유지' 요건이 사라졌어요!
2024년 3월 25일 「공공주택특별법 시행규칙」 개정으로 공공분양 및 분양전환공공임대주택 일반공급에 당첨되면 '입주할 때까지 무주택 요건을 유지해야 한다'는 조항이 삭제되었습니다.

• 공공주택 일반공급 당첨자 선정 방식(전용면적 40㎡ 초과)

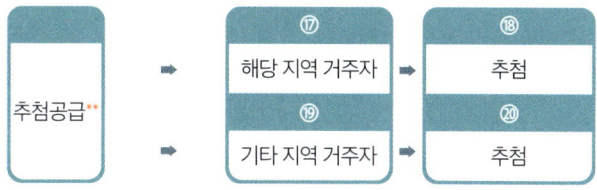

* 신생아 우선공급에 신청하였으나 낙첨된 1순위자는 우선공급 신청자에 포함하여 당첨자 선정
** 신생아 우선공급에 신청하였으나 낙첨된 2순위자 및 우선공급 낙첨자는 모두 추첨공급에 포함하여 당첨자 선정

03 무순위, 청약통장 없이 청약하기

☑ 무순위란 도대체 뭘까?

"최고 인기 ○○아파트, 20대가 '줍줍' 당첨!"

최근까지 심심찮게 언론에 보도된 내용 중 하나입니다. 가점 점수도 부족하고 청약통장 가입 기간도 충분치 않은 듯하고 결혼도 하지 않았는데 어떻게 아파트에 당첨되었을까요? 청약제도를 조금만 들여다보면 법 테두리 안에서 청약통장 없이도 당첨이 가능한 공급 유형이 있습니다. 무순위 청약, 일명 '줍줍'이라 불리는 것입니다.

☑ 무순위 종류, 어떻게 나누어질까?

「주택공급에 관한 규칙」에서 명확하게 무순위 청약은 '이러한 종류가 있습니다'라고 설명하고 있지 않지만 규칙에 흩어져 있는 내용을 모아보면 크게 4가지로 구분할 수 있습니다.

첫 번째는 '사전 접수 무순위'로 사업 주체에서 주택형별 청약 신청 미달로 인한 미분양을 대비하여 청약 전에 미리 접수를 받습니다. 그리고 당첨자 발표 이후 미분양 물량에 대해 사전 접수자를 대상으로 추첨하여 잔여 세대에 대한 입주자를 선정합니다.

두 번째는 '사후 접수 무순위'로 청약 이후에 발생한 잔여 세대에 대해 청약 접수를 받고 추첨으로 입주자를 선정합니다. 청약 접수 결과, 주택형별 공급 세대수보다 신청자가 많거나 같은(공급 세대수≤신청자) 경우 공개 모집의 방법으로 입주자를 선정합니다. 특히 투기과열지구 등 규제지역 내 무순위 아파트는 청약홈을 통한 입주자 모집이 의무이므로 미리 청약 알리미 서비스를 신청해두거나 수시로 청약홈에 방문하여 확인하면 좋습니다.

세 번째는 '선착순 방식에 의한 모집(임의공급)'입니다. 주택형별 공급 세대수보다 신청자가 적은, 소위 청약 접수가 미달(공급 세대수＞신청자)된 경우 사업 주체는 선착순으로 입주자를 모집할 수 있습니다.

네 번째는 '불법행위 재공급'입니다. 규제지역(투기과열지구, 청약과열지역) 등에서 주택의 전매제한 기간을 위반(「주택법」 제64조제3항)하거나 입주자저축 증서 등을 양도·양수하는 등 공급 질서 교란 행위(「주택법」 제65조제3항)에 해당하여 계약이 취소된 주택을 사업 주체가 취득하여 공개 모집의 방법으로 입주자를 선정합니다.

> **TIP**
> 청약홈을 통해 공급하는 임의공급, 사전·사후 접수 무순위 및 불법행위 재공급은 모두 추첨으로 당첨자를 선정해요!

• 무순위 공급의 종류

임의공급	사후 접수 무순위	불법행위 재공급
선착순(미분양)	공개 모집(미계약)	
계약 완료 후 잔여분 발생 시 추가 접수		불법전매, 공급 질서 교란자 주택 회수 후 재공급
공급 세대수 > 신청자	공급 세대수 ≤ 신청자	
-	규제지역 내 공급 시 청약홈 대행 의뢰 의무이며 당첨 시 당첨자 명단 관리	당첨 시 당첨자 명단 관리

✔ 무순위 청약, 국내에 거주하는 성년이라면 누구나

요즘 청약홈 홈페이지나 지역 광고 등을 통해 흔하게 볼 수 있는 '사후 접수 무순위'는 공고일 현재 대한민국에 거주하는 성년자라면 누구나 신청이 가능합니다(공공주택은 국내에 거주하는 무주택 세대구성원인 성년자만 신청 가능). 그러나 불필요한 청약 과열을 방지하고 실수요자에게 내 집 마련의 기회를 확대하기 위해 조만간 제도가 개편될 예정입니다(2025년 하반기 예정). 앞으로는 무주택자를 기본 자격으로 하되 필요한 경우 지자체의 장이 해당 지역 거주 요건을 추가하여 공급할 수 있도록 개선된다고 하니 단지별 청약 자격을 꼼꼼하게 체크해야 합니다.

◉ 규제지역 내 무순위는 청약홈을 통해서만 가능

청약제도 안내 ▶
APT ▶ 잔여세대

무순위 신청 자격이 '공고일 현재 대한민국에 거주하는 성년자'이기 때문에 꼭 해당 지역에 살지 않더라도 민영주택의 경우 신청자 또는 세대구성원이 현재 집을 여러 채 소유하고 있어도 청약할 수 있습니다. 그렇지만 규제지역 내에서 공급하는 무순위 주택이라면 여전히 유의해야 할 점이 있습니다. 규제지역 내 사후 접수 무순위 공고는 다음과 같습니다.

❶ 사업 주체는 반드시 청약홈 홈페이지를 통해 입주자를 모집해야 하고
❷ 당첨 시 '당첨자'로 명단 관리되며
❸ 재당첨 제한 적용 및 향후 5년간 규제지역 내 주택공급에 1순위 청약 신청이 불가합니다.

당첨자로 관리된다는 것은 당첨이 되면(계약 체결 여부와 관계없음) 재당첨 제한 기간을 적용(투기과열지구 10년, 청약과열지역 7년)받게 되고 향후 5년간 규제지역 내 1순위 청약 신청이 불가하다는 것을 의미합니다. 또한 청약 신청 자격이 없는 자가 당첨되는 경우 부적격 당첨자가 되어 최대 1년간 다른 주택에 청약할 수 없습니다.

TIP
규제지역에서 '사후 접수 무순위'로 당첨된 후 별도의 부저격 사유 없이 계약을 포기해도 당첨자로 관리돼요(재당첨 제한 적용 등).

✔ 불법행위 재공급: 당초 공급했던 유형 그대로

불법행위 재공급 주택 역시 청약통장에 가입되어 있지 않아도 유형별 신청 자격을 갖추면 신청이 가능하다는 점은 무순위와 동일합니다. 하지만 신청 자격이 다소 복잡합니다. 특히 해당 주택이 당초 어떤 유형으로 당첨되었는지가 중요합니다. 만약 원래 일반공급이면 신청 자격은 이와 유사하게 해당 지역에 거주하는 무주택 세대구성원인 세대주가 됩니다.

특별공급이라면 해당 지역 거주자로서 입주자 모집 공고일 현재 불법행위로

인해 취소되어 재공급되는 주택의 특별공급 유형별 요건을 갖추어야 합니다. 예를 들어 당초 다자녀 특별공급으로 공급되었다면 불법행위 재공급은 입주자 모집 공고일 현재 해당 지역 거주자로서 미성년 자녀(태아 포함)가 2명 이상인 무주택 세대구성원에게 공급합니다.

• 임의공급 vs. 사후 접수 무순위 vs. 불법행위 재공급 청약 자격 비교

구분		임의공급	사후 접수 무순위	불법행위 재공급
		선착순(미분양)	공개 모집(미계약)	(특별공급은 별도 자격을 따름)
청약 자격	대상자	제한 없음	성년자 (공공주택은 무주택 세대구성원인 성년자)	무주택 세대구성원인 세대주
	거주지	제한 없음	국내 거주자	해당 주택건설지역 거주자

☑ 무순위 청약 전 반드시 알아야 할 것들

나청약 씨는 최근 청약홈을 통해 서울시 ○○단지의 사후 접수 무순위를 신청하려 했으나 청약이 되지 않았습니다. 공고문을 확인하니 '과거 동일 주택 당첨자는 청약 신청을 할 수 없다'라는 문구를 발견했습니다. 과거 같은 단지에 청약통장을 사용하여 당첨되었으나 동호수가 마음에 들지 않아 계약을 체결하지 않은 것이 기억났습니다. 이 때문에 청약 신청이 되지 않았던 것입니다.

📍 사후 접수 무순위 공고: 지역마다 다른 청약 조건 확인

'사후 접수 무순위'와 '불법행위 재공급'은 청약 전 유의사항이 있습니다. 비규제 지역 '사후 접수 무순위' 주택은 부적격 당첨자, 공급 질서 교란자, 동일 주택 당첨자(추가 입주자)인 경우 청약 신청이 불가합니다.

마찬가지로 규제지역의 '사후 접수 무순위'도 공급 질서 교란자, 재당첨 제한자, 부적격 당첨자, 동일 주택 당첨자 모두 청약 신청이 불가합니다. 그러나 '임의공급'은 청약 신청 시 유의할 사항이 없습니다. 나와 세대구성원이 재당첨 제한 기간에 있어도, 심지어 공급 질서 교란자라고 해도 청약이 가능합니다. 당연히 당첨된다고 해도 당첨자로 관리되지 않으며 재당첨 제한도 적용받지 않습니다.

• 청약 제한 사항별 무순위 청약 가능 여부

구분		임의공급 선착순 (미분양)	사후 접수 무순위 공개 모집(미계약)		불법행위 재공급
			비규제지역	규제지역	
청약 신청 제한 사항	공급 질서 교란자	청약 가능	청약 불가		
	재당첨 제한자	청약 가능	청약 가능	청약 불가	청약 불가 (비규제지역 가능)
	중복 청약*				
	부적격 당첨자	청약 가능	제한 기간 중 청약 불가		
	주택 소유자	청약 가능	청약 가능 (공공주택은 무주택 세대구성원만 가능)		청약 불가
	기당첨자	청약 가능	동일 주택 당첨자 (추가 입주자 포함) 청약 불가		청약 가능

* 당첨자 발표일이 같은 다른 주택에 청약 가능 여부

끝으로 당첨 시 당첨자로 관리되는 '규제지역 내 사후 접수 무순위' 청약 시 동일 세대구성원 중 2명 이상 청약 신청이 가능한지 여부를 알아보려고 합니다.

언급한 바와 같이 규제지역 내에서 공급하는 사후 접수 무순위 주택은 「주택공급에 관한 규칙」 제19조제5항에 따라 국내에 거주하는 성년자에게 공급하도록 되어 있습니다. 신혼부부·생애최초 특별공급과 같이 '1세대 1주택'만 청약해야 하는 기준이 아니기 때문에 해당 무순위 공급주택에 대해 세대원 중 2인 이상이 중복 청약했다고 해서 부적격으로 처리하지 않습니다. 규제지역 내 무순위 주택에 부부가 중복 청약하여 모두 당첨된 경우 부부의 경우에만 예외적으로 접수 일시가 빠른 당첨 건을 유효로 하고 늦은 당첨 건은 무효로 처리합니다.

   물론 부부가 아닌 일반 세대원 간 중복 당첨의 경우 재당첨 제한 규정을 위반한 것으로 보아 모두 부적격 처리되므로 신청 전 충분히 고민해야 합니다.

무순위 공급 FAQ 이것만은 알아두자!

Q1 사후 접수 무순위 청약에 당첨되어 주택을 공급받은 경우에도 당첨자로 관리되나요?

A1 투기과열지구 및 청약과열지역에서 공급되는 무순위 청약에 당첨된 경우에는 당첨자로 관리되어 재당첨 제한 및 투기과열지구, 청약과열지역 1순위 제한을 받게 됩니다. 하지만 그 외 지역에서 당첨된 경우에는 당첨자로 관리되지 않습니다.

* 무순위 청약은 최초 공급 시 경쟁이 발생(최초 공급 주택 수≤신청자 수)한 주택에서 입주자 선정 이후 부적격, 계약 해지 등으로 잔여 물량이 발생했으나 예비 입주자 소진, 지위 기간 경과로 예비 입주자가 없는 경우 공급하는 방법을 말함

Q2 신청 미달된 미분양 주택을 선착순으로 공급받은 경우에도 당첨자로 관리되나요?

A2 분양주택을 선착순(최초 공급 주택 수＞신청자 수)으로 공급받은 경우에는 당첨자로 관리되지 않습니다. 단, 분양전환공공임대주택은 미분양 여부와 무관하게 당첨자로 관리되므로 유의해야 합니다.

Q3 최초 입주자 모집 시 당첨자가 같은 주택의 사후 접수 무순위 청약에 다시 신청하여 당첨될 수 있나요?

A3 최초 입주자 모집 시 ① 당첨자, ② 추가 입주자로 선정된 자, ③ 부적격 당첨자로 그 기간에 있는 자는 동일 주택 무순위 청약 신청이 제한됩니다.

대한민국에서 공급하는 모든 주택의

모집 공고, 경쟁률 정보 제공 및

청약 신청, 당첨자 발표는

청약홈에서 이루어지고 있습니다.

5장
청약 신청, 이제부터 실전이다

01 청약 실전, 홈페이지 방문하기

지금까지 주택공급과 제도에 대한 개요, 입주자 모집 공고문을 통한 청약 기본 개념, 유형별 세부 신청 자격 및 당첨자 선정 방법에 대해 알아보았습니다. 이제부터는 실전입니다. 현재 민영주택 등 대부분의 모집 공고, 경쟁률 정보 제공 및 청약 신청, 당첨자 발표는 청약홈에서 이루어지고 있습니다. 하지만 주택 유형,

• **주택청약 주요 사이트**

사이트	주소	구분		
		공급 주체	주택 유형(세부 구분)	
한국부동산원 청약홈	applyhome.co.kr	민간	민영주택	분양
		지방공사 (SH, GH 등)	국민(공공)주택	분양
				분양전환공공임대
LH청약플러스	apply.lh.or.kr	LH	국민(공공)주택	분양
				분양전환공공임대
				분양전환불가공공임대
SH인터넷 청약시스템	i-sh.co.kr	SH	국민(공공)주택	분양전환불가공공임대
경기주택도시공사 임대주택청약센터	apply.gh.or.kr	GH	국민(공공)주택	분양전환불가공공임대

사업 주체에 따라 사이트가 다르기 때문에 자신이 원하는 주택이 어디에서 청약이 가능한지 확인해야 합니다. 한국토지주택공사^{LH}나 서울주택도시공사^{SH} 등에서도 국민주택 및 공공주택에 대한 공고를 내고 있고 일부 주택 유형에 대해서는 청약까지 할 수 있습니다.

   청약홈에서만 청약할 수 있는 줄 알았는데 이렇게나 많은 곳에서 청약 정보를 얻고 신청도 가능하다니 놀랍죠? 청약홈 외의 자체 사이트를 통해 청약 접수를 진행한다고 해도 결국 분양주택이나 분양전환공공임대주택은 청약홈을 통해 당첨자 선정을 합니다. 대한민국의 모든 주택청약은 청약홈을 통해 이루어진다고 해도 과언이 아닙니다.

   이 외에도 청약홈에서 아파트뿐 아니라 오피스텔, 도시형 생활주택, 공공지원 민간임대주택도 청약이 가능합니다. 다만 '신혼희망타운'은 입주자 모집 공고부터 청약 접수, 당첨자 선정까지 모두 LH청약플러스에서 진행하고 있습니다.

02 대한민국 주택청약의 메카, 청약홈 한눈에 훑어보기

청약홈은 한국부동산원이 운영하는 인터넷 청약 사이트입니다. 과거에는 금융결제원 아파트투유와 KB국민은행 청약 사이트로 분리 운영하였으나, 2020년 2월 1일부터 청약홈으로 통합되어 청약을 희망하는 분이라면 누구나 편리하게 서비스를 이용할 수 있습니다.

- **청약홈 주요 서비스**

구분	메뉴	주요 기능
사전 자격 확인	세대구성원 등록	• 세대구성원을 사전에 등록하여 세대원 전원의 청약 자격 사전 확인 *세대구성원의 개별 동의 필요
	청약 제한 사항 확인	• 재당첨 제한, 특별공급 1회 제한 등 모집 공고일 또는 당첨자 발표일 기준 각종 제한 사항을 한눈에 확인 *사전에 세대구성원 등록/동의 시 세대원 포함 제한 사항 확인 가능
	주택 소유 확인	• 건축물대장, 재산세, 실거래신고 정보를 기반으로 한 주택 소유 현황 확인 *사전에 세대구성원 등록/동의 시 세대원 포함 제한 사항 확인 가능
청약 정보 제공	분양 정보/ 경쟁률	• 입주자 모집 공고문, 청약 일정 등 공고 정보 확인 • 특별공급 및 일반공급 경쟁률 확인
	청약 캘린더	• 청약 접수 일정 달력 형식으로 안내

청약 정보 제공	오늘의 청약 일정	• 일별 청약 신청 가능 단지 정보 제공
	청약 알리미	• 최대 10건의 관심 지역 또는 관심 단지를 사전 등록하면 1년간 공고 당일 문자서비스 제공(관심 단지 청약 알리미는 청약 접수일에 문자 서비스 제공)
청약 신청	청약 신청	청약 신청/청약 신청 내역 조회/청약 취소
청약 당첨 조회	청약 당첨 조회	당첨 내역 조회(아파트 당첨 시 문자서비스 제공)

특히 사전에 세대구성원 정보를 등록해두고 세대원 본인이 개별 동의를 하면 세대원 전원의 주택 소유 현황은 물론, 청약 제한 사항까지 한눈에 확인이 가능합니다.

이 외에도 관심 지역을 미리 설정해두면 공고일에 문자서비스를 제공해주는 공고 알리미, 관심 단지 청약일에 문자를 발송해주는 관심 단지 청약 알리미, 아파트 당첨자 발표일 오전 8시에 당첨자(예비 입주자)에게 당첨 안내 문자서비스까지 제공합니다. 똑똑한 대한민국 청약 서비스의 메카 청약홈, 맞죠?

• **청약홈 주요 서비스 이용시간 안내**

구분	이용시간	이용일
청약 신청·취소	09:00 ~ 17:30	청약 신청 당일
청약 신청 내역조회*	00:00 ~ 24:00	영업일, 청약일로부터 3개월간
청약통장 가입 내역조회*	00:00 ~ 24:00	영업일
공고단지 청약연습 신청	09:00 ~ 17:30	모집 공고일 익일 ~ 청약 신청일 전일
공고단지 청약연습 내역조회	09:00 ~ 21:30	신청일로부터 3개월
주택 소유 확인	00:00 ~ 24:00	영업일

* 일부 은행의 경우 서비스 시간 상이

☑ 구글 플레이스토어와 애플 앱스토어에서 '청약홈'을 검색하세요

청약홈 홈페이지

청약홈은 PC뿐만 아니라 모바일로도 이용이 가능합니다. 구글 플레이스토어 또는 애플 앱스토어에서 '청약홈'을 검색해보세요. 왼쪽 QR코드를 통해 청약홈 앱을 설치하면 PC와 동일하게 청약 정보 조회, 청약 신청 및 당첨 사실 조회까지 한 번에 가능합니다. 아직 설치하지 않았다면 서두르세요.

♀ TIP

관심 단지 알림은 미리미리!
공고 중인 관심 단지의 청약일, 놓치지 마세요. 청약홈 ⊙ 청약 일정 및 통계 ⊙ 청약 알리미 신청 ⊙ 관심 공고(접수일) 알림 서비스 탭을 클릭하면 최대 10개까지 알람을 설정해둘 수 있어요.

☑ 청약 신청을 해보자!

STEP 1 로그인하기

청약홈은 로그인 없이 이용할 수 있는 메뉴도 있지만 청약 신청 시에는 본인 인증을 거쳐 로그인해야 합니다. 청약홈 [마이페이지] 를 눌러서 로그인하거나 [청

약 신청]에서 원하는 주택 유형을 선택하고 [청약 신청하기] 버튼을 누르면 로그인할 수 있습니다.

청약홈은 현재 공동인증서나 금융인증서, 네이버인증서, 카카오인증서 및 KB국민인증서, 토스인증서, 신한인증서 방식의 로그인이 가능합니다. 하지만 무순위 청약이나 불법행위 재공급, 임의공급 유형의 청약을 할 때에는 공동인증서, 금융인증서 방식으로만 로그인할 수 있으니 이용 전 확인하기 바랍니다.

STEP 2 **실전처럼 연습하기**

청약홈에서는 [공고단지 청약연습]과 [청약 가상체험]을 활용하여 마음껏 청약을 연습해볼 수 있습니다.

[**공고단지 청약연습**]은 민영주택 1순위를 대상으로 모집 공고일 다음 날(영업일만 가능)부터 가능합니다. 다소 복잡한 가점제 신청자 분들을 위해 청약 접수 전일까지 청약을 신청하려는 단지와 동일한 환경에서 청약통장 순위 확인 및 제한사항 검증 과정을 거쳐 1순위 청약연습을 진행해볼 수 있습니다.

• **청약홈** ◐ **공고단지 청약연습** ◐ **청약연습**

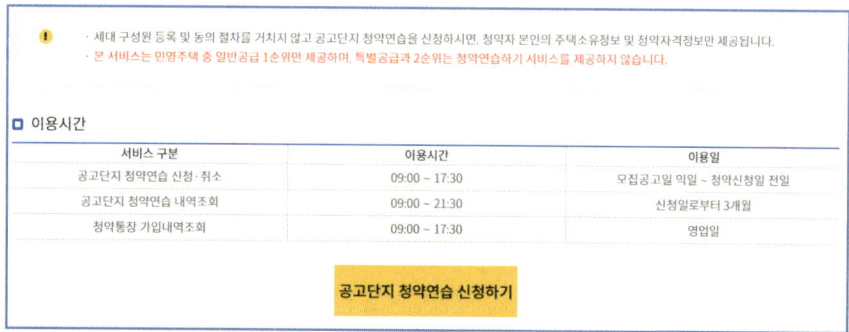

실제 공고 중인 민영주택의 일반공급 1순위 청약을 가정하여 제공하는 서비스로 특별공급이나 공공주택의 경우 청약연습하기 서비스를 이용할 수 없습니

다. 대신 [청약 가상체험]을 통해 국민주택 및 민영주택 특별공급과 일반공급 연습하기가 가능합니다.

먼저 예시로 특별공급(민영주택)을 가상체험해보겠습니다.

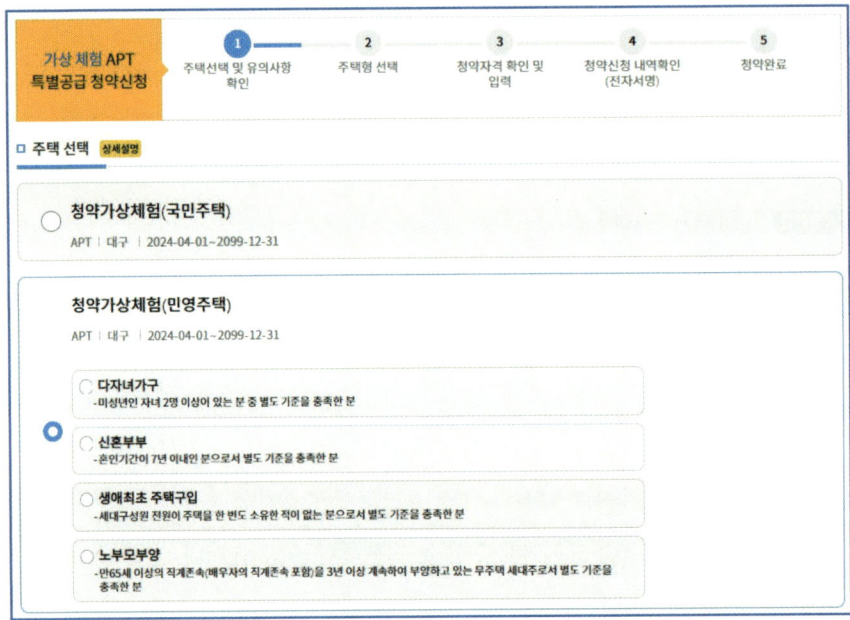

특별공급을 선택한 후 민영주택을 선택하면 위와 같은 화면이 나옵니다. 실제 신청해보고 싶은 특별공급 유형과 주택형을 선택하면 [청약 자격 확인 및 입력] 단계에서 거주지, 거주 기간, 무주택 기간, 미성년 자녀수 등 특별공급 청약 시 자격 조건에 대한 사항을 확인할 수 있습니다.

선택 항목마다 유의사항이 팝업으로 뜨기 때문에 꼼꼼히 읽어보고 어려운 용어는 청약홈 제도 안내 메뉴를 통해 확인하면 됩니다.

STEP 3 청약 실전 START! 원하는 주택과 유형 선택하기

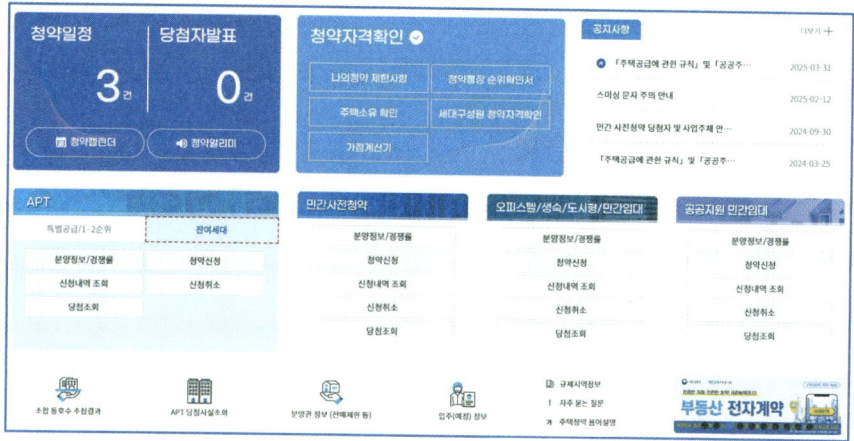

이제부터 본격적으로 실제 청약 신청을 해보도록 하겠습니다. 청약홈 첫 페이지에서 청약 일정을 선택하면 청약 접수 중인 단지들이 화면에 나타납니다. 청약 접수 일정은 특별공급, 일반공급 1순위와 2순위, 무순위 등으로 분류하여 안내하고 있습니다.

일반공급 2순위는 1순위 다음 날 진행하지만 1순위 접수 결과 일반공급으로 배정되는 물량과 예비 입주자 선정 대상 물량을 초과하는 경우 2순위 접수는 진행하지 않습니다. 그래서 인기 단지의 경우 2순위자는 청약 신청의 기회가 주어지지 않을 수 있습니다.

다음의 그림에서 노란색 '➕' 버튼을 클릭하면 주택의 공급 위치와 공급 세대 수, 청약 일정, 공급금액에 대해 알 수 있으며 가장 중요한 정보인 입주자 모집 공고문 파일도 다운받을 수 있습니다.

돌다리도 두들겨보고 건너야 하듯이 청약 신청 전에 이미 입주자 모집 공고문을 보았을 테지만 다시 한번 정독하여 본인이 자격 요건에 부합하는지 확인해봐야 합니다.

자, 그럼 입주자 모집 공고문을 모두 확인했으니 아파트 일반공급 1순위 신청을 해보겠습니다.

STEP 4 유의사항 확인하기

유의사항에서는 청약 불법행위 금지, 중복 청약 및 재당첨 제한에 대한 안내와 개인정보 수집 및 이용에 대한 동의를 받고 있습니다. 내용을 확인한 후 동의 항목에 체크하고 팝업창의 스크롤을 내린 후 '확인함'을 클릭하면 다음 단계로 넘어갑니다.

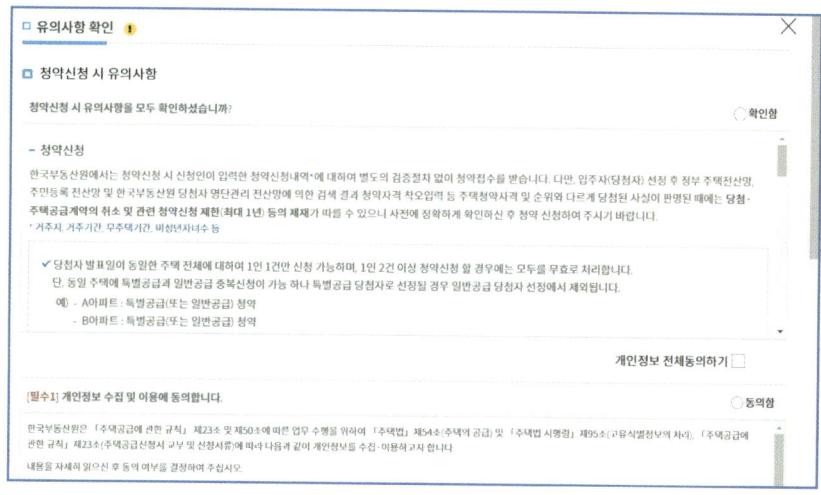

STEP 5 청약통장 순위 정보 확인 및 주택형 선택하기

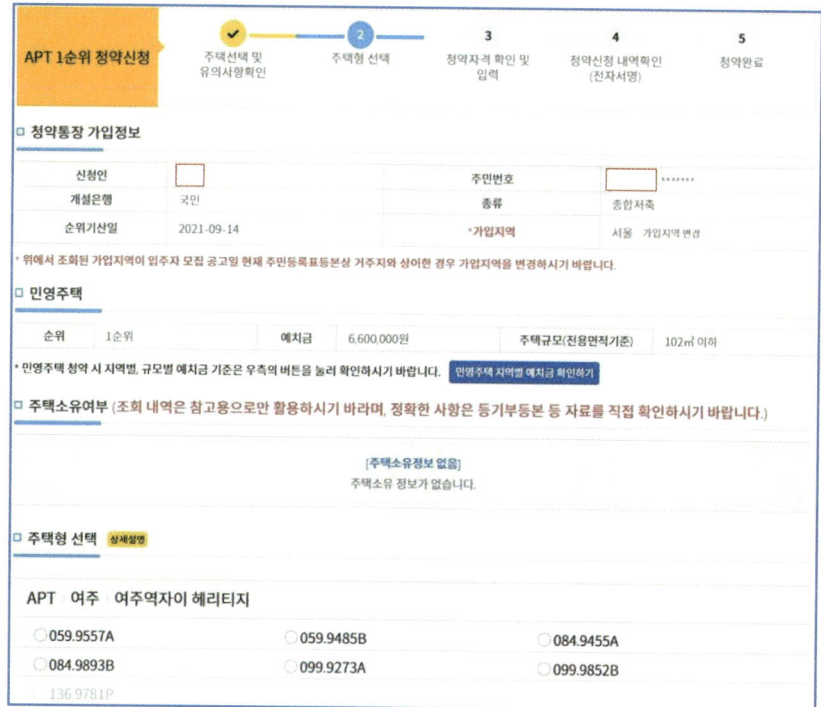

5장 청약 신청, 이제부터 실전이다 **257**

청약제도 안내 ▶
APT ▶ 청약 자격

청약홈에서는 민영주택인지, 공공주택인지 또는 규제지역인지 여부에 따라 모집 공고일 기준 청약통장 순위 자격이 자동으로 확인됩니다. 청약통장 가입 기간 및 납입금액이 기준에 못 미치는 경우에는 다음 단계의 청약 진행이 제한됩니다.

이때 접수를 희망하는 주택이 공공주택인지 민영주택인지와 내가 청약하려는 지역 등에 따라서 청약통장이 1순위가 될 수도 2순위가 될 수도 있습니다.

• 주택 종류 및 공급 지역별 통장 순위 요건

구분		국민(공공)주택	민영주택	
			전용면적 85㎡ 이하	전용면적 85㎡ 초과
입주자저축 종류		주택청약종합저축, 청약저축	주택청약종합저축	
			청약부금, 청약예금	청약예금
1순위	수도권 (규제지역)	가입 기간 24개월 경과, 납입 회차 24회 이상	가입 기간 24개월 경과, 예치금	가입 기간 24개월 경과, 예치금
	수도권 (비규제지역)	가입 기간 12개월 경과, 납입 회차 12회 이상	가입 기간 12개월 경과, 예치금	가입 기간 12개월 경과, 예치금
	그 외*	가입 기간 6개월 경과, 납입 회차 6회 이상	가입 기간 6개월 경과, 예치금	가입 기간 6개월 경과, 예치금
2순위 (1순위 제한자 포함**)		청약통장에 가입하였으나 1순위에 해당되지 않는 분		

* 위축지역은 가입 기간 1개월 경과
** ① 세대주가 아닌 자 / ② 과거 5년 이내에 다른 주택에 당첨된 자가 속해 있는 무주택 세대구성원

민영주택의 경우 주택형을 선택하고 나면 지역별 통장 예치금에 따라 신청 가능한 주택형이 활성화되며 청약 신청자의 거주지 및 신청 유형에 따른 주택 소유 여부 등 항목을 입력하면 됩니다.

STEP 6 청약 신청 유형별 항목 입력하기

일반공급 또는 특별공급 유형별 선택 항목은 모두 다릅니다. 민영주택 일반공급 청약 시에는 가점제 항목별 선택 값이 펼쳐지게 되고 지금까지 배운 청약 노하우를 총동원하여 본인에게 맞는 값을 선택하면 됩니다.

청약홈은 청약자가 직접 선택한 항목으로 당첨자를 선정하며 사업 주체는 선정된 당첨자 및 예비 입주자를 대상으로 적격 여부를 검증하게 됩니다. 어렵게 당첨되었는데 단순 착오 또는 청약제도에 대한 이해 부족으로 잘못 입력한 항목 때문에 부적격 처리되지 않도록 유의해야 합니다.

STEP 7 연락처 입력하고 청약 신청 내역 확인하기

유형별 항목을 모두 선택 후 연락처를 입력하면 최종적으로 청약 신청 내역을 한눈에 볼 수 있는 화면이 나옵니다.

본인이 신청한 주택형부터 해당 지역 거주자 자격으로 신청했는지, 장기 복무 군인 자격으로 신청했는지, 민영주택 일반공급 신청자라면 가점 항목, 특별공급 신청자라면 특별공급 배점표 항목별 최종 선택 값 등을 한눈에 확인할 수 있습니다.

선택한 값을 수정하고 싶다면 이전 버튼을 누르면 됩니다. 청약 신청을 완료한 경우라면 기존 신청 내역을 취소하고 재신청해야 합니다.

신청 내역에 별다른 이상이 없다면 청약 신청 전 체크리스트 항목을 숙독 후 확인란에 체크하고 다음 버튼을 클릭합니다.

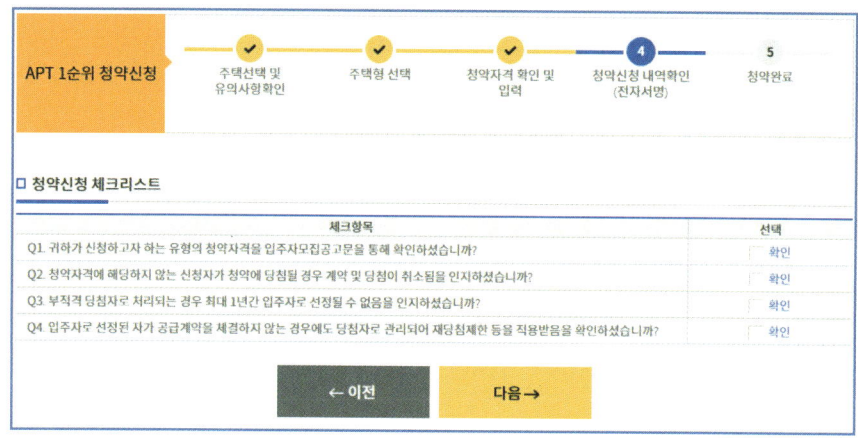

STEP 8 **청약 신청 완료!**

인증서 비밀번호 입력 후 전자서명 제출을 완료하면 청약 신청이 완료됩니다. 마지막으로 신청 접수가 잘 이루어졌는지 조회 버튼을 눌러 청약 신청 내역을 확인해봅니다.

☑ 청약 경쟁률이 궁금하다면?

청약자라면 관심 지역의 경쟁률이나 최저 당첨 가점과 같은 사례를 꾸준히 지켜볼 필요가 있습니다.

청약홈의 **[청약 일정 및 통계] - [분양 정보/경쟁률]** 메뉴에 들어가면 입주자 모집공고 정보는 물론이고 특별공급 접수 현황과 일반공급 경쟁률을 확인할 수 있습니다. 청약 경쟁률 정보는 청약 접수 종료일 19시 30분 이후에 공개되며 당첨 가점 정보는 당첨자 발표일에 확인해볼 수 있습니다.

특별공급 청약접수 현황

□ 여주역자이 헤리티지

주택형	공급세대수	지역	집수건수								청약결과
			다자녀가구	신혼부부	생애최초	청년	노부모부양	신생아(일반형)	기관추천	이전기관	
059.9557A	40	배정세대수	8	15	7	0	2	0	8	0	청약접수 종료
		해당지역	3	2	44	0	2	0	0(0)	0	
		기타경기	0								
		기타지역	0	3	27	0	0	0			
059.9485B	39	배정세대수	8	14	7	0	2	0	8	0	청약접수 종료
		해당지역	17	23	90	0	2	0	1(0)	0	
		기타경기	0								
		기타지역	0	2	30	0	0	0			
084.9455A	121	배정세대수	24	44	22	0	7	0	24	0	청약접수 종료
		해당지역	16	31	31	0	1	0	4(0)	0	
		기타경기	1								
		기타지역	0	1	3	0	0	0			
084.9893B	121	배정세대수	24	44	22	0	7	0	24	0	청약접수 종료
		해당지역	24	11	15	0	0	0	1(0)	0	
		기타경기	1								
		기타지역	0	3	2	0	0	0			

☑ 청약 자격이 되는지 미리 확인할 수 있다?

◉ 청약 제한 사항: 설마 우리 가족도 해당될까?

앞에서 설명했듯이 무수히 많은 사유로 부적격 당첨이 되어 어렵게 당첨된 기회를 날리는 것은 물론이고 향후 청약에도 제한을 받는 경우가 많습니다.

청약 제한 사항도 특별공급 1회 제한, 재당첨 제한, 공급 질서 교란자 제한, 부적격 당첨자의 최대 1년 청약 제한 등 그 종류가 다양하고 제한 기준일도 조금씩 다르기 때문에 언제부터 각종 제한으로부터 자유로워지는지 사전에 세대구성원을 등록해두면 **[청약 자격 확인] - [청약 제한 사항 확인]** 메뉴에서 직접 확인할 수 있습니다.

➜ 청약 제한 사항 100쪽 참조

• **세대구성원 등록하기**

청약홈에서는 청약자의 세대구성원 정보를 사전에 등록하여 실제 청약하기 전 본인과 세대구성원의 주택 소유 여부 및 청약 제한 사실을 확인토록 하여 착오로 인한 부적격 당첨을 최소화하고 있습니다.

세대구성원 등록은 직접 추가하여 입력하거나 행정 정보 자동 조회 기능을 통해 불러올 수 있습니다. 하지만 제한 내역 검색 결과를 확인하기 위해서는 정보제공 동의를 요청받은 세대구성원이 직접 인증서 로그인 후 개별 동의해야 합니다. 여기서 말하는 세대구성원의 범위는 신청자 또는 배우자의 주민등록표등본에 기재된 신청자의 직계존속, 직계비속만 포함되며 동일 등본상에 있는 형제자매 등은 포함되지 않습니다.

➜ 세대구성원의 범위 77쪽 참조

청약홈은 정보 제공 동의를 마친 세대구성원을 모두 포함하여 각종 청약 제한 사항 검색은 물론, 주택 소유 확인 서비스도 제공하고 있습니다.

□ 세대원 등록

⚠ · 세대원 등록은 청약접수를 위한 필수절차가 아닙니다. 세대원 등록을 하시 않아도 청약접수 및 취소가 가능합니다.
· 분리세대인 경우 및 자동등록기능을 사용하지 아니하고 추가·삭제 기능을 활용하여 세대원을 등록한 경우에는, 세대 구성원(성인)의 정보제공 동의 다음날 행정안전부 주민등록전산정보와 일치하는 세대구성원에 한하여 청약자격정보를 사전 제공합니다.

[+ 자동등록(주민등록표등본/가족관계증명서)] [+ 추가] [- 삭제]

선택	이름	주민등록번호	신청자와의 관계	자료출처	분리세대 여부	미성년자 여부	정보제공동의
		1******	본인		N	N	동의완료
☐		2******	배우자		N	N	동의요청중
		-	은(는) 의 [자녀 ▼] 입니다.	선택하세요 ▼			

※ 신청일(2024-05-14) 기준 만19세 미만 미성년자는 정보제공 동의를 받지 않습니다.
※ 동의요청중 건은 요청 상대방이 청약홈 > 청약자격확인 > 세대구성원 동의 메시 정보제공 동의 하셔야 인증완료 됩니다.

📍 주택 소유 확인: 나와 우리 가족의 무주택 여부를 알아보자

주택이나 분양권 등을 소유하고 있다면 청약 당첨 후에 부적격 처리가 될 수 있으므로 사전에 본인 및 세대구성원의 주택 소유 여부를 확인해야 합니다.

청약홈은 본인의 주택 소유 사실을 건축물대장정보, 부동산 거래내역, 재산세 정보를 통해 확인할 수 있도록 지원하고 있습니다. 하지만 현재 대법원 등기부 등본 정보는 연계되지 않아 실제 소유 정보와는 차이가 있을 수 있습니다. 따라서 검색 결과가 신청자가 알고 있는 소유 정보와 다를 땐 원천자료를 관리하는 기관에 직접 확인하여야 하며 청약홈에서는 개별 요청에 따라 정보를 수정(정정)하지 않습니다.

💡 TIP
주택 소유 정보에 대한 원천자료는 건축행정시스템 세움터(건축물대장 정보), 실거래가 공개 시스템(실거래 정보) 및 위택스(재산세 정보)에서 확인할 수 있습니다!

✅ 청약 알리미: 인기 단지 청약, 왜 나만 몰랐을까?

나청약 씨는 서울에서 공급하는 주택에 청약하고 싶지만 매일같이 야근하는 바람에 서울에 청약 공고가 떴는지, 청약 접수일이 언제인지도 모른 채 늘상 청약을 놓치기 일쑤입니다. 어떻게 해야 할까요?

청약일정 및 통계 ▶ 청약 알림 서비스

청약홈에서는 알리미를 통해 최대 10건까지 관심 지역과 관심 공고단지를 미리 설정하면 1년간 분양 소식이나 청약 신청일 정보를 바로바로 문자로 받을 수 있도록 서비스를 제공하고 있습니다.

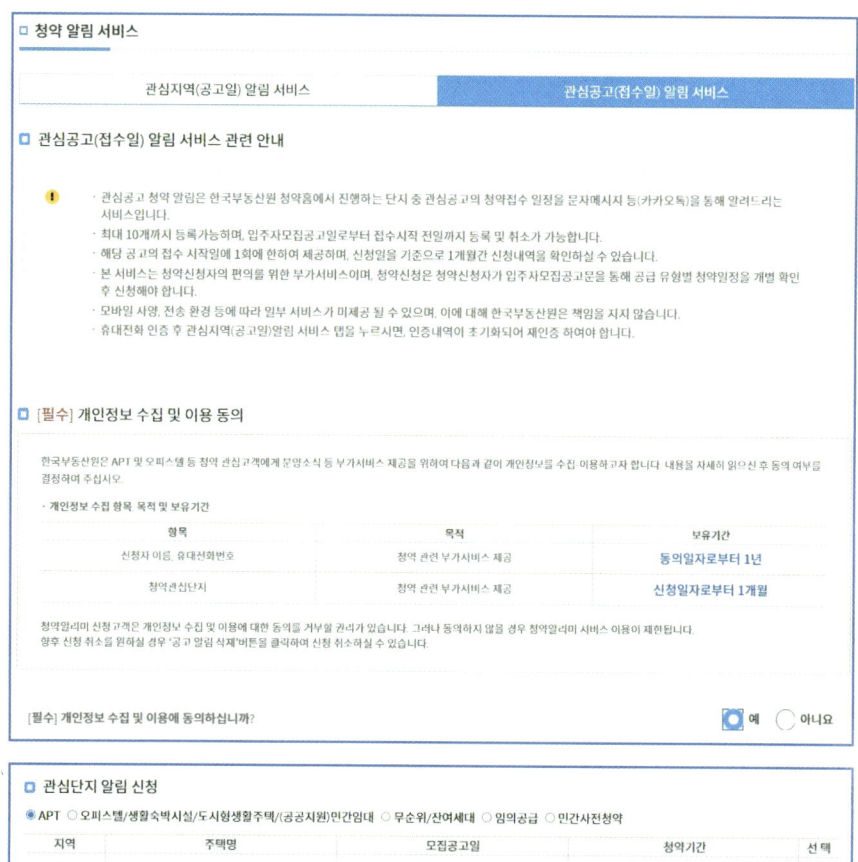

알림 신청 취소 또한 언제든지 가능하니 청약 알리미 서비스를 미리 등록해두고 내 집 마련의 기회를 한 발짝 앞당기기 바랍니다.

💡 TIP
청약 알리미 서비스를 신청했는데 문자를 못 받고 있다면?
통신사의 차단 조치 사유 등에 따라 서비스 수신에 영향을 받을 수 있으니 확인해보세요.

✅ 청약가점 계산하기

공고단지 청약연습 ▶ 청약가점계산하기

청약 가점제는 민영주택 일반공급 및 노부모 특별공급 청약 시 당첨 우선순위를 정하기 위해 점수제(84점 만점)를 도입한 제도입니다. 아울러 청약신청자들이 가장 많이 실수하는 부분이기 때문에 청약홈에서는 사전에 충분히 개별 자격을 확인한 후 신청할 수 있도록 **[청약가점 계산하기]** 서비스를 제공하고 있습니다.

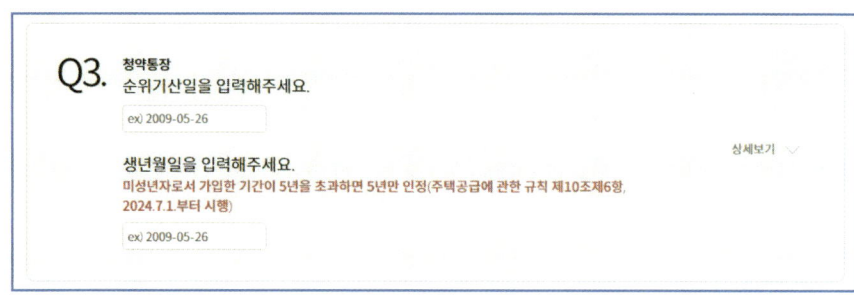

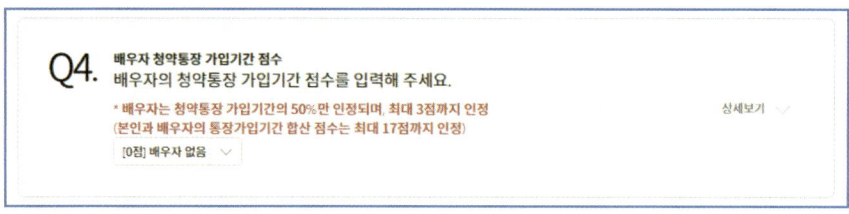

　[청약가점 계산하기]가 아니어도 **[공고단지 청약연습]** 메뉴를 통해서도 가점을 계산해볼 수 있습니다. 일반공급 청약 신청을 준비하는 분이라면 한 번쯤 이용해보기를 추천합니다.

03 당첨되셨나요? 계약부터 입주까지 챙겨야 할 것들

청약부터 당첨까지는 쉽지 않은 과정이었고 오랜 기다림이 있었습니다. 힘들게 준비했던 만큼 '당첨'이라는 말을 입에 머금기만 해도 절로 미소가 나옵니다. 적어도 오늘 하루만큼은 그 달콤함을 마음껏 즐기길 바랍니다.

이제 완벽한 마무리를 위한 준비가 필요합니다. 지금까지의 과정이 청약이라는 산의 정상에 오르기 위한 과정이었다면 앞으로의 시간은 다치지 않고 안전하게 하산하는 과정이라고 할 수 있겠습니다. 당첨자 서류 제출과 서류 검증, 계약 체결 그리고 분양대금 납부까지 마쳐야 입주라는 목적지에 무사히 도착할 수 있기 때문입니다.

☑ 적격 여부를 확인하기 위한 당첨자 서류 제출

당첨자는 청약 당시 청약자가 입력한 정보를 기반으로 선정합니다. 그리고 당첨 이후에는 일반공급 당첨자라면 청약 지역, 가점제(부양가족수, 무주택 기간, 입주자 저축 가입 기간), 재당첨 제한 여부 등을, 특별공급 당첨자라면 유형별 자격을 갖추었는지 사업 주체가 확인하는 절차가 있습니다.

일반적으로 당첨자는 당첨자 발표일 다음 날부터 3일간 서류를 제출하고 사업 주체는 당첨자가 정당한 자격을 갖추었는지 심사하게 됩니다. 만약 부적격 사유가 발생한 때는 7일 이상의 소명 기간을 거치며 심사 결과 정당한 당첨자인 경우 당첨자 발표일 11일 후부터 3일 이상의 기간 동안 공급 계약을 체결합니다.

누구나 제출해야 하는 공통 서류

「주택공급에 관한 규칙」에 따르면 주택 소유, 재당첨 제한 및 세대주 등의 자격을 확인한 '정당한 당첨자'와 계약을 체결하게 되어 있습니다. 그래서 당첨된 자라면 누구나 거주지(기간), 세대주 자격 확인을 위해 '신분증, 주민등록표등본, 주민등록표초본, 출입국사실증명'이 필요합니다.

> **TIP**
> 자격 요건에 따라 추가 서류 제출이 필요한 경우도 있어요!
> - (미혼인 경우) 혼인관계증명서
> - (배우자가 있으나 신청자 본인과 세대 분리된 경우) 가족관계증명서 및 배우자의 주민등록표등본
> - (10년 이상 장기 복무 군인 자격으로 신청한 경우) 복무확인서

일반공급 당첨자가 제출해야 하는 서류

민영주택 가점제 당첨자라면 준비해야 할 서류가 더 복잡합니다. 직계존속이 부양가족에 포함된다면 3년 이상 부양 여부를 확인하기 위해 직계존속의 '주민등록표초본, 가족관계증명서, 건강보험 요양급여내역서'를, 직계비속이 포함되었다면 직계비속의 '주민등록표초본, 혼인관계증명서'를, 가점제 신청 시 배우자의 청약통장 가입 기간 점수를 합산했다면 배우자의 '당첨사실확인서' 및 '청약통장 가입확인용 순위 확인서'를 제출해야 합니다. 마지막으로 본인의 부모나 자녀라도 해외 체류 기간이 공고일 현재 계속하여 90일을 초과할 경우 부양가족으로 인정될 수 없기 때문에 '출입국사실증명'으로 이를 확인합니다.

> **TIP**
> 30세 이전에 혼인하여 무주택 기간을 인정받고자 할 경우에는 혼인관계증명서가 필요해요.

특별공급 당첨자가 제출해야 하는 서류

당첨자가 제출해야 하는 서류가 있다는 말은 제출 서류를 먼저 확인해서 정당한 자격을 갖추었는지 사전에 판단해볼 수 있다는 말과 같습니다. 일반공급과 마찬가지로 특별공급 역시 청약 전에 몇 가지 서류를 통해 기본 자격을 사전에 확인한다면 불필요한 부적격 당첨은 피할 수 있지 않을까요?

• 신생아 특별공급

신생아 특별공급에는 임신 및 입양을 포함하여 입주자 모집 공고일 현재 2세 미만 자녀(2세가 되는 날 포함)의 여부를 확인하기 위한 서류(임신진단서, 출생증명서, 입양관계증명서 등)와 양육 사실 확인을 위한 증빙 서류(국민건강보험공단 자격확인서, 사회보장급여 결정통지서, 통장사본 등)를 제출합니다. 소득 및 자산은 사업 주체에서 사회보장정보원의 사회보장시스템을 통해 확인된 금액으로 산정합니다.

• 청년 특별공급

청년 특별공급에는 나이 및 혼인 여부 등의 신청 자격을 확인하기 위한 서류와 당첨자 본인의 소득 관련 서류를 제출하면 됩니다. 주민등록표등·초본과 같은 공통 서류 외에 공고일 현재 혼인 여부를 확인하기 위한 가족관계증명서, 우선공급 신청자의 소득세 납부 기간(5개년도) 확인을 위한 입증 서류(소득금액증명원, 납부내역증명서 등)가 필요합니다. 총자산은 본인과 부모 각각 기준을 충족해야 하므로 부모님의 서류도 함께 제출합니다.

총자산은 사회보장정보원의 사회보장시스템을 통해 확인된 금액으로 산정하나 그 외 공적 자료로 확인이 불가한 임차보증금, 분양권, 임대보증금 등은 '자산 보유 사실확인서'를 작성 후 관련 증빙과 함께 제출해야 합니다.

> **TIP**
>
> **공적 자료로 확인 불가한 임차보증금, 분양권 등에 대한 증빙 서류**
> - 임차보증금 및 임대보증금: 임대차계약서 사본(확정일자 표시본)
> - 분양권: 분양 계약서 사본 및 분양대금 납부확인원
> - 비상장주식: 증권사 조회 내역, 주식보관증 등 종목, 수량 및 가액을 증명할 수 있는 자료
> - 출자금/출자지분: 출자증서 사본

• **다자녀 가구 특별공급**

다자녀 가구 특별공급은 앞서 살펴보았던 것처럼 총 6개의 배점 항목 중 본인이 선택한 항목별 점수를 합하여 높은 순으로 당첨자를 선정합니다. 결국 본인이 선택한 내용이 사실과 다름없는지 서류로 확인하는 것이죠.

직계존속을 3년 이상 부양하였다면 피부양 직계존속의 '주민등록표초본', 한부모가족 배점을 선택했다면 '한부모가족증명서'가 필요하며 19세 이전에 혼인하여 무주택 기간을 인정받았다면 '혼인관계증명서'를 사업 주체에 제출해야 합니다.

> **TIP**
>
> **다자녀 가구 및 신혼부부 특별공급 자격 요건에 따른 추가 서류**
> - [재혼가정]: 배우자의 자녀를 '자녀수'에 포함한 경우 배우자의 가족관계증명서
> - [입양 자녀를 자녀수에 포함한 경우]: (친양자)입양관계증명서
> - [임신한 태아를 자녀수에 포함한 경우]: 임신진단서 또는 출산증명서

• **신혼부부 특별공급**

신혼부부 특별공급은 혼인 기간과 자녀 여부가 중요한 자격 요건입니다. 따라서 혼인 신고일로부터 7년 이내인지 확인하기 위해 '혼인관계증명서'가 필요합니

다. 신혼부부 특별공급의 제출 서류는 비교적 간단하나 소득 자격이 있기 때문에 소득을 확인할 수 있는 서류를 별도로 제출해야 하며 2024년 3월 25일자 규칙 개정으로 도입된 신생아 우선공급 당첨자는 신생아 여부 확인을 위해 가족관계증명서를 제출해야 합니다. 공공주택과 더불어 민영주택 청약자 중 소득 기준은 초과하지만 자산 기준을 충족하여 추첨공급에 당첨된 경우라면 자산 관련 서류도 준비해야 합니다.

> **TIP**
> 공공주택의 자산은 부동산 자산(토지+건물)에 자동차 자산까지 포함하지만 민영주택은 자동차 자산은 포함하지 않아요!

• 노부모 특별공급

노부모 특별공급은 피부양 직계존속을 3년 이상 계속해서 부양했는지 확인하기 위해 직계존속의 '주민등록표초본', '가족관계증명서'가 있어야 합니다.

> **TIP**
> 배우자의 직계존속을 부양하는 것으로 신청한 경우 또는 재혼가정의 배우자 자녀를 자녀수에 포함하여 당첨되었다면 배우자의 가족관계증명서가 있어야 해요.

민영주택 노부모 특별공급에 당첨된 경우, 가점제 점수 순으로 당첨자를 결정하므로 일반공급 가점제 당첨자 제출 서류와 동일하게 준비하면 됩니다.

• 생애최초 특별공급

생애최초 특별공급은 혼인하였거나 미혼 자녀가 있는 자격 요건을 필요로 합니다. 신청자 본인의 혼인 사실을 증명해야 한다면 '혼인관계증명서', 자녀가 미혼임을 확인하기 위해서는 피부양 직계비속의 '혼인관계증명서', 신생아 우선공급으로 당첨되었다면 신생아 기준으로 발급한 '가족관계증명서'가 있어야겠죠? 그

뿐만 아니라 소득이나 소득세 납부 조건이 신혼부부 특별공급보다 다소 복잡합니다. 공공주택에 청약하거나 민영주택 중 자산 기준을 충족하여 추첨공급에 신청·당첨된 경우라면 신혼부부 특별공급과 마찬가지로 자산 요건 확인을 위한 서류도 추가로 필요합니다.

구체적으로 살펴볼까요?

◉ 소득이나 자산 요건을 입증하기 위한 서류

공공주택은 사회보장시스템을 통해 사업 주체가 당첨자의 자산 보유 현황을 일괄 조회하여 확인하는 반면, 민영주택은 당첨자가 직접 입주자 모집 공고문에 안내된 서류를 준비하여 사업 주체에게 제출합니다.

• 소득 입증 서류

먼저 재직증명서, 근로소득원천징수영수증, 소득금액증명원, 사업자등록증 등 본인의 근로 형태(근로소득자, 자영업자 혹은 프리랜서 등과 같이 소득이 일정하지 않은 자) 및 근로 기간(신규 취업자, 퇴직자, 휴직자 등)에 따라 제출 서류 종류는 다양합니다. 대개 입주자 모집 공고문 중반부터 당첨 유형별 제출 서류 안내표를 통해 서류 제출 대상(본인 또는 세대원)이나 해당 서류가 필수인지, 아니면 해당하는 사람만 추가로 제출하면 되는지 구체적으로 안내하고 있습니다.

가장 먼저 당첨자의 근로 형태를 확인하기 위해 국민건강보험공단에서 발급이 가능한 '건강보험자격득실확인서'를 발급해야 합니다. 소득 자격에 필요한 서류는 신혼부부든 생애최초든 크게 차이가 없습니다. 다만 생애최초의 경우 '소득세를 5개년 이상 납부'해야 하는 요건이 있으므로 신혼부부 특별공급의 제출 서류에 5개년도 소득세 납부 내역을 확인할 수 있는 소득금액증명 및 납부금액증명 등을 추가로 챙겨야 합니다.

> **TIP**
> 건강보험자격득실확인서는 국민건강보험공단(www.nhis.or.kr) '자격득실확인서 발급' 메뉴를 이용하면 돼요!

• 자산 입증 서류

공공주택은 소득과 마찬가지로 사업 주체인 공공주택사업자가 직접 조회하여 검증하기 때문에 특별히 서류를 준비할 필요는 없습니다. 하지만 민영주택 신혼부부 및 생애최초 특별공급은 '자산 보유'에 따른 자격을 만족해야 하는데 본인 및 세대원이 보유하고 있는 부동산 관련 자산에 대해 대법원 인터넷등기소에서 '부동산 소유 현황' 자료를 발급받아 제출해야 합니다. 공공주택과는 달리, 민영주택은 자동차가액을 고려하지 않기 때문에 부동산 보유 금액이 기준 금액 이하인지만 판단하면 되는 것이죠.

> **TIP**
> 부동산 소유 현황은 대법원 인터넷등기소(www.iros.go.kr) '등기열람/발급 ● 부동산 ● 부동산 소유 현황 발급하기'를 이용하면 돼요!

✔ 규제지역 내 분양 계약을 했다면 '자금조달계획서'는 필수

사업 주체의 서류 적격심사가 모두 끝나면 분양 계약을 체결하게 됩니다. 험난했던 내 집 마련의 길고 긴 여정의 9부 능선을 막 넘었다고 해도 과언이 아닙니다. 이렇게 분양 계약 체결이 완료되고 입주까지 대금 납부 계획만 잘 꾸리면 좋겠지만 아직 챙겨야 할 것들이 남아 있습니다.

자금 여력 및 실수요 여부가 불확실한 투기 세력을 차단하고 건전한 부동산

• **지역별 자금조달계획서 제출 대상**

구분	자금조달계획서 제출 대상	증빙 서류
투기과열지구	• 거래가격과 관계없이 모든 주택 거래	제출
청약과열지역	• 거래가격과 관계없이 모든 주택 거래	-
비규제지역(일반지역)	• 거래가격 6억 원 이상	-
법인(매수) 주택 거래	• 지역·가격과 관계없이 모든 주택 거래	제출(투기과열지구만)

거래시장 관리를 위해 부동산거래신고와 더불어 취득한 부동산 대금 납부 계획에 대한 '주택취득자금 조달 및 입주계획서(이하 '자금조달계획서')'를 제출해야 합니다. 부동산거래신고는 의무이지만 자금조달계획서는 ❶ 규제지역 내 모든 주택, ❷ 비규제지역 내 거래가격 6억 원 이상인 주택, ❸ 법인(매수) 주택 거래 시에만 제출하면 됩니다.

이 중 투기과열지구 내 주택은 자금조달계획서에 대한 증빙 서류를 추가로 제출해야 합니다. 참고로 비규제지역 내 거래가격 6억 원 미만은 자금조달계획서 제출 대상이 아니므로 증빙 서류 및 입주계획서도 제출할 필요가 없습니다.

♀ TIP

거래신고 대상 주택의 거래가격은 발코니 확장 비용 및 선택 사항 비용 등을 모두 포함한 '실거래가격'을 말합니다.

자금조달계획서 및 증빙 자료를 제출하지 않을 경우 「부동산거래신고 등에 관한 법률」 제28조제2항제4호 위반에 해당하여 500만 원 이하의 과태료 처분 대상이 됩니다. 이로 인해 실거래 신고필증 미발급으로 향후 소유권이전등기가 불가하므로 기한 내에 신고 및 서류 제출 등록을 완료해야 합니다.

• 자금조달계획서 및 증빙 서류 작성 시 참고사항

항목		상세 항목	세부내용
자기 자금	금융기관 예금액	예금(적금) 등	금융기관에 예치하여 보유 중인 자금
	주식·채권 매각대금	주식(채권)매도액	주식·유가증권 등 매각으로 조달하는 자금
		이에 준하는 자금	이에 준하는 자금
	증여·상속 등	가족 등 증여·상속	가족 등으로부터 증여·상속받아 조달하는 자금
	현금 등 기타	보유 중인 현금	금융기관 등에 예치하지 아니하고 보유 중이던 현금
		펀드/보험 금융상품 해지 등	예금(적금)이 아닌 금융상품 투자자금을 회수하여 조달하는 자금
		이에 준하는 자금	타인에게 대여한 자금 등을 회수하여 조달하는 자금 등
	부동산 처분대금 등	타 부동산 매도액	타 부동산을 매도하여 조달하는 자금
		기존 보증(전세)금	기존 보증(전세)금을 회수하여 조달하는 자금
		종전 부동산 권리가액	재건축 등으로 발생한 종전 부동산 권리가액 등
		이에 준하는 자금	부동산 등의 매각(기존 임대차 보증금 회수) 등을 통하여 조달하는 자금
차입 금 등	금융기관 대출액	주택담보대출	금회 취득 주택의 주택담보대출 실행(승계) 자금
		신용대출	위의 주택담보대출 이외 마이너스 통장 등 신용대출 자금
		그 밖의 대출	타 부동산 담보대출 등 그 밖의 금융기관 대출액 및 종류 기재
		금융기관 대출액 중 주택담보대출액을 기재한 경우	금회 취득하는 주택은 제외하고 그 외 주택을 보유 여부에 √체크, 보유란에 √체크한 경우 보유 중인 주택의 수를 기재(분양권, 입주권 등 권리상태의 주택을 포함하여 부부 공동명의 등 지분으로 보유하고 있는 경우에도 각 건별로 산정하여 기재)
	임대보증금	현 임차인 전세(보증)금 승계	현 임차인 전세금을 매도인으로부터 승계하는 금액
		신규 임대차 계약	금회 취득하려는 주택의 임대차 계약을 통해 조달하는 자금

차입금 등	회사지원금·사채	법인/개인사업자 등 제3자에게 대여하는 자금	대부업법에 따라 등록된 대부업체 및 소속된 회사 등의 주택 자금 대여금 등(상환기간 등이 약정된 자금)
	그 밖의 차입금	제3자 등 그 밖의 방법으로 대여하는 자금	가족/친인척 등으로부터 대여하여 조달하는 자금(상환기간 약정이 없거나 불분명한 대여금)
입주 계획	본인 입주	본인이 입주할 예정인 경우	주민등록상 가족과 함께 입주하는 경우
	본인 외 가족 입주	본인 외 가족 입주 예정인 경우	주민등록 세대가 분리된 가족이 입주하는 경우 (예: 분가한 자녀 가족, 본인의 부모만 입주 등)
	임대 (전·월세)	입주하지 않고 임대할 계획인 경우	제3자 등에게 임대할 경우
	그 밖의 경우 (재건축 등)	입주 또는 임대	재건축/재개발 등 사업 추진을 위하여 시행사 등이 주택을 매입하는 경우 등
	계좌이체 금액	은행 등 금융기관 이체지급 방식	증빙 가능한 금융기관 이체 지급 방식으로 지급하는 금액
	보증금·대출금 승계	기존 대출금·임대차 보증금 승계	매도인의 기존 대출금·전세보증금 승계하는 금액
	현금 등 기타 지급	현금 등 기타 자산 지급	계좌이체 또는 승계한 금액이 아닌 현금 등으로 지급하는 금액 및 그에 대한 지급 사유 기재

✔ 분양대금 준비하기: 계약금과 중도금 그리고 잔금까지

📍 계약금은 자력으로 마련해야

분양 계약 시점에 제일 먼저 지불하는 계약금이 분양대금 납부의 시작입니다. 납부 순서는 계약금 ⇨ 중도금 ⇨ 잔금 순으로 진행되며 일반적으로 10~20%의 계약금이 필요합니다. 계약금은 분양을 받기 전이기 때문에 은행으로부터 담보대출이 되지 않아 당첨자 본인이 직접 준비해야 합니다. 중도금, 잔금의 비율과 납부 일정은 입주자 모집 공고문에 명시되어 있으니 스스로 납부 여력을 확인하고 자금조달계획을 세우길 바랍니다.

중도금 대출과 잔금 대출

중도금은 계약금과 잔금 사이에 지불하는 금액으로, 중도금 대출은 분양 계약 조건에 따라 납부에 필요한 자금을 은행에서 지원받는 것을 말합니다. 중도금 대출은 아파트를 완공하기 전에 취급되기 때문에 실질적으로 제공하는 담보가 없어 신용대출 성격에 가깝고 주택도시보증공사[HUG], 한국주택금융공사[HF], 시행사 자체 보증을 기반으로 진행됩니다. 계약금을 자납한 계약자가 신청 가능하며 일반적으로 5~6회 분할하여 실행됩니다. 완공 후 입주 시기가 되면 잔금 대출을 받아 상환합니다.

중도금 대출 한도의 경우 규제지역은 분양가의 30~50%, 비규제지역은 60~70%로 지역 및 보유 주택 수에 따라 대출 한도가 다르며 분양가상한제가 적용된 아파트는 실거주 의무도 적용되어 중도금 대출 시 소유권이전등기일로부터 6개월 내에 전입해야 합니다. 이때 대출을 전액 상환하더라도 전입 및 거주 의무는 반드시 지켜야 합니다.

• **주택담보대출 관련 주요 용어**

구분	설명
LTV (주택담보대출비율)	Loan To Value Ratio 부동산 자산가치에 대한 대출액 비율
DSR (총부채원리금상환비율)	Debt Service Ratio 대출 신청자의 소득 대비 전체 금융부채의 원리금 상환액 비율
DTI (총부채상환비율)	Debt To Income 연간 소득에서 갚아야 할 주택담보대출의 원리금과 이자 비율

잔금은 입주 전 최종적으로 납부하는 계약금 및 중도금을 제외한 나머지 금액으로 분양가의 20~30%에 해당합니다. 완공된 아파트는 잔금을 납부해야 소유권이 이전되기 때문에 필요한 경우 은행에 대출을 신청합니다. 잔금 대출의 한도는 은행마다 조금씩 차이가 있는데 KB시세, 감정가 등으로 주택담보대출비율^{LTV}을 적용합니다.

이때 개인별 모든 부채의 연간 원리금 상환액이 연소득에서 차지하는 비율^{DSR}(총부채원리금상환비율)을 책정하여 대출 한도를 관리하게 됩니다. 그래서 개인마다 대출 한도가 다르고 실질적으로 LTV보다 대출 가능 금액이 줄어들게 됩니다. 잔금 대출이 실행되면 중도금 대출은 전액 상환 처리해야 합니다.

대출, 미리 알아두어야 할 것들

높은 경쟁률을 뚫고 청약에 당첨된다고 해도 결국 자기 자금이든 대출이든 분양가를 감당할 수 있어야 내 집을 마련했다고 할 수 있습니다. '당첨만 되면 어떻게든 되겠지' 하는 안일한 생각으로 무작정 은행을 찾았다가 대출 금액이 충분치 않아 당첨 분양권을 포기하기도 하고 중도에 계약을 해지하기도 합니다. 평소 신용등급 관리를 하지 않고 현금 서비스, 카드론을 사용하며 상습적으로 대출을 연체하면 일부 대출이 거절되기도 합니다. 은행별로 자체 신용 모형에 따른 등급 기준을 정해두고 특정 등급 아래로 내려가면 중도금 대출이 거절되는 사례가 있으므로 평소 신용등급 관리에 신경 써야 합니다.

또한 규제지역 내에서 중도금 대출 시 당첨된 분양권 외에 1주택을 보유한 자는 소유권이전등기일로부터 2년 이내에 기존 주택을 처분해야 합니다. 처분하지 않을 경우 약정 위반으로 대출 원금을 즉시 상환해야 하고 향후 3년간 주택담보대출과 전세자금대출 등 신규 대출을 제한받을 수 있다는 점을 반드시 기억해야 합니다.

☑ 입주 그리고 등기(취득세 납부)

중도금 대출도, 입주 시에 치러야 할 잔금 마련도 어느 정도 정리가 된 것 같습니다. 입주 전 2~3개월은 눈코 뜰 새 없이 바쁜 시간입니다. 입주자 사전 점검도 그렇지만 지금 살고 있는 주택도 새 아파트 입주 일정에 맞춰 비워야 합니다. 이사도 준비해야 하고 오랜 시간 고민해온 가전제품과 가구 구입도 이제는 더 이상 미룰 수 없습니다.

새집으로 이사를 마친다고 끝이 아닙니다. 물리적으로나 법적으로나 내 집이라는 것을 확실히 하기 위한 최종 절차가 남아 있습니다. 바로 취득세 납부와 등기입니다.

부동산 등기란, '부동산의 귀속과 그 귀속의 형태를 외부에서 인식할 수 있도록 공시하는 방법'을 말하는데, 등기를 하려면 먼저 취득세를 납부해야 합니다. 취득세율은 조정대상지역 여부 및 납세자가 소유한 주택 수에 따라 달라집니다. 그리고 금액도 적지 않기 때문에 납부해야 할 세금 규모를 미리 파악하여 준비해야 합니다. 이제 내 집 마련의 길고 긴 대장정을 마무리하기 위한 절차로 분양권과 관련된 취득세와 양도소득세에 대해 간략히 알아보겠습니다.

> **TIP**
> 분양권을 입주권과 혼동하지 마세요! 둘 다 주택을 취득할 수 있는 권리이나 입주권은「도시 및 주거환경정비법」에 따른 주택재개발정비사업이나 주택재건축정비사업의 조합원으로서 취득한 지위 등을 의미해요.

📍 분양권 관련 취득세

「주택법」에 따른 분양권 전매제한 기간이 없거나 그 기간이 경과한 경우 분양권 전매가 가능합니다. 취득세는 입주 시점에 납부하므로 도중에 전매를 통해 분양권을 취득한 시점에는 별도로 취득세가 발생하지 않습니다. 따라서 분양권과 관련해 분양받은 주택이 사용승인을 받고 입주하는 시점에 납부하는 취득세에 대해서 알아보겠습니다.

• 취득세를 납부하기 위한 기준(과세표준)

취득세는 과세표준에 취득세율을 곱해서 납부해야 할 금액을 산정합니다. 일반적으로 취득세 과세표준은 취득한 자가 신고한 취득가액이 아니라 사실상의 취득가액, 즉 실제 거래가액을 의미합니다. 분양권의 경우 명확하게 아파트 공급가격이 존재하므로 그 가격을 기준으로 과세표준을 산정합니다.

주택청약을 통해 분양권 권리를 취득하는 경우 일반적으로 전매 없이 입주하는 경우가 많습니다. 이 경우 과세표준은 공급 계약 체결 시 분양 계약서상의 공급가격과 수분양자가 선택하는 플러스 옵션(마감공사)가격 및 가전 옵션가격을 모두 포함하여 산정합니다.

• 취득세 과세표준 산정의 예

구분	사례 1	사례 2
아파트 공급가격	7억 원	5억 원
플러스 옵션	2,000만 원	미선택
가전 옵션	미선택	1,000만 원
과세표준	7억 2,000만 원	5억 1,000만 원

다만 분양권 전매제한 기간이 없거나 그 기간이 경과하여 분양권을 전매하는 경우 승계자의 과세표준은 최초 아파트 공급가격 및 옵션가격에 추가 금액 지불(플러스 프리미엄) 또는 할인(마이너스 프리미엄)된 가격을 고려하여 산정한다는 점을 유의하기 바랍니다.

예를 들어 나청약 씨가 비규제지역 내 전매제한 기간이 없는 ○○단지의 최초 계약자인 홍길동 씨에게 분양권을 승계 취득하면서 최초 아파트 공급가격과 옵

선가격인 3억 5,000만 원에 플러스 프리미엄 5,000만 원을 지급한 경우 과세표준은 4억 원이 됩니다.

- 분양권 승계 취득 시 과세표준 산정의 예

구분	사례 1	사례 2
아파트 공급가격 및 옵션가격	3억 5,000만 원	4억 5,000만 원
프리미엄	5,000만 원	-5,000만 원
과세표준	4억 원	4억 원

- 취득세를 결정하는 취득세율

2018년 이후 2021년까지 주택청약에 당첨된 사람의 주택 소유 현황을 보면 무주택자 비율이 서울의 경우 95%를 초과하며, 전국적으로 봐도 무주택자가 70%를 초과합니다. 따라서 1주택의 취득세율을 먼저 알아볼 필요가 있습니다.

1주택을 취득하는 경우 취득세율은 과세표준 금액에 따라 달라집니다. 과세표준이 6억 원 이하인 경우 취득세율은 1%, 6억 원 초과~9억 원 이하인 경우 1~3%, 9억 원 초과인 경우 3%를 적용하고 있습니다.

TIP
6억 원 초과~9억 원 이하인 경우 취득세율 산정 방법
취득세율 = (과세표준 × 2 ÷ 3억 원 - 3) ÷ 100

분양권을 포함하여 2주택 이상을 취득하는 경우 조정대상지역 여부에 따라 취득세율이 달라지며 취득세율은 다음 표와 같습니다.

· 지역 및 보유 주택 수별 취득세율

구분	2주택	3주택	4주택 이상
조정대상지역	8% (일시적 2주택 제외)	12%	12%
비조정대상지역	1주택 취득세율과 동일	8%	12%

· 취득세에 따라붙는 부가적인 세금도 있음을 유의하자

취득세를 납부할 때 항상 같이 납부하는 부가세 2가지가 있습니다. 지방교육세와 농어촌특별세입니다. 지방교육세는 지방교육 재정의 확충에 소요되는 재원을 확보하기 위하여 과세하는 목적세이며 농어촌특별세는 농·어업의 경쟁력 강화와 산업기반시설의 확충 및 지역개발사업에 필요한 지원을 확보하기 위해 과세하는 목적세입니다.

지방교육세의 세율은 취득세율의 10%이나 취득세율이 중과(8%, 12%)되는 경우 취득세 과세표준의 0.4%를 적용합니다.

농어촌특별세는 전용면적 85㎡ 이하의 경우 비과세되며 전용면적 85㎡ 초과의 경우 세율은 취득세 과세표준의 0.2%입니다. 취득세율이 중과(8%, 12%)되는 경우 취득세율 8%는 취득세 과세표준의 0.6%, 취득세율 12%는 취득세 과세표준의 1.0%를 적용합니다.

· 지방교육세와 농어촌특별세율

구분		취득세율 1~3%	취득세율 8%	취득세율 12%
지방교육세		취득세율의 10%	0.4%	0.4%
농어촌 특별세	전용 85㎡ 이하	-	-	-
	전용 85㎡ 초과	취득세 과세표준의 0.2%	0.6%	1.0%

• **취득세는 언제까지 납부해야 할까**

취득세는 과세물건을 취득한 날로부터 60일 이내에 납부해야 합니다. 분양권은 유상승계에 해당하여 취득 시기를 계약서상의 잔금 지급일로 합니다. 일반적으로 잔금 지급일이 입주일일 때가 많으므로 입주한 날로부터 60일 이내에 납부하는 것으로 이해하면 편합니다.

분양권 관련 양도소득세

분양권 전매제한 기간이 없거나 그 기간이 경과한 경우 분양권 전매가 가능합니다. 이때 플러스 프리미엄이 발생한 경우 양도소득세를 납부해야 합니다. 현재 분양권의 양도소득세 세율은 투기 수요를 억제하기 위해 높은 세율을 부과하고 있습니다. 보유 기간이 1년 미만인 경우 과세표준의 70%, 1년 이상인 경우 60%를 세율로 하는 등 단순하면서도 높은 단일세율이 적용되고 있습니다. 하지만 과세표준의 경우 세율보다는 조금 더 복잡합니다. 과세표준에 대해서 자세히 알아볼 필요가 있습니다.

• **양도소득세를 납부하기 위한 기준(과세표준)**

양도소득세도 과세표준에 취득세율을 곱해서 납부해야 할 금액을 산정합니다. 따라서 취득세와 마찬가지로 세금을 납부할 때 그 기준이 되는 과세표준이 얼마인지를 알아야 합니다.

양도소득세의 과세표준은 양도차익(양도가액 − 취득가액 − 필요경비)에서 장기보유특별공제와 기본공제를 차감하여 산정하게 됩니다. 장기보유특별공제는 보유 기간이 3년 이상인 토지, 건물, 입주권에 대하여 일정 금액을 양도차익에서 공제해주는 것이므로 분양권 전매의 경우는 해당 사항이 없습니다. 따라서 필요경비와 기본공제의 개념을 이해한다면 양도소득세의 과세표준을 산출할 수 있습니다.

💡TIP

양도소득세의 과세표준 = 양도차익* - 장기보유특별공제 - 기본공제
* 양도차익 = 양도가액 - 취득가액 - 필요경비

    양도소득세 필요경비는 취득, 보유 및 처분 단계에서 인정하는 범위가 정해져 있으며 분양권은 보유 단계에서 자산의 내용연수 연장이나 가치 증가 등이 불가하여 필요경비로 인정될 수 있는 항목이 없습니다.

    취득 단계에서는 중개수수료, 소유권 확보를 위해 직접 소요된 소송비용 등이 필요경비로 인정됩니다. 처분 단계에서는 중개수수료, 부동산 양도를 위해 직접 소요된 광고비용 및 컨설팅비용, 양도소득세 신고비용 등이 필요경비로 인정됩니다.

    마지막으로 양도소득 기본공제는 양도소득이 있는 거주자에 대하여 매년 250만 원을 공제해주는 것입니다. 다만 기본공제는 연 1회만 적용받을 수 있습니다. 만약 같은 연도에 2개 이상의 부동산을 양도할 계획이 있다면 기본공제를 고려하여 연도를 구분해 양도하는 것이 유리합니다. 또한 기본공제는 개인별로 적용

• 보유 기간별 양도소득세 과세표준 산정의 예

구분		1년 미만 보유	1년 이상 보유
양도차익	양도가액(a)	7억 원	7억 원
	취득가액(b)	5억 5,000만 원	5억 5,000만 원
	기타의 필요경비(c)	4,750만 원	4,750만 원
	양도차익(A=a-b-c)	1억 250만 원	1억 250만 원
기본공제(D)		250만 원	250만 원
과세표준(C=A-B)		1억 원	1억 원
세율		70%	60%
양도소득세 산출세액		7,000만 원	6,000만 원

되기 때문에 부부 공동명의인 경우에는 부부 각각 250만 원을 공제받을 수 있습니다.

• 양도소득세, 농어촌특별세와 개인지방소득세도 함께

양도소득세를 납부할 때 항상 같이 납부하는 부가세가 바로 농어촌특별세와 개인지방소득세입니다. 다만 농어촌특별세는 양도소득세 감면에 대하여 부과되기 때문에 분양권 관련 양도소득세에는 발생하지 않습니다.

개인지방소득세는 양도소득세 산출세액의 10%에 해당하는 금액을 납부해야 하며 양도소득세와 분리하여 신고해야 합니다.

• 납부 시기

양도소득세는 예정신고납부와 확정신고납부로 구분됩니다. 분양권을 양도한 경우 양도일이 속하는 달의 말일로부터 2개월 이내에 신고일 기준 주소지의 관할 세무서에 가서 양도소득세를 신고납부해야 하는데, 이를 두고 예정신고라고 합니다.

예정신고 기한까지 신고납부를 하지 않으면 무신고가산세 및 납부지연가산세가 발생하므로 반드시 기한 내에 납부해야 합니다.

확정신고는 동일 연도에 두 차례 이상 부동산을 양도함으로써 누진세율 적용이 달라지는 경우와 같이 최종 납부할 세액을 확정하기 위해 필요에 따라 하게 되며 이듬해 5월 1일부터 5월 31일 사이 주소지 관할세무서에서 하면 됩니다.

찾아보기

ㄱ

1순위 청약 제한	107, 108
가구원 수	87
가점제	80, 106, 208, 223
가점제 당첨 제한	101
거주자 우선공급	76
공고단지 청약연습	209, 253, 267
공공주택	50, 95, 153, 228
공시가격	96, 97
규제지역	72

ㄷ

당첨자	107, 108
대규모 택지개발지구	213

ㅁ

무순위	238
무주택 세대구성원	77
민간 사전청약	79
민영주택	50, 62, 80, 95, 142, 208

ㅂ

부양가족	191
부적격 당첨자	109
분양가상한제	73

ㅅ

세대원	77, 78
세대구성원 등록	263
소득 기준	85, 90
소형·저가 주택	219
순위 순차제	228
시가표준액	96, 97
신생아 우선공급	142, 175

ㅇ

신생아 특별공급	116
양도소득세	284
예치금	62

ㅈ

자금조달계획서	274
자산 기준	85, 95
재당첨 제한	101, 109
전매제한	74
주택 소유 확인	264
주택청약종합저축	35, 41, 57, 60
지역 우선공급	124, 149, 213

ㅊ

차량 기준가액	98
청년 특별공급	126
청약과열지역	72
청약 알리미	264
청약 주요 사이트	248
청약홈 주요 서비스 이용시간	251
추첨제	80, 208, 223
출산 특례	25, 104, 106
취득세	280

ㅌ

투기과열지구	72
특별공급 1회 제한	101, 104

ㅎ

해당 주택건설지역	70, 76
혼인 특례	24, 103, 104